山东省新型城镇化报告

（2021）

SHANDONG SHENG XINXING CHENGZHENHUA BAOGAO

（2021）

山东省发展和改革委员会
周连华
主编

中国计划出版社
北　京

图书在版编目（CIP）数据

山东省新型城镇化报告 . 2021 / 山东省发展和改革委员会主编；周连华主编 . -- 北京：中国计划出版社，2022.4
ISBN 978-7-5182-1453-2

Ⅰ. ①山 … Ⅱ. ①山 … ②周 … Ⅲ. ①城市化—研究报告—山东— 2021 Ⅳ. ① F299.275.2

中国版本图书馆 CIP 数据核字 (2022) 第 070227 号

审 图 号：鲁 SG（2022）007 号
策划编辑：朱　冰　　责任编辑：李　陵　张文征
封面设计：韩可斌　　责任校对：王　巍
责任印制：李　晨　王亚军

中国计划出版社出版发行
网址：www. jhpress. com
地址：北京市西城区木樨地北里甲 11 号国宏大厦 C 座 3 层
邮政编码：100038　电话：（010）63906433（发行部）
北京市科星印刷有限责任公司印刷

787mm × 1092mm　1/16　20.25 印张　267 千字
2022 年 4 月第 1 版　2022 年 4 月第 1 次印刷

定价：120.00 元

本书编写组及专家组成员

主　　编： 周连华

副 主 编： 宇向东　王玉志　辛树人

编　　委： 王　栋　李春雷　刘银田

编写人员： 胡敬涛　张春雷　邵光平　张定新　李明霞　张　强
唐建平　杨德智　胡丽娜　李若冰　孙琳惠　杨　洁
卢　佳　刘志红　李传杰　郭　一

报告专家组成员：

刘云中（国务院发展研究中心发展战略和区域经济研究部　研究员）
曾　鹏（天津大学　教授）
崔东旭（山东建筑大学　教授）
张晓青（山东师范大学　教授）
韩　青（青岛理工大学　教授）
王　枫（山东省公安厅治安总队　四级高级警长）
李少星（山东大学山东发展研究院　教授）

主编单位： 山东省发展和改革委员会

承编单位： 山东省城乡规划设计研究院有限公司

序　言

以人的城镇化为核心、以提高质量为导向的新型城镇化战略，是习近平经济思想的重要内容，是经济社会发展普遍规律与中国工业化、城镇化实践相结合的生动范例，为立足新发展阶段推进新型城镇化指明了前进方向、提供了根本遵循。

2021 年是中国共产党建党 100 周年，是“十四五”规划开局之年，也是全面建设社会主义现代化国家新征程开启之年。面对新形势新要求，为深入贯彻落实习近平总书记关于新型城镇化的重要论述，深刻理解新时代赋予城镇化建设的新内涵，山东省立足新发展阶段，贯彻新发展理念，构建新发展格局，深入实施新型城镇化战略，大力提升城镇发展智慧化、绿色化、均衡化、双向化水平，积极构建“一群两心三圈”的区域发展格局，加快推进农业转移人口市民化，完善城市基础设施建设，优化基本公共服务供给，制定实施《山东省深入推进新型城镇化三年行动方案（2021—2023 年）》《山东省新型城镇化规划（2021—2035 年）》，国家新型城镇化试点任务圆满完成，国家和省级城乡融合发展试验区高质量推进，县城城镇化补短板强弱项成效明显，为经济社会持续健康发展提供了有力支撑。动态监测、系统回顾山东省城镇化发展历程，总结规律，评估质量，研判问题，创新模式，提出对策，对于持续推进山东省新型城镇化高质量发展具有现实指导意义。

《山东省新型城镇化报告（2021）》是 2020、2021 年度城镇化监测评价成果的集中反映，共分监测分析报告、专题研究报告、统计监测数据和附录四大部分。其中，监测分析报告系统分析了全省、设区市、县域和小城镇城镇化发展水平；专题研究报告从城镇化发展“四化”、城乡融合、黄河流域地区城镇化发展、城镇空间开发利用、人口老龄化发展等方面，就山东省新型城镇化发展的重大问题进行了深入分析；统计监测数据汇集了2020年各级城镇化主要监测评价指标数据；附录整理了2021年国家和山东省新型城镇化相关政策索引等。该报告为新型城镇化决策与管理者、理论研究与基层工作者，以及关注新型城镇化发展的社会各界了解、研读山东省新型城镇化提供载体和平台，为山东省各地深入实施新型城镇化战略提供决策参考和基础依据。

《山东省新型城镇化报告（2021）》的编写工作得到了有关领导和专家的悉心指导，得到了山东省城镇化暨城乡融合发展工作领导小组各成员单位的大力支持，得到了各市城镇化工作推进机构的积极协助，在此一并致谢。

编写组

2022年3月

目录

监测分析报告

专题研究报告

统计监测数据

附　录

监测分析报告

第一章 全省新型城镇化发展综述

2021 年，山东省认真贯彻落实习近平总书记重要指示批示精神，坚持推进以人为核心的新型城镇化，城镇化发展水平稳步提升，新型城镇化发展成效显著。全省常住人口和户籍人口双过亿，均位居全国第二，常住人口城镇化率为 63.94%。以城市群为主体形态，积极构建"一群两心三圈"的区域发展格局，济南、青岛核心城市辐射带动能力显著增强，省会、胶东、鲁南三大经济圈建设全面启动，突破菏泽、鲁西崛起成效突出，形成了 2 个特大城市、10 个大城市、8 个中等城市、74 个小城市、1 071 个建制镇协调发展的城镇格局，山东半岛城市群综合竞争力稳步提升；持续深化户籍制度改革，实施经常居住地登记户口制度，教育、就业、社保、医疗、住房等城镇基本公共服务覆盖常住人口取得积极进展，农业转移人口市民化成效显著；深入开展城市品质提升行动，坚持"人民城市人民建，人民城市为人民"，加快建设包容、创新、智慧、绿色、人文、韧性的现代宜居城市，城市治理的现代化水平不断提升；城乡基础设施、公共服务均等化水平不断提高，承载能力大幅增强，打造乡村振兴齐鲁样板取得积极成效；城乡居民收入持续增长，城镇和农村居民人均可支配收入分别达到 47 066 元和 20 794 元，城乡收入比持续收窄至 2.26∶1。国家级城镇化试点任务圆满完成，试点地区全国最多，31 条经验在全国推广；国家和省级城乡融合发展试验区高质量推进，搭建城乡融合发展产业平台 109 个，投资 1 308 亿元，形成制度性成果 122 项；县城城镇化补短板强弱项成效明显，信贷签约项目 501 个，涉及金额 2 279 亿元；10 个县（市）入围全国县城新型城镇化建设示范名单，入围数量与江苏、浙江、广东、福建、湖北并列全国第一；13 个县（市）入选 2021 年全国综合实力百强县市，数量位居全国第三；在全国率先推出“新型城镇化讲堂”，坚持公益性质，基层点单、专家授课；创建“山东省新型城镇化暨城乡融合发展典型经验”品牌，编辑 11 期、34 条典型经验在全省推广，起到了良好的典型示范带动效应；开展全省特色小镇清理规范工作，确定 93 个特色小镇纳入清单管理。

第一节　城镇化发展主要特征

运用 2020、2021 年度城镇化监测评价数据，从人口就业、产业支撑、城市建设、公共服务、居民生活、人居环境等方面进行系统分析，客观反映全省新型城镇化发展水平、质量和特征。

一、人口就业

1. 城镇化率稳步提升。2021 年，全省常住人口 10 169.99 万人，城镇常住人口 6 502.69 万人，常住人口城镇化率 63.94%，2010—2021 年年均增长 1.29 个百分点。2020 年，户籍人口 10 172.47 万人，户籍人口城镇化率 50.38%，2010—2020 年年均增长 1.01 个百分点，2020 年全省共 25.9 万农业转移人口落户城镇，如图 1-1 所示。

2. 城镇规模结构日趋优化。全省共有 16 个设区市，26 个县级市，52 个县，1 071 个建制镇。拥有青岛和济南 2 个城区人口超过 500 万人的特大城市，10 个 100 万 ~ 300 万人的Ⅱ型大城市，8 个 50 万 ~ 100 万人的中等城市，41 个 20 万 ~ 50 万人的Ⅰ型小城市，33 个 20 万人以下的Ⅱ型小城市。其中，聊城和威海是 2020 年新增的两个Ⅱ型大城市，兰陵县在 2020 年迈入中等城市行列（见表 1-1）。

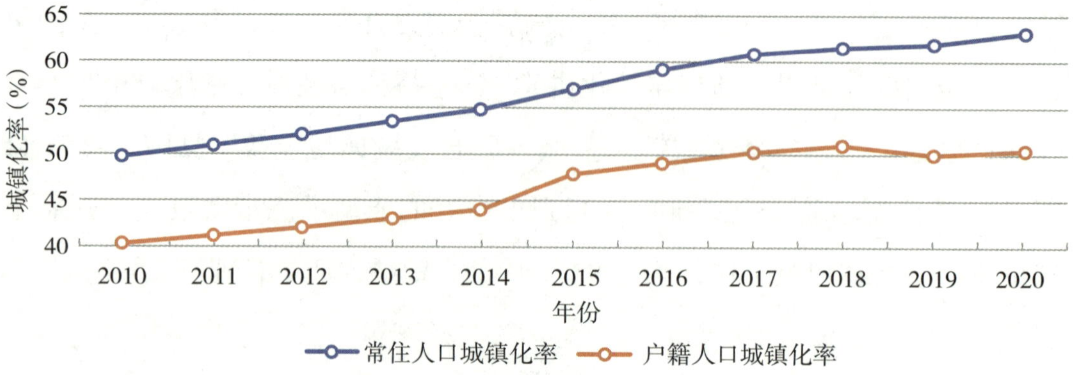

图 1-1　2010—2020 年全省常住人口城镇化率和户籍人口城镇化率

表 1-1　山东省城市规模等级一览表

规模类型	数量	城市
特大城市	2	青岛市　济南市
Ⅱ型大城市	10	烟台市　临沂市　淄博市　潍坊市　济宁市　聊城市　枣庄市　泰安市　德州市　威海市
中等城市	8	菏泽市　东营市　日照市　滨州市　新泰市　胶州市　寿光市　兰陵县
Ⅰ型小城市	41	平度市　诸城市　荣成市　莱州市　滕州市　邹平市　郓城县　安丘市　青州市　沂水县　邹城市　莱西市　临清市　曹　县　肥城市　莱阳市　龙口市　高密市　齐河县　临邑县　平邑县　临朐县　昌乐县　巨野县　乐陵市　海阳市　夏津县　费　县　单　县　临沭县　莒　县　郯城县　鄄城县　曲阜市　东平县　乳山市　招远市　莒南县　禹城市　昌邑市　高唐县
Ⅱ型小城市	33	金乡县　博兴县　广饶县　东明县　阳信县　冠　县　栖霞市　莘　县　沂南县　泗水县　宁津县　微山县　梁山县　汶上县　嘉祥县　蒙阴县　平原县　阳谷县　五莲县　平阴县　沂源县　庆云县　宁阳县　惠民县　武城县　桓台县　成武县　东阿县　无棣县　鱼台县　商河县　高青县　利津县

3. 城镇就业形势基本稳定。2021 年，全省城镇累计新增就业 124.2 万人，增长 1.3%，完成年度目标的 112.9%。其中，失业人员再就业 45.1 万人，困难群体再就业 8.9 万人。2020 年，三次产业就业结构为 24.9∶33.4∶41.7，第一产业就业人员比重下降 1.1 个百分点，第三产业就业人员比重上升 1.0 个百分点。城镇登记失业率为 2.94%，降低 0.16 个百分点。

二、产业支撑

1. 经济总量较高，增速较快。2021 年，全省 GDP 达到 83 096 亿元，居全国第 3 位，按可比价格计算增长 8.3%，增速高于全国 8.1% 的平均水平。人均 GDP 为 81 707 元，高于全国 80 976 元的平均水平（见表 1–2）。一般公共预算收入 7 284.5 亿元，增长 11.0%，人均一般公共预算收入 7 163 元，增长 10.9%。

表 1–2　2021 年全国 GDP 总量排名前 8 位省份一览表

排名	省份	GDP 总量（亿元）	GDP 增速（%）	人均 GDP（万元）
1	广东	124 369.67	8.0	9.87
2	江苏	116 364.20	8.6	13.73
3	山东	83 095.90	8.3	8.17
4	浙江	73 516.00	8.5	11.39
5	河南	58 887.41	6.3	5.93
6	四川	53 850.79	8.2	6.44
7	湖北	50 012.94	12.9	8.66
8	福建	48 810.36	8.0	11.75

2. 服务业加快发展，产业结构不断优化。2021 年，全省第一产业增加值 6 029.03 亿元，增长 7.5%；第二产业增加值 33 187.16 亿元，增长 7.2%；第三产业增加值 43 879.71 亿元，增长 9.2%。三次产业结构由 2015 年的 8.9 : 44.9 : 46.2 调整为 2021 年的 7.3 : 39.9 : 52.8，“三二一”产业结构进一步稳固（见图 1–2）。

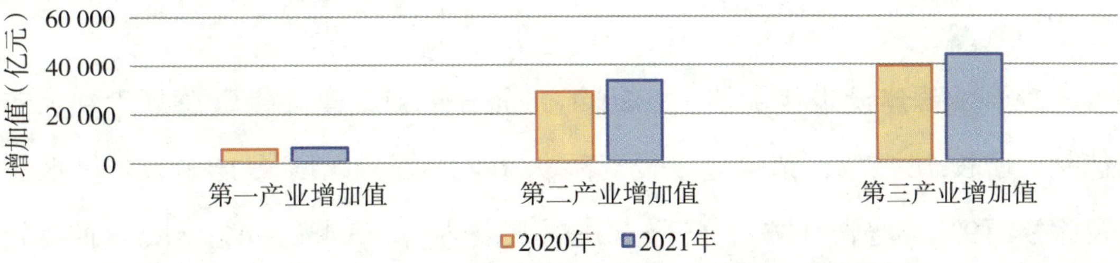

图 1–2　2020 和 2021 年全省三次产业情况

3. 工业化水平持续提升，新经济规模发展壮大。2021 年，全省工业增加值 27 243.6 亿元，增长 8.6%。规模以上工业增加值增长 9.6%，其中高技术制造业增加值增长 18.5%，高于规模以上工业 8.9 个百分点。规模以上工业营业收入增长 18.0%，利润总额增长 20.9%。“四新”（即新技术、新产业、新业态、新模式）经济占 GDP 比重为 31.7%，提高 1.5 个百分点。高新技术产业产值占规模以上工业总产值的比重为 46.8%，提高 1.7 个百分点。

三、城市建设

1. 城市市政公用设施较为完善。2020 年，全省城市市政公用设施建设完成固定资产投资 1 657.8 亿元，增长 14.9%。城市供水综合生产能力 1 908.1 万 m^3/d，居全国第 4 位，供水普及率 99.84%，居全国第 7 位，人均日生活用水量 119.4L，低于全国 179.4L 的平均水平。全省所有设区市和县（市）均设有管道燃气，城市用气人口 4 976.9 万人，燃气普及率 99.31%，居全国第 8 位。城市集中供热面积 15.9 亿 m^2，增加 1.1 亿 m^2。建成区路网密度 7.38km/km^2，人均城市道路面积 25.64m^2，居全国第 2 位。每万人拥有公共汽电车辆 15.56 标台，居全国第 4 位（见表 1–3）。

表 1–3 2020 年全省城市市政设施水平一览表

指标	数值	指标	数值
市政公用设施固定资产投资（亿元）	1 657.80	集中供热面积（亿 m^2）	15.90
供水普及率（%）	99.84	建成区路网密度（km/km^2）	7.38
燃气普及率（%）	99.31	人均城市道路面积（m^2）	25.64

2. 小城镇建设步伐加快。2020 年，全省建制镇建设投资总额为 996.55 亿元，增长 16.37%，镇均建设投资额 9 304.85 万元，增长 16.37%。供水普及率 94.19%，增长 0.33 个百分点；燃气普及率 73.4%，增长 1.52 个百分点；污水处理厂集中处理率 55.33%，增长 0.16 个百分点；人均公园绿地面

积 5.08m^2，增长 3.04%；建成区绿化覆盖率 24.55%，增长 0.16 个百分点。

3. 保障性安居工程建设成效显著。2020 年，全省棚户区改造新开工 14.75 万套，实际基本建成 20.38 万套，16 市全部完成省下达的基本建成任务。开工改造老旧小区项目 1 745 个，涉及居民 50.8 万户，发放住房租赁补贴 5.05 万户。16 市公租房信息系统实现数据共享，录入房源 20.1 万套、在保家庭 16.6 万户。城镇人均住房建筑面积由 2015 年的 36.4m^2 提高到 2020 年的 37.3m^2。

四、公共服务

1. 教育水平持续增强。2020 年，全省教育系统共有各级各类学校 3.9 万所，新增超 1 000 所。各级各类教育在校生 2 090.2 万人，教职工 156.8 万人，其中专任教师 132.8 万人。小学、初中、高中专任教师分别为 45.4 万人、30.4 万人、14.9 万人，分别增加 1.1 万人、1.1 万人、0.6 万人，中等职业学校专任教师 4.9 万人，增加 0.11 万人，普通高等学校专任教师 12.4 万人，增加 0.7 万人。

2. 卫生服务水平持续提升。2020 年，全省医疗卫生机构 84 870 所，增加 1 209 所。卫生机构床位数 64.7 万张，增加 1.7 万张；每千人口医疗卫生机构床位数 6.4 张，增加 0.1 张。卫生技术人员 81.4 万人，增加 3.1 万人；每千人口卫生技术人员 8.01 人，增加 0.3 人。

3. 公共文化服务覆盖面广。2020 年，山东省广播节目综合人口覆盖率和电视节目综合人口覆盖率分别为 99.45% 和 99.59%。互联网宽带接入用户数 3 445.6 万户，万人拥有互联网宽带用户数 3 393.8 户。共有艺术表演团体 103 个，剧场（院）87 个，文化（艺术）馆 158 个，文化站 1 821 个，公共图书馆 154 个，博物馆 577 个。出版各类图书 15 406 种，期刊 265 种，报纸 82 种。城市影院银幕数量达到 3 697 块，增加 105 块，城市电影观影人次 2 854 万人，城市电影票房收入 10 亿元（见表 1–4）。

表 1–4 2020 年全省城市公共文化设施一览表

指标	数值	指标	数值
广播节目综合人口覆盖率（%）	99.45	电视节目综合人口覆盖率（%）	99.59
剧场（院）（个）	87	文化（艺术）馆（个）	158
文化站（个）	1 821	公共图书馆（个）	154
博物馆（个）	577	艺术表演团体（个）	103

五、居民生活

1. 农村居民收入及消费增速超过城镇居民。2021 年，全省居民人均可支配收入 35 705 元，增长 8.6%。其中，城镇居民人均可支配收入 47 066 元，增长 7.6%；农村居民人均可支配收入 20 794 元，增长 10.9%（见图 1–3）。全省居民人均消费支出 22 821 元，增长 9.0%。其中，城镇居民人均消费支出 29 314 元，增长 7.4%；农村居民人均消费支出 14 299 元，增长 12.9%。城乡收入比为 2.26∶1，优于上年的 2.33∶1。

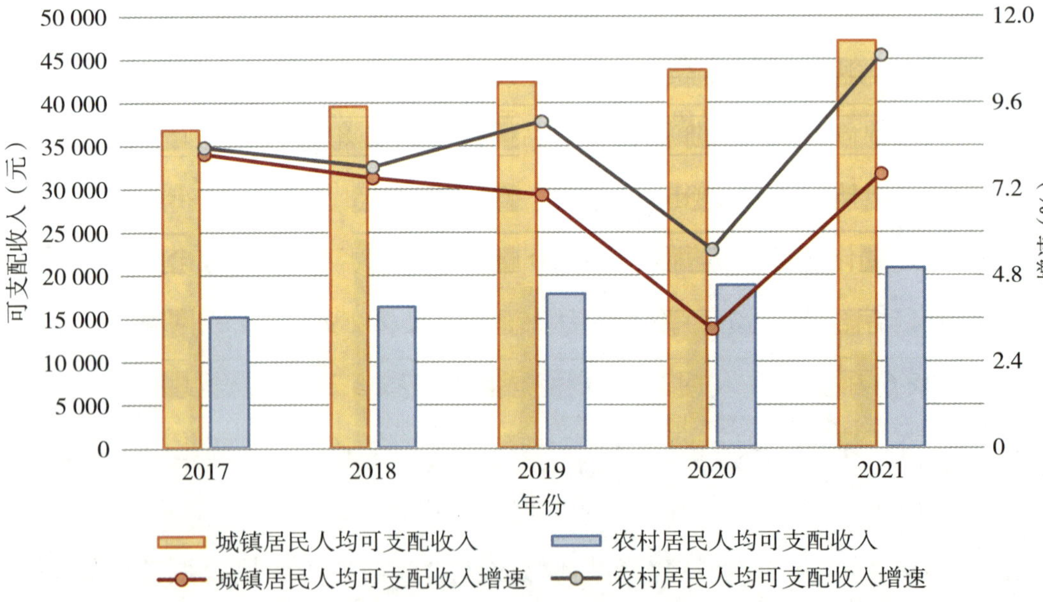

图 1–3 2017—2021 年全省城镇、农村居民人均可支配收入及增速情况

2. 城乡社保水平稳步提升。2021 年，城镇职工基本养老、医疗、失业、工伤、生育保险参保人数分别为 3 226.7 万人、2 435.6 万人、1 542.7 万人、1 921.9 万人、1 607.5 万人，分别增加 180.4 万人、112.3 万人、96.6 万人、99.8 万人、73.2 万人。城乡居民基本养老保险参保人数为 4 614.1 万人，增加 23.7 万人。居民基本医疗保险参保人数为 7 296.7 万人，减少 77.8 万人。居民基本养老保险基础养老金最低标准提高到每人每月 150 元，居民基本医保财政补助和个人缴费最低标准分别由 550 元、280 元提高至 580 元、320 元。

六、人居环境

1. 废水、废气、废物排放量明显降低。2020 年，全省废水排放量为 376 378 万 t，其中工业废水排放量 133 359 万 t，下降 7.4%。二氧化硫、氮氧化物、烟（粉）尘排放量分别为 19 万 t、62 万 t、24 万 t，分别下降 32.1%、43.1%、35.1%。工业固体废物产生量 24 989 万 t，下降 22.2%。

2. 节能降耗成效显著。2020 年，全省万元 GDP 能耗下降 2.41%，规模以上工业万元增加值能耗下降 6.86%，万元 GDP 电耗下降 1.67%。水电、风电、太阳能光伏发电等清洁能源发电量占能源生产总量比例为 6.7%，提升 0.8 个百分点。低碳生态建设取得积极进展。

3. 环境卫生条件较好。2020 年，全省城市公园绿地面积 7.1 万 ha，人均公园绿地面积 17.68m^2，较全国平均水平高 2.9m^2，居全国第 4 位；建成区绿化覆盖率 41.7%，居全国第 15 位。建成生活垃圾无害化处理场 97 座，日无害化处理能力 6.8 万 t，生活垃圾无害化处理量 1 673.9 万 t，无害化处理率 100%。

第二节　城镇化发展取得成效

2021年，省委省政府遵循城镇化发展规律，以规划为引领，以人的城镇化为核心，以区域协调为抓手，推进城乡融合发展，不断增强新型城镇化的力度、深度和广度，全省新型城镇化向优向好发展，城镇发展的智慧化、绿色化、均衡化、双向化水平加快推进，新型城镇化向高质量发展迈进。

一、强化规划引领，新型城镇化政策机制不断完善

一是规划引领作用不断增强。强化统筹谋划和顶层设计，科学编制实施《山东省新型城镇化规划（2021—2035年）》，指导全省城镇化工作开展。编制实施《山东半岛城市群发展规划（2021—2035年）》，构建“一群两心三圈”总体布局。将新型城镇化与城乡融合发展列入全省“十四五”重大事项，完成《城镇化稳定增长期提高发展质量研究》《山东沿黄地区新型城镇化布局和发展研究》等30余项课题研究。

二是政策体系不断完善。印发《山东省深入推进新型城镇化三年行动方案（2021—2023年）》，提出深入实施城镇发展智慧化、绿色化、均衡化、双向化行动。印发实施《贯彻〈中共中央 国务院关于建立健全城乡融合发展体制机制和政策体系的意见〉加快推进城乡融合发展的实施意见》，为城乡融合发展提供政策上的根本遵循。出台《山东济青局部片区城乡融合发展试验区创建方案》《山东省城乡融合发展试验区创建方案》等政策文件，确定济青局部片区国家城乡融合发展试验区和首批15个省级城乡融合发展试验区的实施路径。

三是工作推进机制不断健全。印发《山东省省级城乡融合发展试验区实施方案编制办法》，科学指导试验区编制实施方案。制定《山东省城乡融

合发展试验区监测评价办法（试行）》，出台凸显山东省特色的城乡融合发展评价标准和监测指标体系，建立动态监测评估机制，采用年度评价、奖惩并举、有进有退、动态监管的方式方法，督导和激励各试验区在试验改革上突破创新。

四是宣传推广力度不断加强。定期总结新型城镇化工作经验做法，充分释放城乡融合发展试验区引领示范带动效应，形成一批可复制可推广的典型经验和体制机制改革举措。圆满完成 14 个国家新型城镇化综合试点工作，31 条经验在全国推广。郓城、齐河等 10 个县（市）入围全国县城新型城镇化建设示范名单，入围数量与江苏、浙江、广东、福建、湖北并列全国第一。创建“山东新型城镇化暨城乡融合发展典型经验”品牌，编辑 11 期、34 条典型经验在全省推广。

二、坚持以人为本，农业转移人口市民化成效显著

一是户籍制度改革不断推进。出台《山东省人民政府办公厅关于进一步深化户籍管理制度改革促进城乡融合区域协调发展的通知》，持续深化户籍制度改革，全面放开城镇落户限制，实施经常居住地登记户口制度，畅通入乡返乡落户渠道，遵循“宜城则城、宜乡则乡”原则，充分尊重城乡居民自主选择定居的意愿。

二是公共服务均等化水平不断提升。把公共服务均等化作为农业转移人口市民化的核心任务，推进教育、医疗、养老、住房等基本公共服务常住人口全覆盖。颁布实施《山东省学前教育条例》，积极引导社会力量建设普惠性幼儿园。推行教育行政部门前置审核制度，保障新建居民小区与配套学校同步规划建设交付，“十三五”期间，全省累计新建或改扩建中小学校 4 064 所，新增中小学学位 354 万个，中小学“大班额”问题得到基本解决。出台稳就业 24 条措施，多渠道提供适合农民工的就业岗位，最大程度降低了新冠肺炎疫情对就业的影响。大力开展农业转移人口就业技能

培训，2020 年累计组织农村转移劳动者职业技能培训 65.26 万人次。深入实施《“健康山东 2030”规划纲要》，推进 47 个紧密型县域医共体试点建设。扎实推进医养结合示范省创建，全省建有养老机构 2 373 处、养老床位 39.2 万张，建有街道综合性养老服务中心 523 处、社区老年人日间照料中心 3 069 处、农村幸福院 10 026 处，发展县级以上养老服务信息平台 117 处。全省政府投资公共租赁住房已分配入住超 20 万套，连续三年超额完成国家城镇住房保障家庭租赁补贴发放任务。印发《关于加快推进人才住房工作的指导意见》，形成国内首个省级人才住房指导政策。

三、注重区域协调，城市群一体化发展水平持续增强

一是空间格局持续优化。出台《贯彻落实〈中共中央 国务院关于建立更加有效的区域协调发展新机制的意见〉的实施方案》，明确了区域协调发展新布局，提出构建“一群两心三圈”的区域发展格局（见图 1–4）。将“一群两心三圈”的发展格局纳入 2020 年、2021 年山东省政府工作报告和山东省“十四五”规划，制定三大经济圈一体化发展指导意见，编制实施三大经济圈一体化发展规划，建立经济圈一体化联席会议制度，相继成立 60 余个经济圈合作联盟。“一群两心三圈”区域发展格局更趋合理，山东半岛城市群龙头作用初显，战略位势加快提升，省会、胶东、鲁南三大经济圈区域一体化发展加速推进。

二是城镇体系更趋协调。以城市群为主体形态，以核心城市为龙头，促进大中小城市和小城镇协调发展，形成 2 个特大城市、10 个大城市、8 个中等城市、74 个小城市、1 071 个建制镇协调发展的城镇格局。济南、青岛“两心”城市辐射带动能力不断提升，核心竞争力不断增强，济南、青岛现代化都市圈培育提速。设区市规划建设、公共服务保障和安全发展能力不断增强，烟台黄渤海新区、临沂沂河新区、德州天衢新区、菏泽鲁西新区四大省级新区建设起步。新生中小城市培育效果明显，县级

中等城市增加至 4 个，41 个县（市）达到 I 型小城市人口规模标准；13 个县（市）入选 2021 年全国综合实力百强县市，数量居全国第 3 位。小城镇建设水平较高，5 个建制镇入选 2021 年全国百强镇，67 个建制镇入选 2021 年全国千强镇，数量均居全国第 4 位。乡村振兴齐鲁样板建设扎实推进，“十百千”工程[①]、美丽村居建设“四一三”行动[②]成效明显。

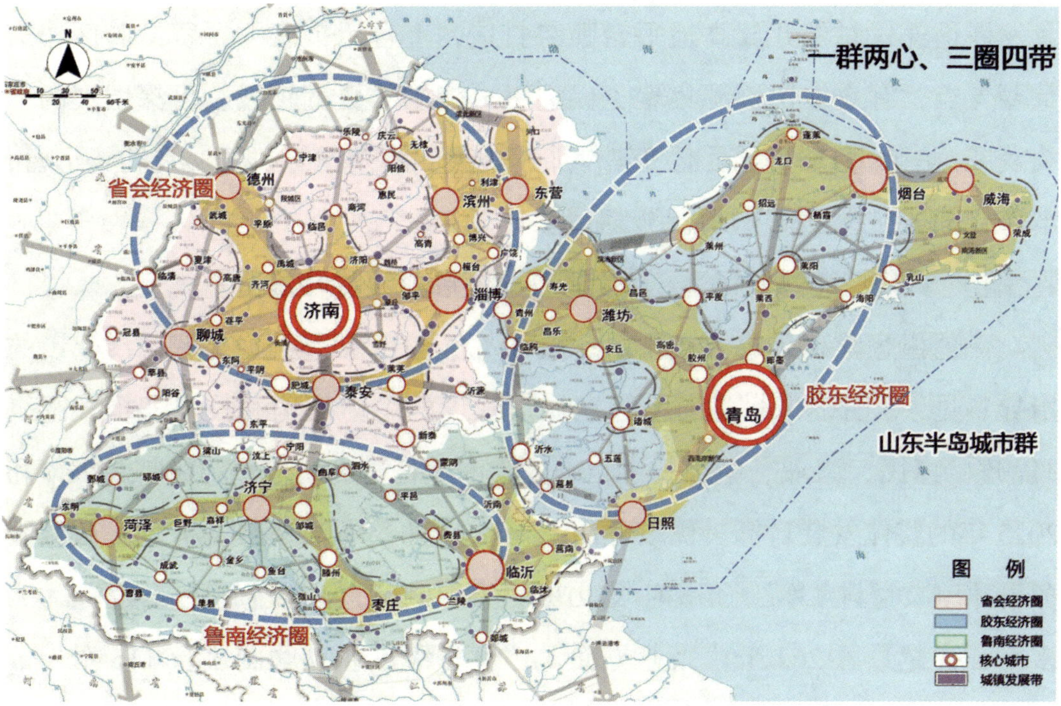

图 1-4 山东半岛城市群空间结构示意图

三是核心城市能级提升。济南与青岛两大核心城市发展能级、综合竞争力、城市影响力显著增强，要素集聚与辐射带动能力提升。伴随着“强省会”战略的实施，“大强美富通”的省会龙头加速扬起。2021 年，济南

① “十百千”工程指在全省选择 10 个县、100 个乡镇、1 000 个村开展乡村振兴示范。

② “四一三”行动指打造胶东、鲁中、鲁西南、鲁西北 4 大风貌区，布局建设胶东海滨等 10 条风貌带，培育 300 个美丽村居建设省级试点。

GDP 达到 11 432.22 亿元，增长 7.2%，发展新动能加速壮大，济南新旧动能转换起步区获批设立；枢纽功能显著增强，“米”字型高铁网建设全面提速，省会现代化综合交通体系更加完善；城市发展空间深入拓展，济泰、济淄同城化和济齐全面融合深入推进。“开放现代活力时尚”国际大都市青岛引擎作用显著增强，GDP 达 14 136.46 亿元，增长 8.3%，现代优势产业集群加快培育，新动能不断积聚，先进制造业、海洋新兴产业、高端服务业发展迅速；对外开放高地平台强势打造，上合示范区、自贸试验区作为重要支点，有效加快资源集聚，促进更大范围、更宽领域、更深层次的开放发展；国际性综合交通枢纽建设加速推进，胶东国际机场实现转场运营，半岛“海陆空铁”枢纽功能稳步强化。

四、聚焦“智慧绿色”，城市现代化发展水平稳步提升

一是智慧城镇化成效突出。印发《关于加快推进新型智慧城市建设的指导意见》，明确了全省新型智慧城市建设的总体架构和技术架构，围绕“优政、惠民、兴业、强基”提出 18 项重点任务，分步提出到 2022 年和 2025 年的整体发展目标。优政方面，“全省通办”事项达到 418 项，政务服务事项压减材料 43%，压减时限 40%。惠民方面，全省建成智慧校园 4 900 多个、智慧景区 263 个。兴业方面，培育省级工业互联网平台 115 个，带动上云、用云企业 26.9 万家。各类智慧农业应用基地 232 个，网络零售店铺增至 171.2 万家。强基方面，已建成智慧停车场 2.3 万个、智慧杆柱 13.8 万个、智能充电桩 6.6 万个。5G、大数据中心、物联网、工业互联网、人工智能等新基建加快布局，获批创建国家工业互联网示范区，截至 2021 年底，已建成开通 5G 基站 10.1 万个，实现 16 市城区 5G 网络全覆盖，136 个县（市、区）主城区连续覆盖。94 个市、县实现数字城管全覆盖，城市网格化、精细化、智能化管理水平大幅提高。

二是绿色城镇化进展显著。各地践行绿水青山就是金山银山理念，保

护自然生态，传承历史文脉，建设宜居城市。青岛大力推进全域绿色城镇化，威海聚力打造精致城市，邹城精心建设“人文邹城”，沂水全力打造沂河八景，城镇化发展质量不断提高。蒙阴、惠民等被命名为第四批国家生态文明建设示范市县，青岛莱西市、潍坊峡山生态经济开发区、威海华夏城入选第四批“绿水青山就是金山银山”实践创新基地。设区市建成区 166 条黑臭水体全部完成工程整治，通过“长制久清”评估验收。2020 年全省新建海绵城市面积 200km^2，累计建成海绵城市 1 659km^2，覆盖 23% 的城市建成区。新建生活垃圾处理厂（场）25 座，新增处理能力 1.5 万 t /d，开展城乡生活垃圾分类的社区（行政村）覆盖率达 65%。严格落实房屋市政工程工地扬尘防治措施，城市快速路和主次干道机扫率、洒水率达到 95% 以上，深度保洁率达到 65% 以上。

五、突出城乡互促，城乡融合发展开创新局面

一是城乡融合发展试验区加快创建。协同创建国家和省级城乡融合发展试验区，构建形成以济青局部片区为引领、以济南市黄河北片区、淄博市局部片区等 15 个片区为支撑、范围涵盖 49 个县（市、区）的试验区创建体系。

二是城乡要素流动日趋顺畅。积极推进集体经营性建设用地入市工作，截至目前，各试验区已流转承包地 647.79 万亩，各类农村产权交易 4 906 笔，涉及金额 33.21 亿元；农村集体经营性建设用地已入市 527 宗，土地总面积 9 703 亩，交易额 11.75 亿元。提高土地出让收入用于农业农村的比例，每年增加 1 个百分点。推动新增财力在级次间、地区间合理分配，深化涉农资金统筹整合。开展科技成果转化综合试点，确定技术转移先进县（市、区）24 个。

三是城乡基础设施和公共服务一体化水平提升。在全国率先发布《山东省城镇化地区设施向农村延伸导则（试行）》，为城镇化地区设施向农村

延伸提供依据和标准。2020年，农村供水普及率达到95.59%，生活垃圾无害化处理率达到96.65%，厕所和危房改造稳步开展。所有乡镇和具备条件的建制村全部实现通水泥路（沥青路）、通客车，累计完成6.4万个行政村通户道路硬化工作，基本实现全省村内道路硬化“户户通”。基本消除城乡义务教育二元结构壁垒，《山东城乡义务教育一体化创新实践》入选全国党的十八大以来攻坚克难典型案例。全省118个县（市、区）组建388个医共体，数量居全国第一。

四是城乡产业协同发展平台建设成果显著。加快特色小镇、农业园区、田园综合体、美丽乡村及城乡融合典型项目建设，济南中欧装备制造小镇、日照奥林匹克水上运动小镇和泰安泰山出版小镇入选全国特色小镇典型经验。在全国率先建成以黄河三角洲国家农业高新技术产业示范区为龙头、19个国家农业科技园区和18个省级农高区为重点、121个省级农业科技园为依托，覆盖全省涉农县（市、区）的农业科技园区四级体系，培育了邹城食用菌、栖霞苹果等十余个全国特色产业群。

第三节　城镇化发展存在问题

虽然山东省城镇化发展取得了显著的成就，但依然存在一些问题，包括人口市民化任务艰巨，城市群发展尚未完全协同，产业差异化高端化发展任重道远，资源环境约束趋紧，城乡基础设施、公共服务、居民生活水平存在差距等，对标2035年远景目标、对标国内先进地区，山东省城镇化发展不平衡、不充分的问题仍然比较突出，与新时代现代化强省建设和人民群众对美好生活新期待还存在一些差距。

一、城镇化率增速放缓，人口市民化任务艰巨

一是常住人口城镇化率在全国的位次不高。2021 年，山东省常住人口 10 169.99 万人，居全国第 2 位，常住人口城镇化率 63.94%，居全国第 14 位，比人口总数排名落后 12 位，且低于全国整体城镇化水平 0.78 个百分点，而上海、北京、天津、广东、江苏、辽宁、浙江、重庆八省市常住人口城镇化率均突破 70%（见图 1–5）。受山东省农业人口基数大和大力实施乡村振兴战略等因素影响，除 2016 和 2017 年之外，近 10 年来山东省城镇化水平始终低于全国，在全国排第 10 名左右。

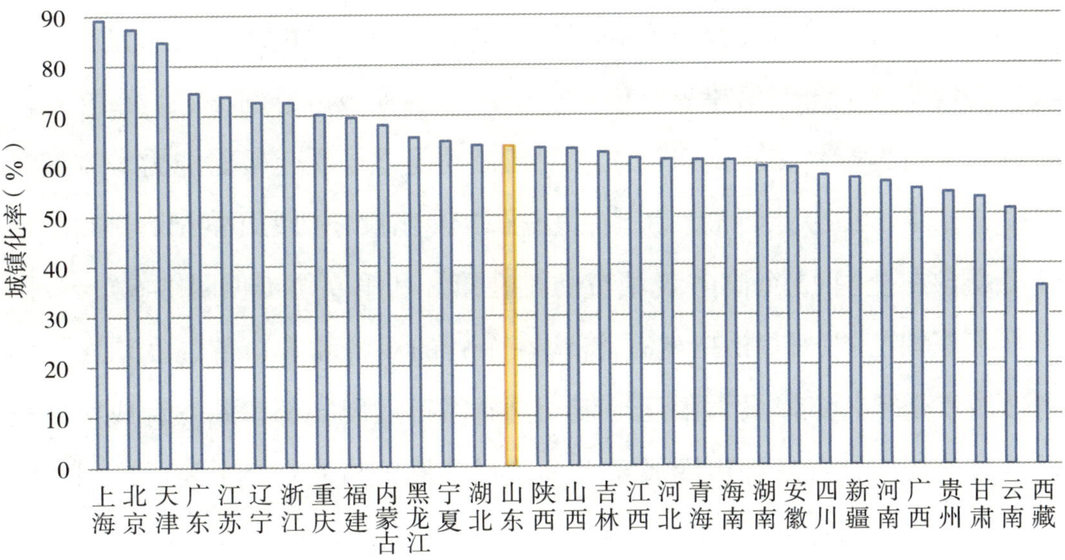

图 1–5　2021 年全国 31 个省级行政区常住人口城镇化率

二是近年来城镇化率增速放缓。2017—2021 年，全省常住人口城镇化率提升 3.15 个百分点，年均提升 0.79 个百分点，与 2010—2017 年年均提升 1.58 个百分点的水平相比，城镇化率增速近年来呈现明显放缓的态势。与全国城镇化率 2017—2021 年年均提升 1.12 个百分点相比，山东省城镇化率增速较为落后。

三是人口呈现净流出。2020 年全省净流出人口近 20 万人，16 个设区市中有 9 个呈现人口外流状态，其中菏泽、临沂、济宁、聊城净流出人口超过 50 万人，山东半岛城市群人口集聚能力有待提高。

四是农业转移人口市民化水平仍需提高。全省城镇两栖人口达 1 126.4 万人，大量农业转移人口难以融入城市社会，市民化任务较艰巨。农业转移人口接受城镇基本公共服务供给水平有待提高，保障人口市民化的“人地钱挂钩”机制尚未完全建立。

二、核心城市辐射带动作用不强，城市群空间格局有待优化

一是“双核”城市实力相对较弱。作为山东半岛城市群的中心城市，济南、青岛自身集聚资源要素和辐射带动周边地区的能力相对不足。两市与长三角、珠三角、京津冀、成渝、长江中游等城市群的核心城市在经济总量、人口集聚、交通枢纽等级、创新带动能力、文化辐射能力等方面具有一定差距。2020 年青岛、济南占全省 GDP 比重分别为 16.96%、13.87%，经济总量在全国 15 个副省级城市中排在第 8 和第 9 位（见图 1–6），分别相当于深圳的 44.8% 和 36.6%。济南在全省的经济和人口首位度均居全国省会城市末位，难以最大限度地带动全省城市发展。都市圈发育成熟度较低，目前济南、青岛都市圈属于发展型都市圈，与北京、上海、广州、深圳、杭州等成熟型都市圈相比，差距较大。

二是城市群空间格局仍需完善。山东半岛城市群内部各城市功能互补性不足，统一市场体系、快速交通体系还不完善。经济圈及都市圈内部设施一体化、要素市场一体化等水平不高，打破行政界限、推进产业协同、畅通要素流动、建设统一市场、利益分配补偿、共享公共服务等一体化重点领域和关键环节改革需持续深化。

三是区域发展不平衡问题仍较突出。2020 年，常住人口城镇化率最高的青岛与最低的菏泽相差 25.61 个百分点，户籍人口城镇化率最高的淄博与

最低的德州相差 30.5 个百分点，人均 GDP 最高的东营是最低的聊城的 3.5 倍（见图 1-7）。济南万人拥有卫生机构床位数 74.8 张，比最少的德州多 26.2 张。万人拥有专利申请授权量最高的青岛是最低的菏泽的 6.4 倍。在经济社会发展等各方面，山东省区域发展不平衡不充分的状况依然显著存在。

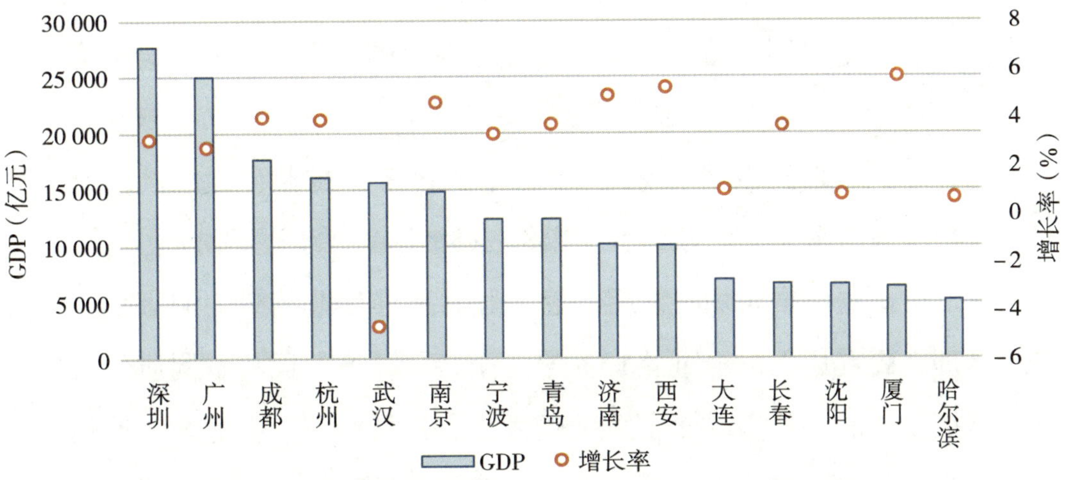

图 1-6　2020 年全国 15 个副省级城市 GDP 排名

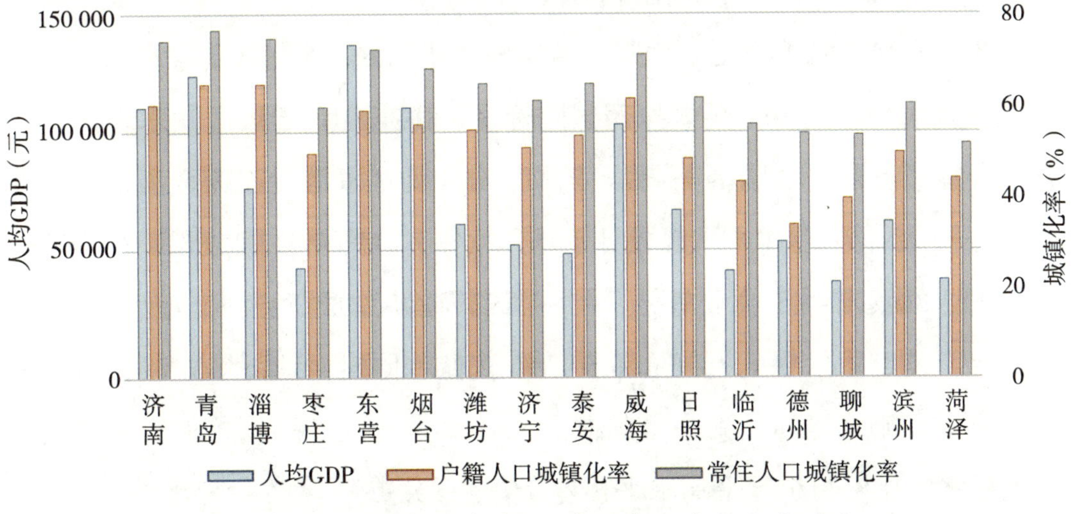

图 1-7　2020 年山东省 16 市经济和城镇化率对比

三、产业支撑能力有待提升，创新驱动能力不足

一是传统产业占比较高。全省新旧动能转换处于“阵痛期”，传统产业

“量大势弱”趋势尚未得到根本性转变。传统产业占工业比重约70%，重化工业占传统产业比重约70%，多数产业处于价值链中低端，集中在高污染、高耗能、技术水平比较低的基础行业和重化工行业，低能耗和高附加值的产业产品偏少。

二是创新平台资源短缺。山东省内的国家级创新载体资源总体较少，拥有国家实验室或国家重点实验室数量排在全国前十名以外，与经济总量全国第三的地位不符。中国科学院114个直属研究所，山东仅有3个，与广东（7个）、江苏（8个）存在明显差距。高新技术企业总量，山东有1.47万个，与广东（5.38万个）、江苏（3.26万个）等差距较大。

三是产业错位布局协同发展不足。山东省各市产业配套协作水平较低，分工合理、配套协作的产业格局尚未完全建立，产业同构、同质化现象突出，直接影响和制约着城市群的协调发展，淄博、泰安、德州、滨州、聊城等市产业相似程度高，重化工业比重偏大，导致区域间重复建设和资源浪费，制约城市间区域一体化进程。

四、资源环境承载压力趋紧，节能减排压力大

一是水资源严重不足。按照国际标准，山东省属于极度缺水地区，全省水资源总量仅占全国的1.1%，丰水年份人均水资源量仅为全国平均水平的1/6。由于地貌多样、水源条件不一，山东省水资源空间分布不均，经济较为发达的胶东地区缺水情况严重，而较为落后的鲁西鲁南地区水资源相对充足，与经济发展的空间布局契合度较低。同时，地下水超载、水环境污染、水土流失等问题尚未得到根治，83个“十三五”国控地表水考核断面优良水体比例与全国平均水平相差9.9个百分点。

二是大气污染问题严峻。大气污染物排放总量消减任务较重，全省煤炭消费量约占全国的10%，居全国首位，能源结构有待优化。二氧化硫与氮氧化物排放量居全国第2位，7个城市被列入京津冀大气污染传输通道

“2+26”城市。2020年，全省有13个设区市未全面达到国家环境空气质量二级标准，空气质量优良天数比例低于全国平均水平，臭氧浓度上升趋势未得到根本遏制，复合污染问题日益凸显。

五、城乡差距相对较大，城乡融合发展存在短板

一是城乡居民收入差距依然显著。2020年，山东省城乡居民人均可支配收入分别为43 726元和18 753元，城乡居民收入比为2.33：1，在全国31个省级行政区内排名第14位，与天津（1.86：1）、黑龙江（1.92：1）、浙江（1.96：1）、吉林（2.08：1）、河南（2.16：1）、上海（2.19：1）、江苏（2.19：1）等相比还存在一定的差距，农村经济发展和居民生活水平明显落后于城市（见图1–8）。

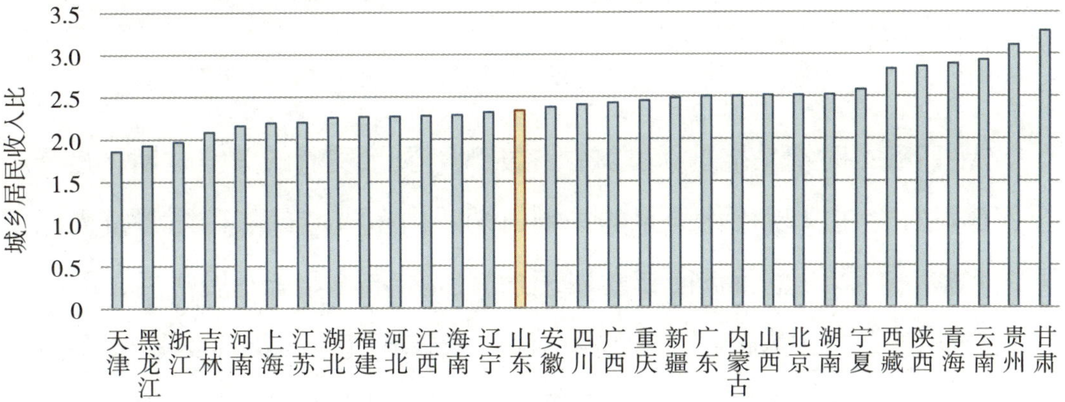

图1–8　2020年全国31个省级行政区城乡居民收入比

二是城乡基础设施配套不充分。多数城市道路、供水、燃气、电力、通信等基础设施向农村延伸的缺口较大。2020年，山东省城镇社区开通管道燃气用户的比重为83.2%、集中供暖的用户比重为80.2%，而农村社区这两项比重仅分别为20.9%和4.3%。完成生活污水处理的行政村占比为36.92%，农村燃气普及率53.46%，分别低于城市和建制镇45.85个、19.94个百分点。

三是城乡公共服务差距较大。山东省仍有20万名义务教育阶段农村留守儿童无法享受与城镇同质的义务教育，农村义务教育阶段教师学历、设施水平等与城镇仍存在差距，全省仍有2.4%的农村社区家庭不能便利地上幼儿园，2.2%的不能便利地上小学，均比城镇社区家庭高2个百分点。全省三甲医院90%以上集中在城市市区，设卫生室的村数占行政村数的比例为76.5%，低于全国94%的水平；每千人口医疗卫生机构床位数，城市为8.27张，农村为4.95张。农村科教文卫的发展水平相对落后，城乡差距较为明显。

第四节　推进新型城镇化高质量发展建议

“十四五”时期是推进新型城镇化实现高质量发展的关键时期，是开启全面建设社会主义现代化国家的关键时期，山东省应聚焦始终坚持人民至上，完整、准确、全面贯彻新发展理念，服务和融入新发展格局，围绕现代化建设全局，顺应城乡发展规律，深入实施城镇建设及城乡发展智慧化、绿色化、均衡化、双向化行动，加快推进区域协调发展和城乡融合发展，积极探索具有山东特色的城镇化发展新路径，为新时代现代化强省建设作出更大贡献。

一、融入新发展格局，推动区域协调发展

发挥山东半岛城市群在全省区域发展中的主体作用，延伸产业链条，提高战略能级，深入落实黄河流域生态保护与高质量发展、新旧动能转换先行区建设、中国（山东）自由贸易试验区建设等重大战略，积极融入以国内大循环为主体、国内国际双循环相互促进的新发展格局。

一是发挥山东半岛城市群龙头作用。充分发挥山东半岛城市群在黄河流域的龙头带动作用，推动沿黄 9 市 25 个县（市、区）讲好黄河故事，写好黄河文章，用好黄河资源，传承黄河文化，发展黄河文明，打造“黄河下游绿色生态大廊道”“黄河长久安澜示范区”“黄河流域科教创新生力军”“黄河流域高质量发展增长极”“黄河流域改革开放先行区”“黄河流域文化‘双创’大平台”。创新与黄河上中游各城市群联动发展机制，全面深化生态、产业、创新、开放、文化等领域合作，增强黄河流域生态保护和高质量发展的系统性、整体性、协同性。

二是提升山东半岛城市群一体化发展水平。做强省会经济圈、提升胶东经济圈、振兴鲁南经济圈，推动实现经济圈内部及三大经济圈之间设施共联、人才共用、产业共兴、市场共建、开放共赢、生态共保、社会共治，打造具有全球影响力的山东半岛城市群。省会经济圈突出黄河特色，扎实推进“强省会”战略，打造黄河流域生态保护和高质量发展引领区、全国区域一体化发展示范区、全国数字经济高地、世界级产业基地、国际医养中心、国际知名文化旅游目的地，建成中国北方强劲增长极；胶东经济圈突出海洋特色，昂起山东半岛城市群龙头，打造国际海洋创新发展高地、国际海洋航运贸易金融中心、新经济发展先行区、高水平改革开放引领区、海洋生态文明示范区；鲁南经济圈突出乡村振兴，打造乡村振兴先行区、转型发展新高地、淮河流域经济隆起带、革命老区振兴发展示范区。

三是实施新旧动能转换，推进产业错位布局。发挥济南、青岛、烟台新旧动能转换综合试验区三大核心城市作用，加快构建形成“三核引领、多点突破、融合互动”的新旧动能转换总体布局，稳妥化解落后产能，促进传统产业提档升级，积极培育新兴产业，逐步拓展区域带动范围，推动新旧动能转换综合试验区迈向更高发展水平。统筹高端装备、新一代信息技术等“十强”产业布局，促进产研融合，推动城市间产业专业化分工和优势互补。省会经济圈重点发展教育医疗康养、高端装备、量子超算等产业，胶东经济圈重点发展现代海洋、先进制造业、高端服务业等产业，鲁南经济圈重点发展高效生态农业、商贸物流、新能源新材料等产业。

四是增强交通承载能力，提升互联互通水平。以“市市通高铁”为目标，推动干线铁路、城际铁路、市域（郊）铁路、城市轨道交通“四网融合”，打通纵贯南北的京港（台）、京沪辅助和横贯东西的鲁北、青济郑、鲁南高速铁路主骨架。加强主要城市和重点城镇互联互通，打通跨区域高速公路主通道、普通国省干线通道“断头路”，加快高速公路扩容改造、道路加密。建设山东半岛世界级港口群，打造和培育青岛、济南 2 个国际性综合交通枢纽城市，烟台、潍坊、临沂、菏泽 4 个全国性综合交通枢纽城市，打造和培育济南机场、青岛机场、烟台机场、临沂机场 4 个枢纽机场，加快建设一批综合交通枢纽设施，构建多层次、一体化的“1+2+4+4+N”综合交通枢纽体系。

五是协同提升山东半岛城市群对外开放水平。积极对接区域全面经济伙伴关系协定（RCEP），积极融入共建“一带一路”高质量发展。抓住中欧投资协定完成谈判机遇，创新拓展与欧盟、北美等地区合作。综合发挥与日韩地缘相近、文化相通、产业相融等优势，创新深化地方政府及重点企业间合作，打造中日韩地方经贸合作示范区。依托山东自贸试验区、上合示范区等高能级开放平台建设，更好服务对外开放总体战略布局，以高标准高质量的发展要求，加快形成国际合作和竞争新优势。

六是创新区域协调发展体制机制。完善区域政策体系，突破行政边界壁垒，构建合作机制完善、要素流动高效、发展活力强劲、辐射作用显著的区域发展共同体。健全一体化发展体制机制，统筹全域规划与重点事项的衔接，签订区域相关合作协议。建立公共就业和人才服务联盟，基础设施与民生服务协同联动。以产业分工协作、梯次分布为突破口，打造分工明确、优势互补的城市群产业生态，互相介绍投资、共同对外招商、加快产业统筹，打造“双招双引”和对外推介平台。推进政务服务实现“经济圈区域通办”，优化行政审批制度。

二、实施创新驱动，全面赋能智慧城镇化

一是加快新型基础设施建设。实施5G和固定网络“双千兆”工程，加快发展第五代超高速光纤网络，实现千兆入户、万兆入园，打造一批“全光网”城市。发展智慧交通，在路网感知、车路协同、信息化管服等方面取得突破，全面提升交通运行智能协同水平。发展智慧能源，在工业园区、公共机构、城市商业区、居民小区等建设“源网荷储一体化”能源系统。发展智能化公用设施，建设智慧杆柱、智能化综合管廊，开展济南、青岛、济宁、烟台全国新型城市基础设施建设试点。

二是提高城市数字治理能力。建设“城市数据大脑”等数字化智慧化管理平台，推动数据整合共享，提升城市运行管理和应急处置能力。整合升级全省应急通信网络，构建天地一体化应急通信网。高标准建设数字“平安山东”，全面提升公安指挥处置、侦查打击、管控防控、交管监管能力。推动电子证照系统与“爱山东”深度集成，加快建设“无证明城市”。

三是扩大数字服务场景应用。实施教育信息化2.0行动计划，构建全省一体的“互联网+教育”体系。加快建设智慧医院，普及应用电子健康卡，发展移动端预约诊疗、移动支付、诊间结算、检验检查结果查询等服务，持续建设国家健康医疗大数据中心（北方）。实施“好客山东·云游齐鲁”智慧文旅工程，提升打造“山东公共文化云”平台。依托国家超级计算济南中心、青岛海洋科学与技术试点国家实验室E级超算中心，大力发展云计算，提升人工智能、区块链等应用场景支撑能力。打造济南、青岛两个低时延数据中心核心区。

四是提升城市产业创新集聚功能。深耕细作“十强”产业，落实主要

产业图谱，强化主攻方向，分产业链制定龙头企业、配套企业、核心技术清单。积极争取国家重大科技基础设施和大科学装置布局。围绕量子信息、5G、物联网、工业互联网、人工智能、机器人等领域，壮大新型研发机构群。制定未来产业发展实施方案，打造济南、青岛未来产业集聚区。

三、坚持生态优先，加快突破绿色城镇化

一是提高城镇污水收集处理能力。将雨污分流改造纳入各级重点民生工程，建立雨污合流管网改造清零省级财政资金激励奖补制度。提升污水管网收集能力，以县（市、区）为单位，整建制实施老城区雨污分流工程，新建城区全部实行雨污分流，确保城区污水全面收集、雨水高效利用排放。推进城市污水处理厂服务范围向周边农村延伸，对城市污水处理厂进行提标改造。

二是建立全链条垃圾分类处理系统。施行全省生活垃圾强制分类，建设城市生活垃圾分类投放、收集、运输、处理体系，在城市城区、具备条件的县城规划建设分拣处理中心，推进生活垃圾分类网点和废旧物资回收网点“两网融合”。加快建设生活垃圾焚烧处理设施，完善医疗废弃物和危险废弃物处置设施。

三是发展绿色交通网络。深入建设公交都市，开展绿色出行创建行动，完善定制公交、自行车道和步行道。优先发展城市公共交通等低能耗交通方式，除应急救援车辆外，新增城市公共汽（电）车全部采用新能源汽车。完善以配建停车场为主、公共停车场为辅、路侧停车位为补充的停车设施体系，多渠道挖掘利用道路停车位、共享车位、机关和企事业单位错时停车位，在医院、社区、景区等重点区域布局建设停车场，健全住宅小区和公共停车场充电设施，开展创新筹资方式支持停车场建设试点。

四是建设韧性城市。健全城市运行安全评估机制，开展城市自然灾害、事故灾难等隐患排查治理。完善公立医院传染病救治设施，改善疾控基础

条件，加强业务用房建设和必要设备配置，补齐县城公共卫生防控救治短板。提高平疫结合能力，确保改建新建的大型公共设施具备短期内改造为方舱医院的条件。完善极端天气等突发事件预警信息发布系统，实施桥隧、地铁、地下停车场、低洼社区等重点场所安全能力提升工程，对城市易涝积水区段实施智能监控、精准预警、快速排险。

五是推广绿色节能建筑。制定推动城乡建设绿色发展的若干措施，城镇新建民用建筑全面执行绿色建筑标准。实施国家核能供热商用示范工程，建设核能零碳供暖城市。推进清洁取暖改造及集中供热替代，加快太阳能、地热能、生物质能、空气能等清洁能源建筑应用。

六是推进城市生态修复。加强城市自然风貌保护，统筹推进国土绿化和生态廊道建设，开展受损山体、废弃工矿用地修复，实施城市河湖、湿地生态修复工程。构建多层次城市公园体系，合理布局蓝绿空间，构建布局合理、类型丰富、功能完善的绿地生态系统。

四、突出以人为本，扎实推进均衡城镇化

一是提升核心城市和节点城市功能。创新济青联动发展机制，加快济淄、济泰、青潍日、烟威等同城化，沿济青通道打造具有全国影响力的科技创新、高端制造、现代服务轴带，形成以济南、青岛为中心，分别覆盖 2 000 万人口的“1 小时交通圈”。支持济南争创国家中心城市，高标准建设济南新旧动能转换起步区，加快贯通“四桥四隧”等跨黄通道，布局重大市政和公共服务设施，打造国际医学科学中心和国际消费中心城市。支持青岛建设全球海洋中心城市，高水平发展青岛西海岸新区、上合示范区等国家战略平台，推进胶州湾第二海底隧道等重点工程建设，打造国际门户枢纽城市、国际化创新标杆城市、世界工业互联网之都和宜居宜业宜游品质湾区城市。促进其他 14 个设区市主动承接济青产业转移和功能疏解，立足特色资源和产业基础，推动制造业差异化定位、集群化发展，强化特色服务业载体建设，完

善宜居宜业功能，形成区域性重要节点城市。依托国家级园区，在烟台、临沂、德州、菏泽建设省级新区，打造区域发展战略支点。

二是加快以县城为重要载体的城镇化建设。实施产业培育设施提质增效工程，促进劳动密集型产业、县域特色产业及农村二三产业在县城集聚发展，支持在县城周边和重点镇等人口集聚地区建设小微企业创业创新基地、科技孵化园区、标准厂房等，降低企业开办运营成本。加快补齐县城基础设施与公共服务短板弱项，推动公共服务设施提标扩面、环境卫生设施提级扩能、市政公用设施提档升级。深化10个国家县城新型城镇化建设示范。发挥开发性、政策性金融调节作用，调动商业性金融积极性，加大信贷支持县城城镇化力度。推动具备条件的县有序改市。

三是优化公共服务资源配置。优化城乡义务教育学校布局，推动教师编制、学位供给与学龄人口均衡配置。推进县域内城乡义务教育学校教职工编制标准统一和工资收入稳步增长，建立教育联合体，统筹管理教育教学活动，推动城乡校长、教师轮岗交流，加强信息资源共享。实施第四期学前教育行动计划，持续扩增普惠性学前教育资源。实施新一轮区域医疗能力“攀登计划”，建设综合、专科类别国家区域医疗中心。实施基层医疗卫生服务能力提升3年行动，发展县域医共体和城市医联体。健全常态化疫情防控和应急处置转换机制，补齐二级以上综合医院发热门诊、感染性疾病科建设和实验室病原识别能力短板。在省内“一卡通行”开通运行的基础上，加快推动医保卡跨省通行。健全养老服务网络，推动街道综合养老服务中心实现全覆盖，社区养老服务设施配建达标率达到100%，每个县（市、区）至少建成1处以失能特困老年人专业照护为主的敬老院。

四是加快发展保障性租赁住房。加快培育发展住房租赁市场，有效盘活存量住房资源，有力有序扩大租赁住房供给，完善长租房政策，合理调控租金水平。统筹实物保障和租赁补贴方式，合理扩大小户型、低租金的保障性租赁住房供给，着力解决困难群体和农业转移人口、新就业大学生等新市民住房问题。单列租赁住房用地计划，探索利用农村集体建设用地和企事业单位自有闲置土地建设租赁住房，支持将非住宅房屋改建为保障性租赁住房。将符合条件的人才住房建设项目纳入省级重点项目，探索发展面向高层次人才的共有产权住房。支持济南、青岛深化住房租赁市场建设试点。

五是增强社会保障综合能力。完善工资支付相关政策措施，保障职工特别是农民工工资支付。实施全民参保计划，鼓励未与用人单位签订劳动合同的新业态从业人员及其他灵活就业人员，在就业地或户籍地参加职工基本养老保险和基本医疗保险。逐步提高城乡居民基本医疗保险政府补助标准，落实城乡低保和特困人员救助标准动态调整机制。建立健全农村留守儿童和妇女、老年人关爱服务体系，完善困难残疾人分级分类保障政策。

五、强化城乡融合，高效促进双向城镇化

一是促进城乡人口自由流动。提升人口管理信息化水平，进一步完善山东省人口基础信息库建设，深化“互联网＋政务服务”，加快电子证照、电子档案建设，推进户口、居民身份证办理“无纸化”“免填单”，实现全省“通迁、通办”。顺应城镇化发展规律，畅通产业就业留人、生活环境留人、优质服务留人三大途径，持续推进农业转移人口向各级城镇集聚。维护进城落户农民的土地承包权、宅基地资格权、集体资产股权，不得以退出上述权益作为农民进城落户的条件。畅通入乡返乡落户渠道，以大学生、进城务工人员、退役军人、农业科技人才等为重点，鼓励返乡入乡人员创新创业。全面建立城市医生、教师、科技文化人员等定期服务乡村机制。

二是强化城乡建设土地、资金支撑。编制全省国土空间规划，依据城镇化和经济社会发展需要，合理布局城镇建设用地和基础设施建设用地。落实城镇建设用地增加规模与吸纳农业转移人口数量挂钩机制，有序推进城乡建设用地增减挂钩。统筹开展农村第二轮土地承包到期延包试点、新一轮农

村宅基地制度改革试点。加强农村集体建设用地改革研究，积极稳妥推进农村经营性建设用地入市，支持地方探索盘活农村集体建设用地、经营性建设用地入市收益分成、农村宅基地收储、进城落户农民自愿退出宅基地和承包地补偿、生态产品价值实现等路径和办法。完善县级基本财力转移支付资金与常住人口挂钩机制，增加吸纳外来人口较多地区的转移支付。开展基础设施领域不动产投资信托基金（REITs）试点。引导金融资源进一步下沉，推进农村金融服务创新，通过银企点对点对接、一对一帮扶，加大涉农信贷投放、降低融资成本、提高融资质效，解决农业农村融资难的问题。

三是激活城乡消费市场潜力。强化商业“圈、街、店、节、网”功能，配套完善消费设施，积极创建济南、青岛国际消费中心城市。开展国家完善废旧家电回收处理体系推动家电更新消费试点。加快冷链设施建设，打造济南、青岛等国家骨干冷链物流基地。完善县、乡、村电子商务体系和快递物流配送体系，建设农村客货邮融合发展样板县。

四是引导小城镇特色发展。统筹县域城镇和村庄规划建设，把镇建成服务“三农”的区域中心。充分尊重农民意愿，合理引导村（居）人口向县城、小城镇周边集聚。开展小城镇试点建设，培育新生小城市和大城市卫星镇。大力发展文化旅游、商贸物流、资源加工等特色强镇，构建形成“小商品、大市场”“小产品、大产业”的发展格局。以微型产业集聚区为空间单元培育发展特色小镇，支持做强主导产业，发展先进制造类、科技创新类、创意设计类、数字经济类、金融服务类、商贸流通类、文化旅游类、体育运动类、三产融合类 9 类特色小镇。建立全省特色小镇清单，实施全生命周期管理，引入社会资本参与特色小镇投资建设运营。

五是开展城乡融合发展改革试点。高质量推进国家城乡融合发展试验区济青局部片区建设，加快建设济南市黄河北片区等 15 个省级城乡融合发展试验区，推动城乡产业协同发展、城乡基础设施一体化等 11 项改革任务落地。

第二章 设区市城镇化发展监测分析

按照山东省委、省政府推进新型城镇化的决策部署，全省 16 个设区市以智慧化、绿色化、均衡化、双向化为引领，以转变城市发展方式为主线，以农业转移人口市民化为重点，新型城镇化建设取得突出成效。2020 年，各市常住人口城镇化率均超过 50%，10 个市城镇化率增速超过 1%，12 个市第二、三产业增加值占比高于 90%；58 个市辖区年末总人口、GDP 总量分别达到 3 935.97 万人、41 713.86 亿元，依托山东省 33.13% 的土地面积集聚了 38.77% 的人口、创造了 57.04% 的经济总量。与省外同等城市相比，山东省各市特别是济南、青岛，在部分指标方面具有优势，但也存在规模实力不强、城乡差距较大、发展特色不够鲜明、辐射效应不突出等问题。

本章聚焦各设区市和市辖区城镇化建设进展，兼顾城乡一体、资源节约、城市功能提升等方面，从人口集聚、产业支撑、城市建设、社会事业、居民生活和绿色低碳六个方面，定量测度城镇化相关领域发展成效、主要短板和趋势走向，客观反映各市城镇化发展水平和质量。

第一节 设区市城镇化发展指标分析

一、人口集聚

1. 常住人口规模持续增长，临沂、青岛总人口超千万。2020 年，山东省常住人口为 10 152.75 万人，总量位列全国第二。分市来看，临沂、青岛常住人口超过 1 000 万人，分别为 1 101.8 万人、1 007.2 万人，其中青岛常住人口首次突破 1 000 万人；潍坊、济南人口介于 900 万 ~ 1 000 万人，菏泽、济宁、烟台、聊城、德州、泰安 6 市人口介于 500 万 ~ 900 万人。2010—2020 年，全省增加 573.4 万人，增长 6%，年均增长率为 0.6%，山东人口增量位列全国第四。分市来看，青岛、济南两市的人口集聚能力不断加强，年均增长率分别为 1.5%、1.3%；临沂、东营、菏泽、日照 4 市年均增长率介于 0.5% ~ 1.0%（见图 2–1）。

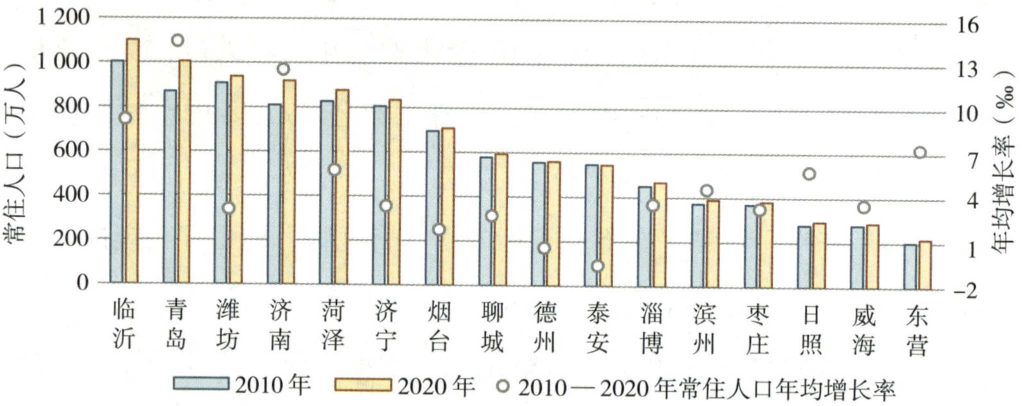

图 2–1　2010—2020 年设区市常住人口及年均增长率

2. 超半数城市常住人口城镇化率超过 60%，增长速度较缓。2020 年，全省设区市常住人口城镇化率均超过 50%，其中，青岛、淄博、济南、东营、威海 5 市超过 70%，进入城镇化发展后期；烟台、潍坊、泰安、日照、济宁 5 市超过 60%（见图 2–2）。城镇化率在空间上呈现“以济青为中心、东北高西南低”的格局（见图 2–3）。2010—2020 年，全省城镇化率年均增长 1.3 个百分点；青岛等 5 个城镇化率超过 70% 的城市，年均增长小于 1.2 个百分点，增长速度放缓；年均增速超过 1.5 个百分点有潍坊、济宁、聊城、菏泽 4 市；其他 7 市介于 1.0 ~ 1.5 个百分点（见图 2–4）。

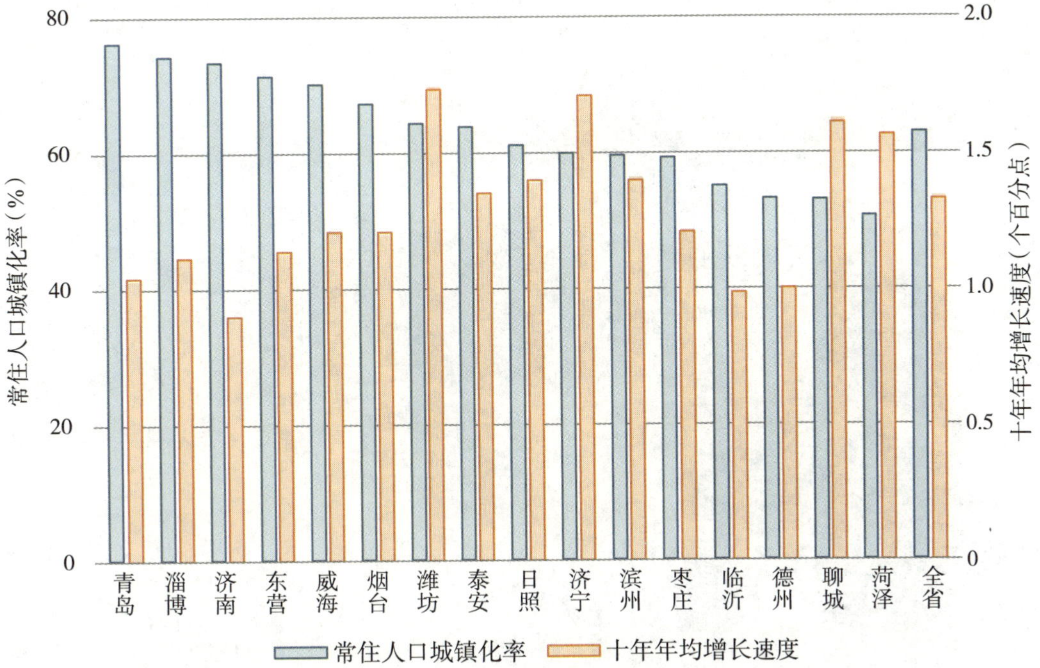

图 2-2　2020 年设区市和全省常住人口城镇化率及十年增速

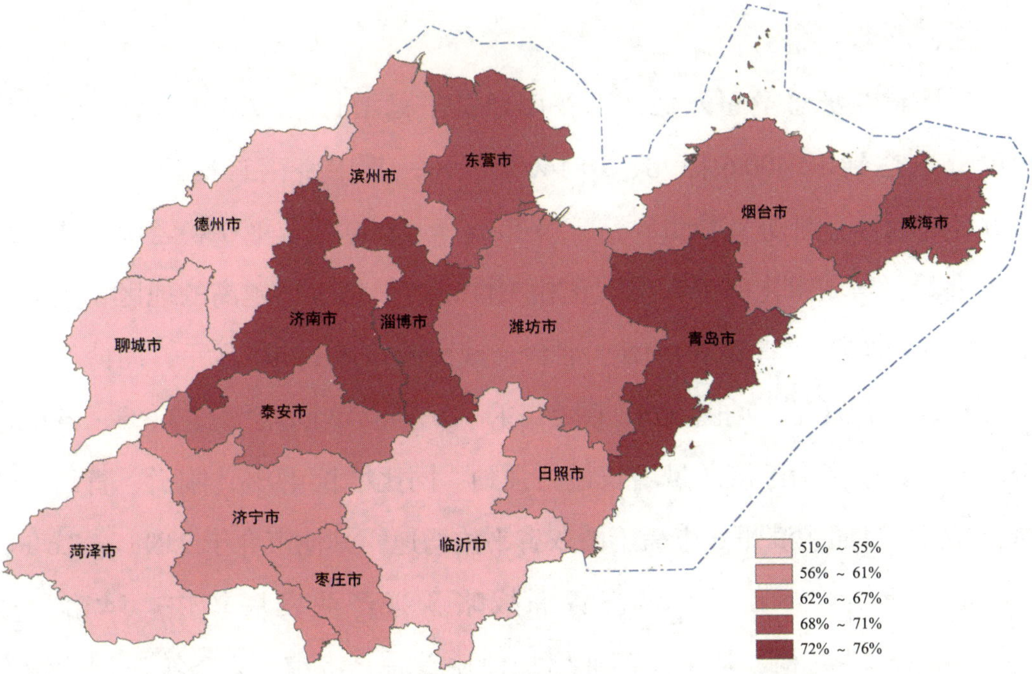

图 2-3　2020 年设区市常住人口城镇化率

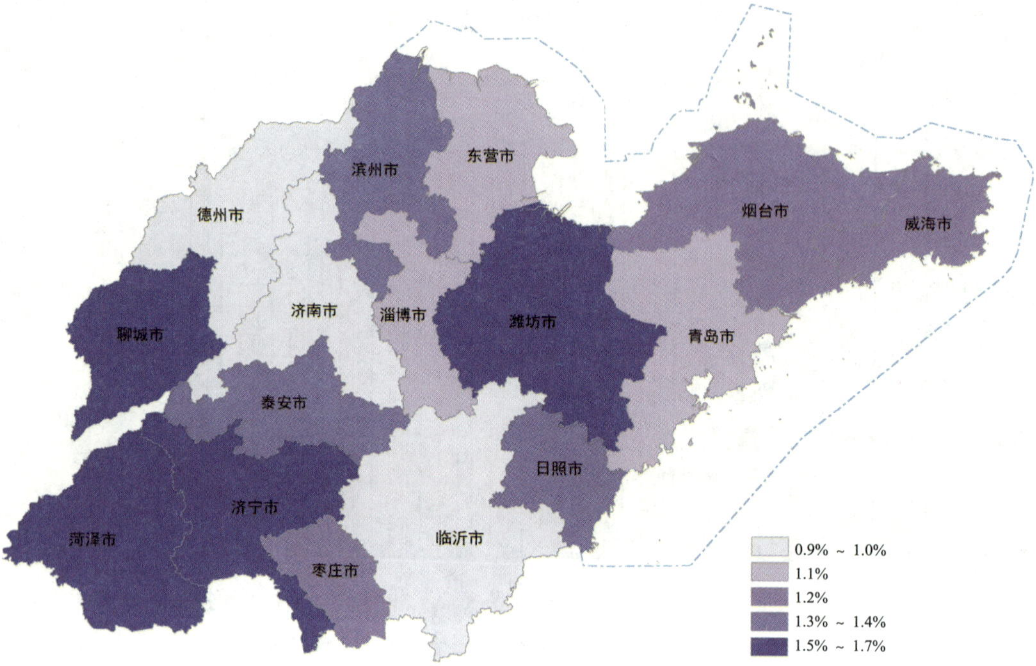

图 2-4　2010—2020 年设区市常住人口城镇化率年均增长率

二、产业支撑

1. 济青经济总量超万亿元，各市经济平稳增长。2020 年，青岛、济南 GDP 分别达到 12 400.6 亿元、10 140.9 亿元，其中济南首次迈入“万亿俱乐部”；烟台、潍坊、临沂、济宁 4 市介于 4 000 亿 ~ 8 000 亿元。从人均 GDP 来看，与城镇化率分布呈现正相关性，城镇化水平越高的地区，其人均 GDP 越高，东营、青岛、济南、烟台、威海 5 市超过 10 万元，淄博等 4 市介于 6 万 ~ 8 万元（见图 2–5、图 2–6）。山东 GDP 同比增长 3.6%，各市稳步增长。其中济南经济总量增长最为强劲，同比增长 4.9%；临沂、青岛、菏泽、东营、日照、滨州 6 市高于山东省平均增速，其他市介于 2.8% ~ 3.6%。

2. 产业结构不断优化，济青淄战略新兴产业发展较快。14 市形成“三二一”产业结构，从第三产业增加值比重看，济南、青岛第三产业增加值占 GDP 的比重分别为 61.6%、61.4%，超过全省 53.5% 的平均水平。从

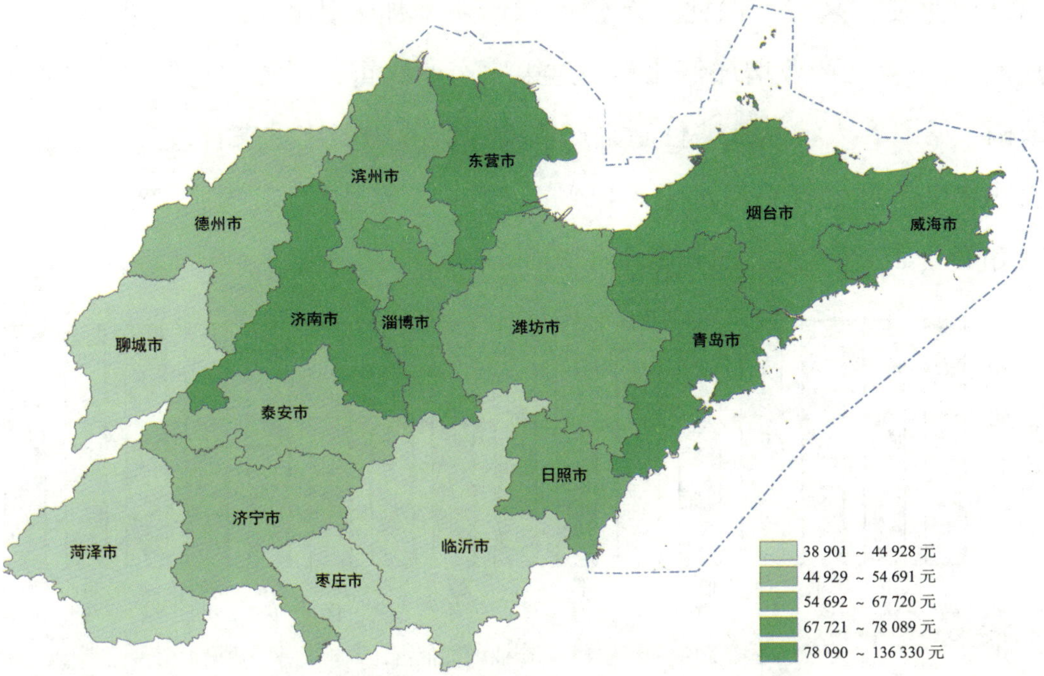

图 2-5　2020 年设区市人均 GDP

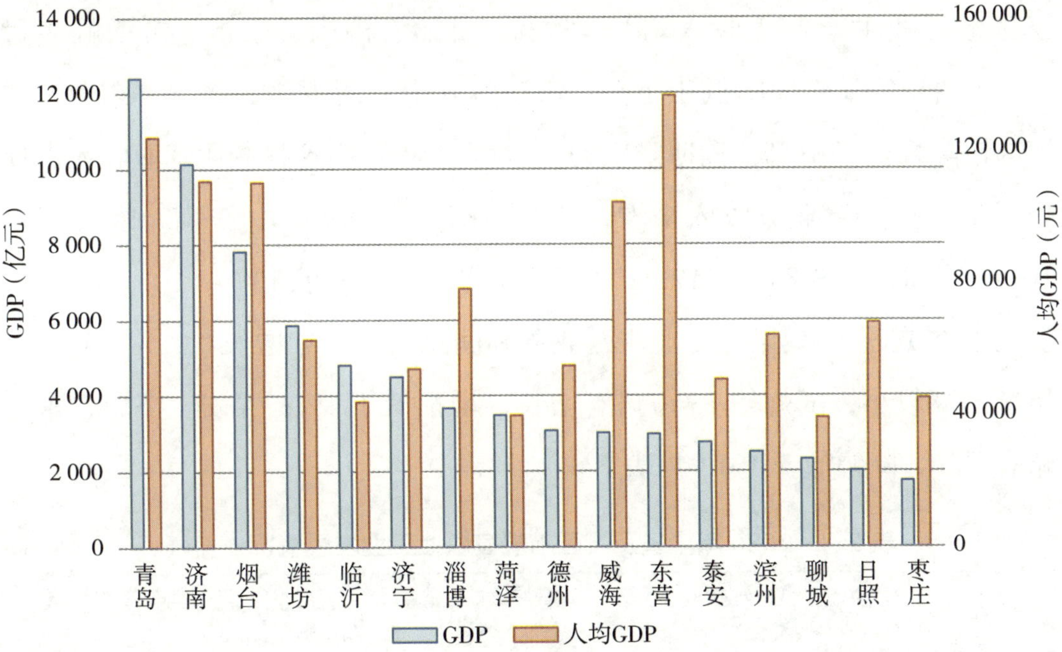

图 2-6　2020 年设区市 GDP 及人均 GDP

二三产业结构来看，淄博、东营第二产业增加值比重大于第三产业比重，其他 14 市第三产业增加值比重超过第二产业比重，形成“三二一”的产业结构（见图2–7）。从战略性新兴产业增加值占GDP比重来看，济南、青岛、淄博 3 市超过全省平均水平（1.9%），其中，济南最高，为 3.3%；东营等 12 市介于 1% ~ 2%，德州低于 1%。

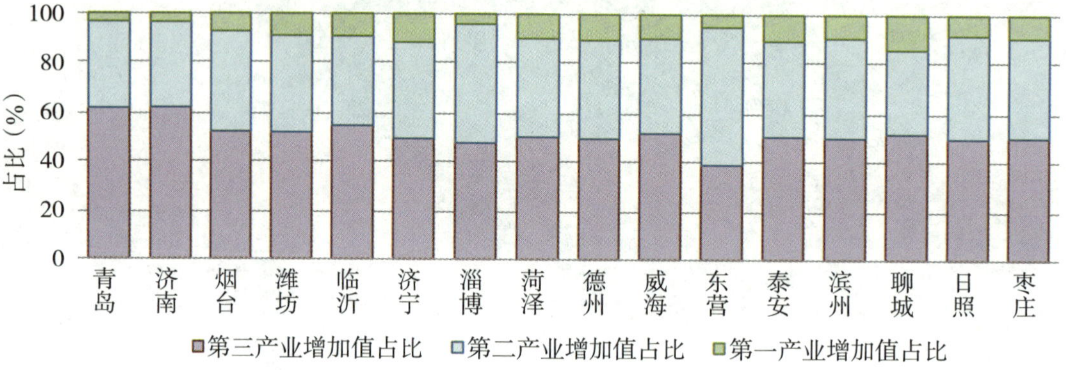

图 2–7　2020 年设区市三次产业结构

3. 各市规模以上工业主营业务收入增幅较大，利润总额增幅较小。规模以上工业主营业务收入增长 4.81%，日照、济南、临沂 3 市增幅超过 10%，烟台等 9 市增幅低于 10%；济宁等 4 市有所下降，济宁、东营、威海 3 市降幅低于 10%，淄博降幅为 11.71%。从高技术制造业营业收入占规模以上工业主营业务收入来看，威海最高，为 34.61%；济南、烟台超过 10%，分别为 13.81%、12.71%；菏泽等 11 市介于 1% ~ 10%；东营、滨州不足 1%。规模以上工业主营业务利润总额较上年增长 0.21%，各地市增减幅度较小，滨州等 13 市略有增长，增幅低于 1%；泰安、济宁、东营略有下降，降幅低于 1%（见表 2–1）。

表 2–1　2020 年全省及设区市规模以上工业发展情况一览表

地市	规模以上工业主营业务收入（亿元）	增幅（%）	规模以上工业主营业务利润总额（亿元）	增幅（%）
全省	87 160.70	4.81	4 431.32	0.21

续表 2-1

地市	规模以上工业主营业务收入（亿元）	增幅（%）	规模以上工业主营业务利润总额（亿元）	增幅（%）
济南	7 575.34	16.32	423.31	0.36
青岛	9 828.17	6.31	571.79	0.20
淄博	4 604.54	–11.71	222.40	0.15
枣庄	1 230.83	0.39	76.79	0.04
东营	7 293.42	–7.13	52.95	–0.51
烟台	8 437.09	8.49	517.87	0.24
潍坊	8 987.58	5.81	452.81	0.27
济宁	3 701.61	–0.84	286.34	–0.10
泰安	2 222.80	4.03	113.21	–0.01
威海	2 595.00	–8.17	256.78	0.20
日照	4 275.00	31.99	213.72	0.40
临沂	5 235.77	11.15	239.52	0.48
德州	2 904.89	6.71	180.21	0.24
聊城	3 509.94	5.10	133.71	0.34
滨州	8 034.38	7.82	324.11	0.88
菏泽	3 953.42	1.04	275.78	0.11

4. 一般公共预算收入整体稳步增长，各市人均公共收入差距较大。2020 年，14 市一般公共预算收入实现了稳步增长，其中，菏泽、临沂 2 市增长超过 5%，滨州等 12 市介于 0.5% ~ 5%，淄博、枣庄 2 市出现负增长。从人均一般公共预算收入来看，青岛、东营 2 市超过 1 万元，烟台等 7 市介于 5 000 ~ 10 000 元，其余 7 市不足 5 000 元。从税收收入占一般公共预算收入比重来看，临沂超过 80%，日照等 13 市超过 70%，烟台、东营超过 65%（见表 2–2）。

表 2–2　2020 年全省及设区市地区财政收入情况一览表

地市	一般公共预算收入（亿元）	人均一般公共预算收入（元）	税收收入（亿元）	税收收入占一般公共预算收入比重（%）
全省	6 559.93	6 461.24	4 757.62	72.53

续表 2-2

地市	一般公共预算收入（亿元）	人均一般公共预算收入（元）	税收收入（亿元）	税收收入占一般公共预算收入比重（%）
济南	906.08	9 846.04	696.62	76.88
青岛	1 253.85	12 449.26	898.78	71.68
淄博	321.54	6 835.25	227.35	70.71
枣庄	140.76	3 650.78	105.19	74.73
东营	249.34	11 367.17	168.42	67.55
烟台	610.07	8 589.97	421.55	69.10
潍坊	573.90	6 113.93	426.10	74.25
济宁	411.78	4 926.86	301.86	73.31
泰安	229.19	4 188.17	165.06	72.02
威海	252.39	8 683.57	189.77	75.19
日照	176.31	5 939.74	139.07	78.88
临沂	349.83	3 175.00	290.16	82.94
德州	208.55	3 716.66	154.21	73.94
聊城	201.97	3 393.27	144.76	71.67
滨州	252.79	6 434.74	181.97	71.98
菏泽	237.92	2 704.86	178.96	75.22

5. 胶东经济圈城市进出口总额占全省超六成。2020 年，胶东经济圈五市进出口总额达到 2 049 亿美元，占全省总额的 64.3%，其中青岛高达 926.9 亿美元，在全省遥遥领先。菏泽、滨州、东营、日照进口总额高于出口总额，其余 12 市出口总额高于进口总额（见图 2–8）。从外贸依存度来看，威海、青岛、日照、东营外贸依存度超过 40%，烟台、滨州、潍坊、临沂 5 市介于 20% ~ 40%。

三、城市建设

1. 基础设施建设水平不断提升，集中供热能力增长最快。供水方面，16 个设区市全社会供水综合生产能力 1 872.5 万 m^3/d，增加 2.52%；供水管道总长度 67 819.60km，增长 6.11%。供热方面，设区市集中供热面积 1 828.03km^2，住宅集中供热面积 1 540.64km^2，分别增长 7.57% 和 10.16%。道路桥梁方面，设区市城市道路长度 61 303.50km、道路面积 1 251.18km^2，分别增长 3.64% 和 4.13%。供气方面，设区市燃气普及率达 98.97%，提高 0.25 个百分点；其中聊城增速最快，提高 4.27 个百分点（见表 2-3）。

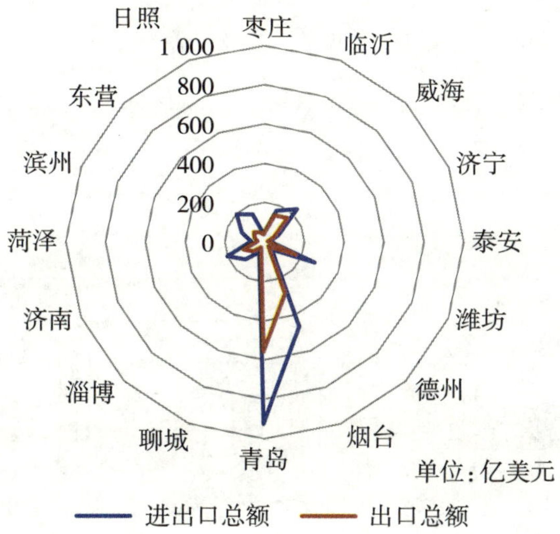

图 2-8　2020 年设区市进出口贸易示意图

表 2-3　2019—2020 年设区市基础设施建设情况一览表

指标	2020 年	2019 年	增幅（%）
供水综合生产能力（万 m^3/d）	1 872.50	1 826.50	2.52
供水管道长度（km）	67 819.60	63 916.60	6.11
排水管道长度（km）	86 588.70	83 988.70	3.10
集中供热面积（km^2）	1 828.03	1 699.34	7.57
住宅集中供热面积（km^2）	1 540.64	1 398.57	10.16
道路长度（km）	61 303.50	59 149.20	3.64
道路面积（km^2）	1 251.18	1 201.59	4.13
燃气普及率（%）	98.97	98.72	0.25

2. 市政设施固定资产投资增长较快，济青占全省四成。2020 年全省设施固定资产投资为 1 657.76 亿元，其中，济南、青岛 2 市超过 300 亿元，济宁超过 167 亿元，临沂、潍坊 2 市为 100 亿 ~ 150 亿元，烟台等 8 市为 50 亿 ~ 100 亿元，聊城等 3 市为 22 亿 ~ 50 亿元。全省市政设施固定资产投资增速为 14.90%，13 市有不同程度的提升，东营增速最快，达到 211.09%，济宁位居第二，为 81.82%，德州、滨州 2 市为 60% ~ 70%，聊城等 4 市为 20% ~ 40%，菏泽、威海 2 市为 10% ~ 20%，济南、枣庄、泰安 3 市为 0 ~ 5%，其余 3 市出现负增长（见图 2–9）。

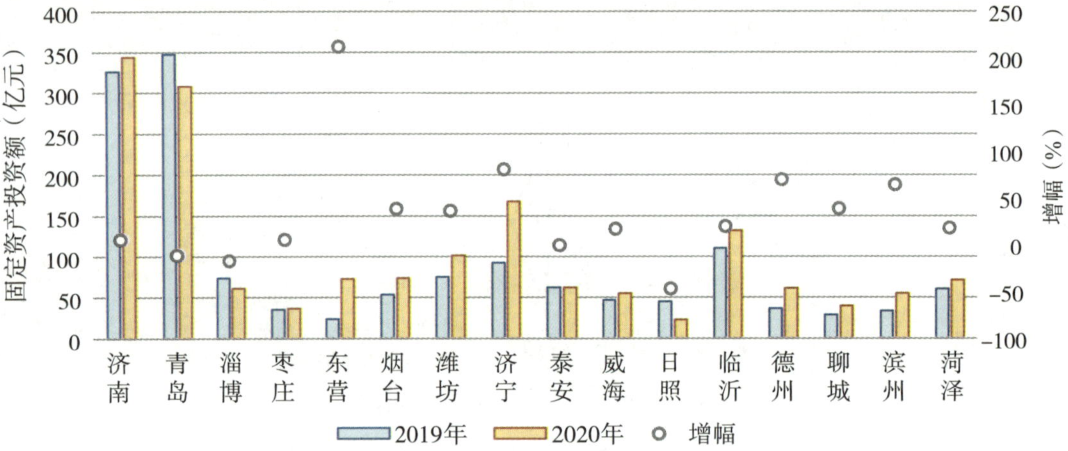

图 2–9　2019—2020 年设区市市政设施固定资产投资情况

四、社会事业

1. 教育卫生事业稳步发展。从中小学师资配置来看，威海、烟台、潍坊、滨州、东营、青岛、泰安 7 市的普通高中生均师资超过全省平均水平（11.81 : 1），烟台等 10 市的初中生均师资超过全省平均水平（12.24 : 1），淄博等 13 市小学生均师资超过全省平均水平（16.36 : 1）。从医疗卫生方面来看，济南、威海、淄博、潍坊、青岛 5 市万人拥有执业医师数和万人拥有卫生机构床位数两项指标均超过全省平均水平（32.45 人、63.73 张）；从增长速度来看，聊城等 8 市万人拥有执业医师数增速超过全省

（3.48%），淄博等9市万人拥有卫生机构床位数增速超过全省（1.77%）（见图2-10）。

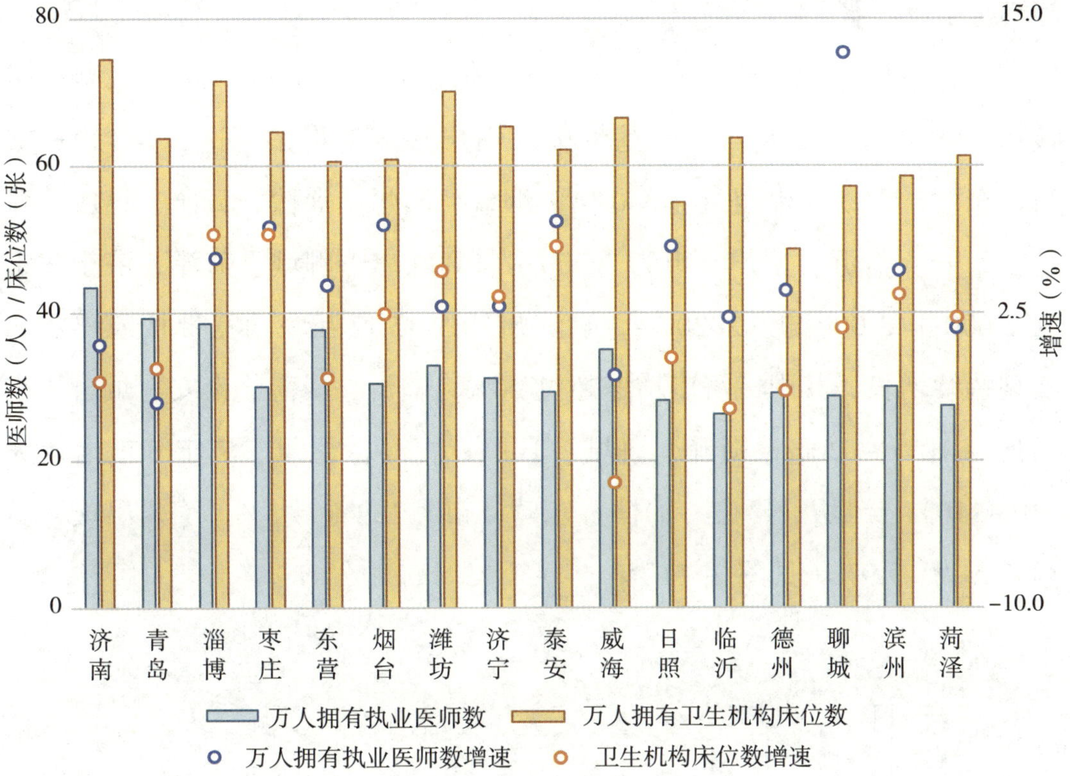

图2-10　2020年设区市医疗卫生设施水平变化

2. 济青烟科研能力较为突出，各市创新投入与产出能力差距较大。2020年，青岛、济南、烟台3市研究与试验发展（R&D）经费支出总额分别达到325.31亿元、287.28亿元、149.43亿元，居全省前三位，3市R&D经费支出合计占全省的42.78%。从R&D经费支出总额占GDP比重来看，滨州占比最高，为3.39%，滨州、德州、日照、聊城、淄博、济南、东营、青岛、威海、泰安10市超过全省平均水平（2.44%）。专利申请受理方面，青岛、济南分别为8.75万件、6.96万件，潍坊、烟台、临沂3市为2万～4万件，淄博等8市为1万～2万件，东营等3市为0.8万～1万件；万人专利申请授权量方面，青岛、济南分别为57.29件和44.45件，分别减少

14.26件和7.83件；东营、威海、潍坊、淄博、烟台5市为20～40件，滨州、日照、枣庄、济宁、德州、聊城、泰安、临沂8市为10～20件，菏泽不足10件。

3. 各市信息化水平有所提高，济南信息化水平较高。从互联网宽带接入户数来看，万人互联网宽带接入用户数济南最多，达4 703户；威海、东营、青岛3市超过4 000户，烟台、滨州、淄博、日照、枣庄、潍坊、泰安、临沂、德州9市为3 000～4 000户，聊城、菏泽、济宁3市为2 000～3 000户。2020年，除滨州外的15市互联网宽带接入户数均实现持续增长，其中，济南增速超过20%，临沂、威海、泰安、烟台4市增速为10%～20%，菏泽、聊城、日照、青岛、德州、济宁6市增速为6%～10%，潍坊、枣庄、淄博、东营4市为0.9%～5%，滨州出现了负增长，为–9.9%（见图2–11）。

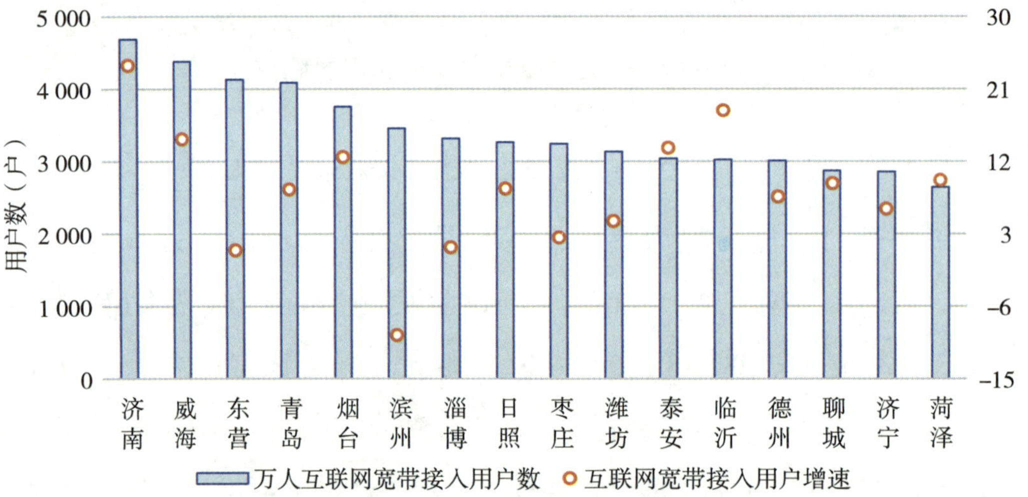

图2–11 2020年设区市互联网宽带接入情况

五、居民生活

1. 中西部地区居民收入提速，城乡收入差距呈缩小态势。受国家和省中西部区域倾斜和支农惠农政策的影响，中西部地区城乡居民收入增速整体快于东部沿海地区，农村收入增速整体快于城镇，城乡收入差距呈同步缩小态势。从城镇居民人均可支配收入增速来看，临沂超过 4%，居全省首位，德州、菏泽、潍坊、济宁 4 市为 3.3% ~ 4%，且高于全省平均水平（3.3%），滨州等 11 市为 2.6% ~ 3.3%；从农村居民人均可支配收入增速来看，菏泽、潍坊、临沂、聊城、德州 5 市超过 6%，滨州、济宁、泰安、枣庄、日照 5 市为 5.5% ~ 6%，且高于全省平均水平（5.5%），威海等 6 市为 4.8% ~ 5.5%。从城乡居民收入比来看，16 市均有不同程度的下降，其中，潍坊等 12 市高于全省平均降幅，城乡收入差距进一步缩小（见图 2-12）。

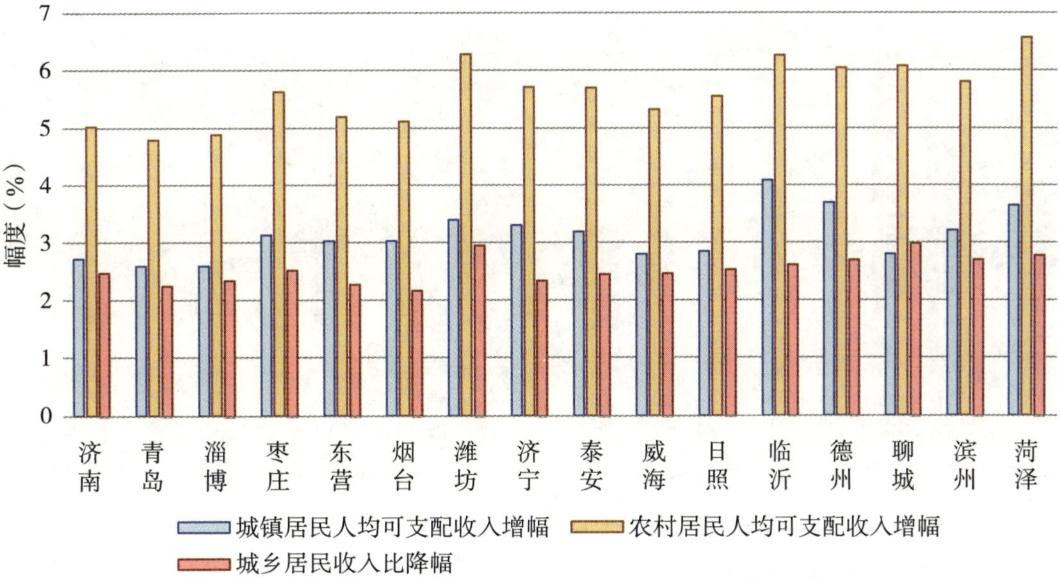

图 2-12　2020 年设区市城乡居民人均可支配收入情况比较

2. 半数城市社会消费品零售额有所提高，14 市居民消费性支出占可支配收入比重有所降低。从社会消费品零售总额来看，济南、青岛、潍坊、威海、临沂、德州、菏泽、滨州 8 市有所提高，其余各市均有所下降（见图 2-13）。从城镇居民人均消费性支出占城镇居民人均可支配收入比重来看，济南、烟台、青岛、菏泽、滨州、淄博6市超过63%，且超过全省平均水平（62.41%）；威海、潍坊、德州3市为60% ~ 63%，日照、东营、泰安、聊城、济宁、枣庄6市为58% ~ 60%，临沂最低，为47.86%。从农村居民人均消费支出占农村居民人均可支配收入比重来看，菏泽、德州、东营、淄博、聊城、烟台6市为69% ~ 80%，高于全省平均水平（67.51%），滨州、青岛、枣庄、济南、潍坊、泰安、临沂、济宁、威海9市为59% ~ 69%，日照最低，为51.35%。威海、日照、滨州、济宁、潍坊、德州、临沂、烟台、东营、泰安、淄博、青岛、菏泽、枣庄14市城镇居民人均消费性支出占城镇居民可支配收入比重有所下降。

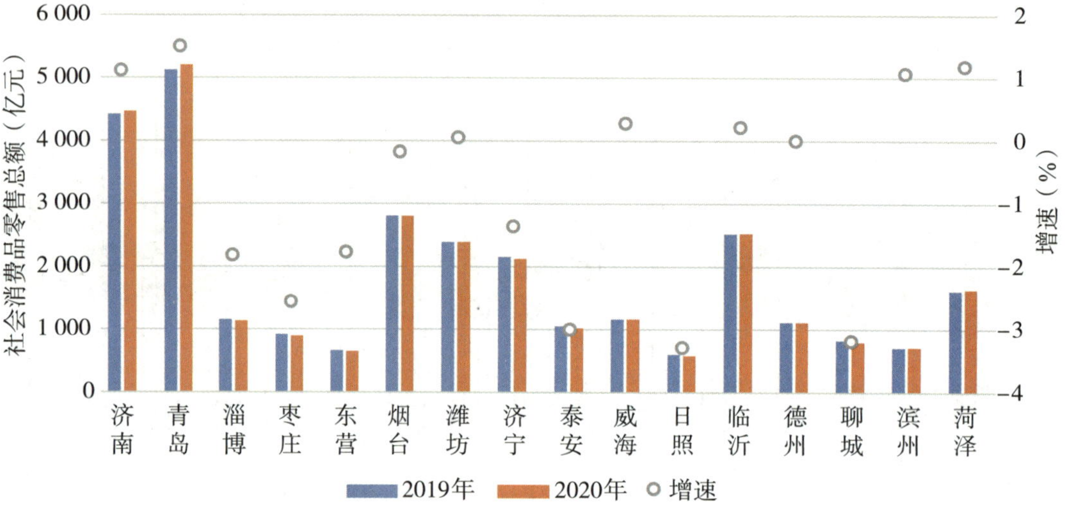

图2-13　2019年与2020年设区市社会消费品零售总额情况比较

3. 社会保险参保人数普遍增加，临沂等市参保人数增速较快。在职工保险参保方面，临沂城镇职工基本养老保险参保人数增长最快，增速为8.7%，德州、滨州、潍坊、菏泽、济宁、济南、东营为6.4% ~ 8.4%，高于全省平均增速（6.2%），淄博、聊城、威海、枣庄为5% ~ 6.2%，烟台、日照、青岛、泰安为4% ~ 5%。在职工保险参保方面，济南参保人数增速为3.9%，威海、东营增速为2% ~ 2.7%，临沂、烟台、德州、日照为 1% ~ 2%，济宁、聊城、淄博、青岛、枣庄、泰安、滨州 7 市为 0.2% ~ 1%，菏泽出现负增长。在失业保险参保方面，聊城参保人数增速为 13.4%，济南、临沂、淄博、东营为 10% ~ 13%，青岛、德州、潍坊为 7.4% ~ 10%，高于全省平均增速（7.3%）。在工伤保险参保方面，潍坊参保人数增速为 12.1%，淄博、滨州、聊城为 10% ~ 13%，烟台、日照、菏泽增速为 6.8% ~ 8.1%，高于全省平均增速（6.5%）。在生育保险参保方面，聊城、临沂参保人数增速分别为 72.9%、50.7%，德州、潍坊、日照、淄博、威海、青岛为 20% ~ 36%，高于全省平均增速（18.1%）。

六、绿色低碳

1. 空气质量持续向好。从 $PM_{2.5}$ 浓度看，威海、烟台、青岛、东营、日照 5 市优于山东省平均水平（46 μg/m^3），其中威海最低，为 29 μg/m^3；济南、潍坊介于 47 ~ 50 μg/m^3，滨州等 9 市介于 53 ~ 60 μg/m^3。从 $PM_{2.5}$ 改善幅度来看，全省平均降幅为 8%；济南、青岛 2 市降幅高于 10%，烟台、淄博、潍坊、济宁、枣庄、东营 6 市降幅介于 1.5% ~ 10%。从环境空气质量综合指数来看，全省平均为 4.87，威海最低，为 3.5，烟台、青岛、东营 3 市介于 3.5 ~ 5，日照等 11 市介于 5 ~ 6，聊城为 6.1（见图 2-14）。从环境空气质量综合指数改善幅度来看，全省平均降幅为 11.3%；潍坊、青岛、东营、枣庄 4 市降幅超过 10%，济南等 11 市降幅介于 1% ~ 10%，日照则为增长。

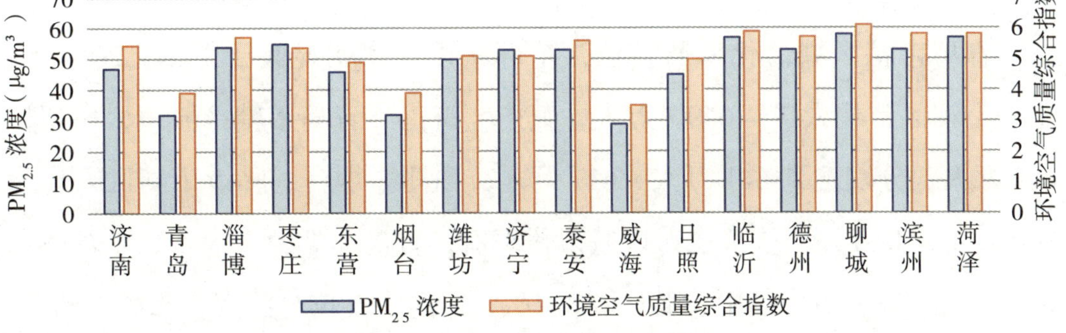

图 2-14 2020 年设区市 $PM_{2.5}$ 浓度和环境空气质量综合指数情况

2. 经济发展不断向绿色高质量迈进。2010—2020 年，山东省地均 GDP 由 391 万元 /ha 增长至 594 万元 /ha，增幅达 51.92%；其中，济南、菏泽地均 GDP 增幅最大，增长均超过 1 倍，分别由 439.80 万元 /ha 增至 1 177.73 万元 /ha、262.87 万元 /ha 增至 680.72 万元 /ha。2020 年，全省万元 GDP 能耗较上年下降 2.41%，其中，滨州、潍坊等 9 市降幅超过 4%。2010 年、2020 年全省及设区市地均生产总值见图 2-15。

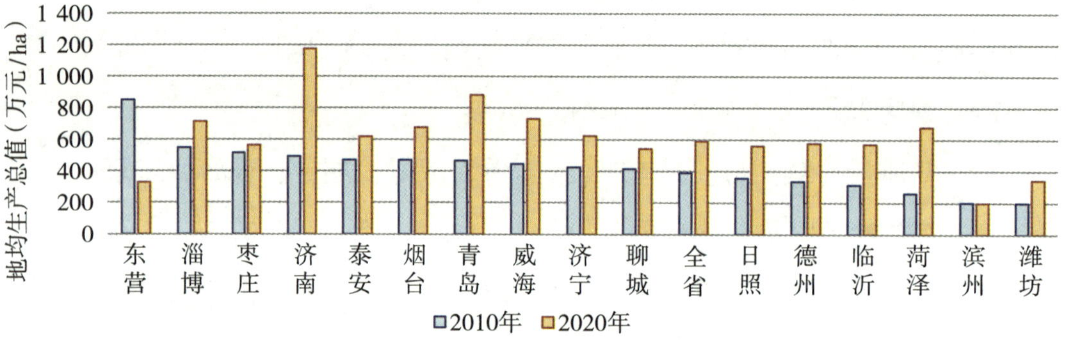

图 2-15　2010 年与 2020 年全省及设区市地均生产总值比较

第二节　市辖区城镇化发展指标分析

一、人口城镇化

青岛市辖区城镇化率居首位，东部城镇化率明显高于西部。2020 年，全省市辖区常住人口 4 640.7 万人，其中，济南、青岛市辖区城镇人口超过 600 万人，分别达到 641 万人、617 万人；淄博、烟台、临沂市辖区人口为 300 万 ~ 400 万人。从常住人口城镇化率看，青岛、烟台、淄博、东营市辖区城镇化率超 80%，其中青岛达到 86.0%，居全省首位。济南、潍坊、济宁、泰安、威海、日照、临沂、德州 8 市为 70% ~ 80%，其余 4 市低于 70%。

二、经济发展

1. 经济总量占全省近六成，产业结构层次较高。2020 年，市辖区 GDP 总量为41 713.86亿元[①]，占全省GDP的比重达到57.04%。从GDP增速来看，烟台、潍坊、东营、枣庄、济南、聊城、淄博、滨州、威海、菏泽、日照、青岛 12 市市辖区 GDP 增速超过全市 GDP 增速。市辖区三次产业结构为3.66∶39.01∶57.33[②]，第三产业比重高出全省3.83个百分点。从人均GDP看，青岛市辖区最高，达到 18.38 万元，是全省平均水平的 2.53 倍。

2. 财政收入占全省近六成。2020 年，市辖区地方一般公共预算收入达到 3 672.90 亿元，占全省的 55.99%。从各市看，青岛、济南市辖区地方一般公共预算收入分别为 974.51 亿元、785.49 亿元，在全省遥遥领先；烟台、淄博为第二梯队，分别为 319.02 亿元、253.47 亿元；潍坊等 5 市为 100 亿～200 亿元，其余 7 市低于 90 亿元。

3. 工业企业数量占全省四成以上，青岛工业企业数量较多。2020 年，市辖区工业企业数量达到 12 806 个，占全省的 43.22%。其中，青岛市辖区为 2 443 家，济南、淄博、临沂、烟台 4 市超过 1 000 家。济南、青岛 2 市市辖区工业总产值超过 6 000 亿元，淄博、潍坊、日照 3 市市辖区为 2 000 亿～3 500 亿元，其余 11 市为 2 000 亿元以下。

三、城市建设

1. 基础设施建设水平不断提升，供排水能力略有下降。2020 年，供水方面，市辖区全社会供水综合生产能力达 1 483.65 万 m^3/d，减少 0.38%；供水管道总长度 45 933.71km，增长 6.07%。供热方面，市辖区集中供热面积 1 309.35km^2，住宅集中供热面积 1 089.00km^2，分别增长 7.04% 和 9.79%。道路桥梁方面，市辖区城市道路长度 37 816.49 km、道路面积 791.02km^2，分

---

① 数据来源于《山东统计年鉴 2021》。

② 数据来源于山东省 16 设区市 2021 年统计年鉴。

别增长 5.13% 和 6.00%；但建成区路网密度由 2019 年的 7.84km/km^2 下降到 2020 年的 7.71 km/km^2。排水方面，市辖区建成区排水管道密度为 11.32km/km^2，下降了 4.15%（见表 2–4）。

表 2–4　2019 年、2020 年设区市市辖区基础设施建设情况一览表

指标名称	2020 年	2019 年	增幅（%）
供水综合生产能力（万 m^3/d）	1 483.65	1 489.29	–0.38
供水管道长度（km）	45 933.71	43 306.80	6.07
排水管道长度（km）	54 907.49	52 809.21	3.97
集中供热面积（km^2）	1 309.35	1 223.19	7.04
住宅集中供热面积（km^2）	1 089.00	991.85	9.79
道路长度（km）	37 816.49	35 970.31	5.13
道路面积（km^2）	791.02	746.27	6.00
建成区路网密度（km/km^2）	7.71	7.84	–1.66
建成区排水管道密度（km/km^2）	11.32	11.81	–4.15

2. 市政设施固定资产投资增长较快，济青占全省四成。2020 年全省市辖区市政设施固定资产投资为 1 330.69 亿元，其中，济南最高为 334.93 亿元，其次青岛为 280.58 亿元，济宁、临沂超过 100 亿元，淄博、东营、烟台、泰安介于 50 亿 ~ 100 亿元，其余 8 市低于 50 亿元。全省市辖区市政设施固定资产投资增速为 13.86%，12 市有不同程度的提升，东营增速最快，达到 193.6%，其次济宁为 126.04%，德州、滨州、烟台 3 市为 70% ~ 100%，潍坊、聊城 2 市为 40% ~ 50%，临沂、威海 2 市为 20% ~ 30%，济南、菏泽、泰安 3 市为 0 ~ 10%，其余 4 市出现负增长（见表 2–5）。

表 2–5　2019 年、2020 年设区市市辖区市政设施固定资产投资情况一览表

市辖区	2020 年市政设施固定资产投资（亿元）	2019 年市政设施固定资产投资（亿元）	增幅（%）
济南	334.93	323.48	3.54

续表 2–5

市辖区	2020 年市政设施固定资产投资（亿元）	2019 年市政设施固定资产投资（亿元）	增幅（%）
青岛	280.58	327.38	–14.30
淄博	51.68	62.30	–17.04
枣庄	27.80	28.74	–3.27
东营	65.86	22.43	193.60
烟台	53.41	30.64	74.31
潍坊	49.67	35.17	41.25
济宁	126.27	55.86	126.04
泰安	51.82	51.81	0.03
威海	41.51	32.81	26.51
日照	18.15	33.92	–46.49
临沂	107.12	82.73	29.48
德州	25.37	13.68	85.49
聊城	27.79	18.97	46.50
滨州	35.66	18.43	93.49
菏泽	33.08	30.37	8.93

3. 各市公园绿地面积差距较大，东营威海人均面积最高。全省市辖区公园绿地面积为 549.31km^2，占全省的 77.91%；人均公园绿地面积 18.37m^2，高于全省平均水平（17.68m^2）。从人均公园绿地面积分市来看，东营、威海 2 市超过 25m^2，泰安、临沂、德州、滨州介于 20 ~ 25m^2，青岛、淄博、烟台、潍坊、济宁、枣庄、日照介于 15 ~ 20m^2，聊城、菏泽、济南低于 15m^2（见表 2–6）。

表 2–6　2020 年设区市市辖区公园绿地情况一览表

市辖区	公园绿地面积（km^2）	人均公园绿地面积（m^2）
济南	78.33	12.22
青岛	105.08	19.10

续表 2-6

市辖区	公园绿地面积（km^2）	人均公园绿地面积（m^2）
淄博	36.91	18.53
枣庄	16.33	15.08
东营	26.17	26.59
烟台	42.24	16.95
潍坊	30.85	18.54
济宁	29.17	18.09
泰安	25.02	23.14
威海	26.40	26.02
日照	16.29	17.65
临沂	46.32	21.19
德州	22.30	22.90
聊城	17.52	14.04
滨州	16.58	23.77
菏泽	13.79	14.80

第三节　设区市新型城镇化发展典型案例

一、淄博市：创新模式，人社服务全面实行“无形认证、政策找人”，有效推进新型城镇化智慧化发展

淄博市充分利用信息化建设成果，创新推出了人社服务“无形认证、政策找人”工作新模式，变被动等申请为主动送政策，打出了一套强化服务供给、推动服务转型、提升服务水平的“组合拳”，有效促进了政策快速落地落实。“无形认证”是为解决办事群众因对政策了解不到位、享受优惠政策不充分不及时的问题，对涉及就业、创业、高校毕业生补贴等政策实行全方位流程再造，变“人找政策”“企业找政策”为“政策找人”“政

策找企业”，无需企业和个人提交任何申请材料，便可享受政策红利的一种服务新模式。

（一）做到一个“简”字，把好大数据比对“认证关”

建立起项目补贴“无形认证”信息系统，通过调取省、市信息系统数据，主动对企业缴纳失业保险费、企业裁员率等情况进行比对分析，初步确定享受政策企业名单和补贴金额。认证阶段全部实现信息化，企业和劳动者零参与。

（二）把握一个“准”字，做好政策享受资格“确认关”

通过“信用中国”平台和行政审批有关数据，逐一比对企业信息，对于初核确定的企业名单，通过网络信息化手段及时推送企业确认，并承诺资料的准确性，同时按规定向社会公示，确保享受政策企业名单和补贴金额准确可靠。

（三）开辟资金拨付“绿色通道”

以资金流为纽带，实行全方位联动，建立财政、人社和业务经办机构联动机制。制定应急预案，资金调度一体化办理。通过匹配个人身份证信息，主动获取政策享受人员社保账号信息。通过银行主动获取企业基本账户信息，直接将各类补贴津贴拨付到位，实现网上电子凭证传递资金拨付“零等待、零在途、零差错”，即时到账。

（四）建立健全“三级监督机制”

制定印发补贴资金监督检查和绩效评价意见，采取单位自查、专项检查、聘第三方机构检查评价三种递进式监督检查措施，确保各类补贴资金支出合理、有效、安全。目前，已有40余项政策性补贴实现了“无形认证、政策找人”精准发放，为2.58万家企业落实稳岗补贴2.23亿元，落实企业用工补贴、吸纳就业补贴、社保补贴等资金2 572余万元，发放高校毕业生生活补贴和一次性购房补助1.21亿元。

二、济南市：打造新型城镇化和城乡融合发展的“济南样板”

2016年，济南成功入选第三批国家新型城镇化综合试点市；2019年12月，市中区、历城区（含南部山区）、长清区、章丘区与济南高新区入列国家城乡融合发展试验区；2020年8月，济阳区、商河县、济南新旧动能转换先行区联合成片以黄河北片区入选首批省级城乡融合发展试验区。从黄河流域生态保护和高质量发展，到建设国家中心城市，济南立足“新济南、新起点、新探索”，新型城镇化和城乡融合发展先行先试，探索出一条可复制可推广的宝贵经验。

（一）改革创新——打破城乡融合发展壁垒

“十三五”以来，济南持续加快城乡一体化步伐，在“人”“地”“钱”等方面改革创新，逐渐降低城乡融合“门槛”。为加快推进人口市民化，济南市以“进得来、落得住、过得好”为目标，深化户籍制度改革，2020年4月出台了《关于深化户籍制度改革加快人才集聚的若干措施》，成为全国第三个“零门槛”落户的省会城市，新政实施首月迁移落户达1.52万余人；与此同时，稳步推进城中村居民市民化，加大棚改旧改及水、气、热、医疗卫生、文化教育等基础设施建设力度，推进社会保障、经济体制和社区管理方式改革，补齐短板，近三年全市总计开工建设棚改安置房11万余套，群众生活幸福感持续提升。土地制度改革方面，济南市加快国土空间规划、村庄规划编制和土地流转，探索建立城乡统一的建设用地市场，实现全市城乡要素平等交换、高效配置，土地规模化经营率达到65.7%，政策性农业保险参保率居全省首位。

此外，济南市还出台了《关于深化投融资体制改革的实施意见》《济南市新旧动能转换基金管理办法》等多项多元化资金保障制度，多渠道筹集资金，推动社会资本参与农业农村建设，推动银行信贷支持商河县等县城城镇化补短板强弱项，积极对接国开行，探索建立财政转移支付同农业转移人口市民化挂钩机制。

（二）以产兴城——释放城乡融合发展动能

发掘产业优势与核心竞争力，是济南建设国家城乡融合发展试验区的重要命题。在城乡一体化进程中，济南坚持以产兴城、以城带产、产城融合，大数据与新一代信息技术、智能制造与高端装备、生物医药等十大千亿级产业日益壮大，超级计算、人工智能、量子科技等高端产业走在全国前列，山东产业技术研究院200多项前沿产业技术成果在全省转化布局，济南高新区GDP突破1 000亿元，国际金融城百强企业集聚，国际医学科学中心初具规模，临空经济示范区加快建设。

（三）协同推进——打造城乡融合发展样板

济南市紧抓入选国家级、省级试验区机遇，明确工作目标，制定推进方案，形成了国家、省级试验区联动推进模式，打造了城乡融合发展的济南样板。

农村集体产权制度改革加快推进。健全完善农村土地所有权、承包权、经营权“三权分置”格局，农村产权交易、农业融资担保、产权信息管理三大平台有机融合。在全国率先建成农村要素市场体系，为农业农村发展增添澎湃动能。

新生小城市和特色小镇建设成效显著。全力支持刁镇小城市培育试点，中欧装备智造小镇、玉皇庙等一批国家级、省级特色小镇涌现，构建城乡发展新增长极。

乡村振兴局面向好。高标准打造105个齐鲁样板村、20条美丽乡村示范线和16个乡村振兴示范区，成功创建省乡村振兴“十百千”示范镇7个、示范村72个。在全省率先建立职业农民职称制度，公开选聘1 536名“乡村振兴工作专员”，建立1.14万人村级后备人才库。

第三章 县域城镇化发展监测分析

县域是乡村振兴、城镇化和城乡融合发展的前沿阵地。国家“十四五”规划纲要提出以县域为基本单元推进城乡融合发展，推进以县城为重要载体的城镇化建设。截至2020年底，山东省共有26个县级市、52个县，集中了全省44.75%的城镇人口、40.52%的经济总量，县域就地城镇化特征明显。总体来看，山东省县域城镇化进程呈现持续健康稳步发展态势，就地就近城镇化工作取得显著成效，但与设区市城区相比，县域产业结构调整和经济转型升级相对缓慢，综合承载能力和治理能力仍然较弱，对经济发展和农业转移人口就近城镇化的支撑作用不足，与满足人民日益增长的美好生活需要还有较大差距。

本章聚焦县域城镇化建设进展，从人口集聚、产业支撑、城市建设、居民生活和城乡环境五个方面，对山东省78个县（市）的城镇化发展水平进行综合分析和评价，识别县域城镇化建设中存在的问题，并提出推进县域城镇化高质量发展的对策建议。

第一节 县域城镇化发展总体分析

一、人口聚集

1. 全省近半数城镇常住人口集中在县（市）。2020年，全省县（市）城镇常住人口2 864.59万人，减少186.83万人，占全省城镇人口的

44.75%，降低 4.11 个百分点。从县（市）城镇人口占设区市城镇人口比重看，菏泽最高，为 70.98%；潍坊、济宁、滨州、德州、泰安、聊城、临沂 7 市在 50% ~ 70%；烟台、枣庄、日照、威海、青岛、东营、淄博、济南 8 市在 50% 以下（见图 3–1）。

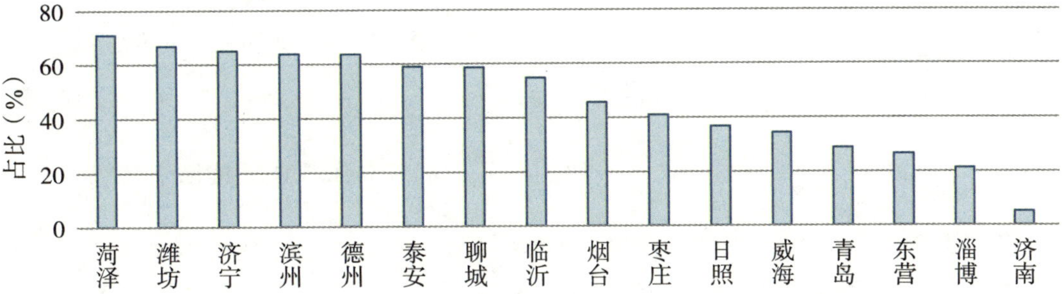

图 3–1　2020 年县（市）城镇人口占设区市城镇人口比重

2. 人口集聚能力有所减弱。2020 年，全省 78 个县（市）年末常住人口 5 512.05 万人，减少 362.2 万人。城镇常住人口 2 864.59 万人，减少 186.83 万人。即使考虑到长岛县与蓬莱市合并设立蓬莱区（常住人口 43.46 万人），县（市）常住人口仍有所减少。县（市）常住人口城镇化率为 51.97%，增长 0.02 个百分点，低于全省平均水平 11.08 个百分点。

3. 五成以上县（市）城镇化率超过 50%。2020 年，从各县（市）情况看，有 42 个县（市）的常住人口城镇化率超过 50%，占县（市）总数的 55.85%，多为东中部经济发展水平较高的县（市）。桓台、龙口、邹平、肥城、邹城、博兴、曲阜 7 个县（市）的常住人口城镇化率超过全省平均水平（63.05%）（见图 3–2）。

4. 户籍人口与常住人口城镇化率差距缩小。2020 年，县（市）城镇户籍人口 2 590.52 万人，户籍人口城镇化率 41.54%，提高 0.42 个百分点。分地区来看，泰安、枣庄、潍坊、威海、济宁的县（市）户籍人口城镇化率超过 50%（见图 3–3）。县（市）户籍与常住人口城镇化率有 10.43 个百分点的差值，降低 0.4 个百分点，城镇化质量有序提升。

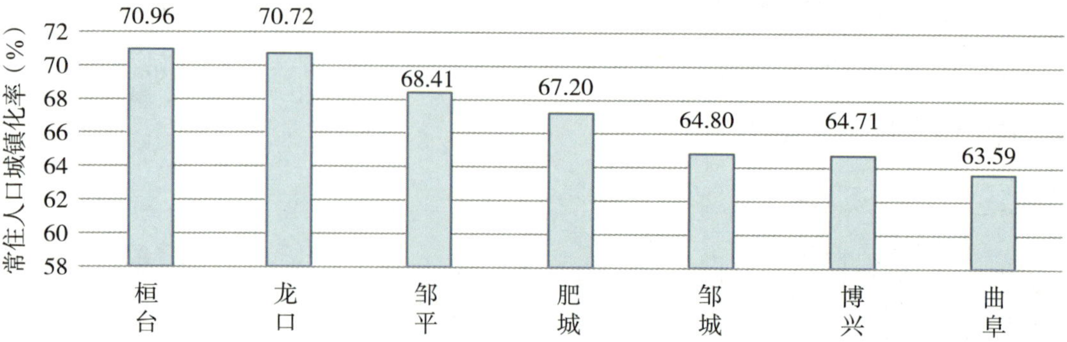

图 3-2　超全省平均水平的 7 个县（市）常住人口城镇化率

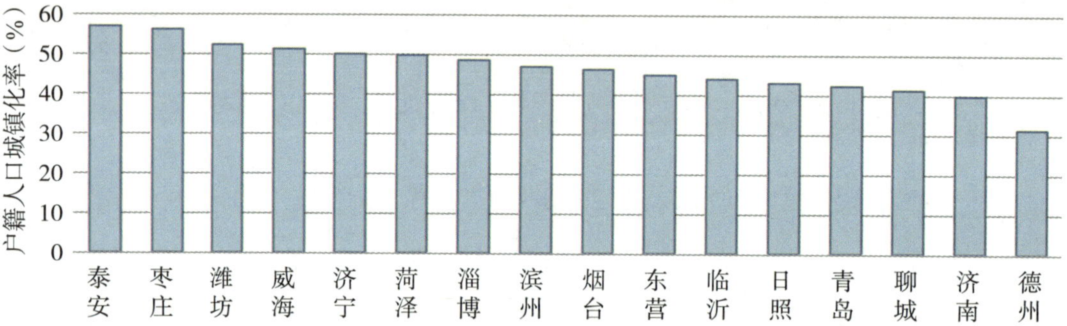

图 3-3　2020 年 16 设区市的县（市）户籍人口城镇化率

二、产业支撑

1. 经济实力总体较强，经济发展速度有所放缓。2020 年，全省县（市）GDP 为 29 635 亿元，占全省经济总量的 40.52%，降低 1.8 个百分点（见图 3-4）。在 2021 年全国综合实力百强县市排名中，山东省共有 13 个县市进入名单，比上年减少 2 个，少于江苏（25 个）、浙江（17 个），位居全国第三。青州、昌邑、齐河、禹城新入围全国综合实力百强县市榜，寿光、诸城、平度、招远、莱西、邹平退出榜单，广饶、莱州、肥城、新泰、滕州排名提升，龙口、胶州、邹城排名下降（见表 3-1）。

2. 经济总体呈现“三二一”产业结构，以传统产业为主。2020 年，全省县域第一、二、三产业增加值分别为 3 738.60 亿元、11 695.62

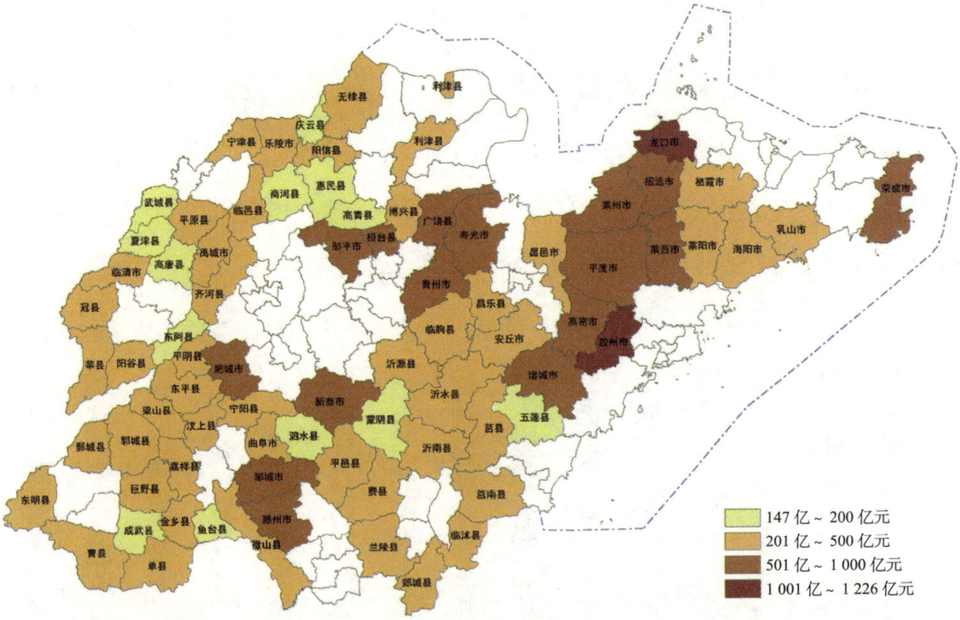

图 3-4 2020 年山东省县域 GDP 情况

表 3-1 2021 年度全国综合实力百强县入围县市名次及变动情况一览表 单位：位

年份	龙口	胶州	荣成	滕州	寿光	诸城	平度	莱州	招远	邹城
2021	11	26	14	32	—	—	—	33	—	67
2020	10	12	14	34	39	41	47	48	52	55
变化	-1	-14	0	+2	退出	退出	退出	+15	退出	-12
年份	肥城	广饶	莱西	新泰	邹平	青州	昌邑	齐河	禹城	
2021	47	54	—	66	—	83	74	75	82	
2020	58	73	75	76	80	—	—	—	—	
变化	+11	+19	退出	+10	退出	新增	新增	新增	新增	

亿元和 14 035.66 亿元，三次产业比例为 12.62 : 39.47 : 47.36，与 2019 年的 12.16 : 40.55 : 47.19[①] 相比，第一、三产业比重有所上升，第二产业比重

① 全书部分三次产业增加值数据来源为各县（市）统计年鉴与国民经济统计公报，各县（市）GDP 数据来源于山东省统计年鉴，数据加和有误差。

有所下降。县域产业结构调整和经济转型升级难度加大，传统产业发展面临诸多压力，新兴产业尚未发挥强劲动力。从各县（市）情况来看，桓台、龙口、胶州、邹城、博兴等 71 个县（市）形成了“三二一”产业结构。仍然有 62 个县（市）第一产业增加值占比超过 10%，其中商河、高青、鱼台、金乡、泗水等县（市）为农业大县，第一产业增加值占比在 20% 以上。2020 年 16 设区市县域三产结构如图 3–5 所示。

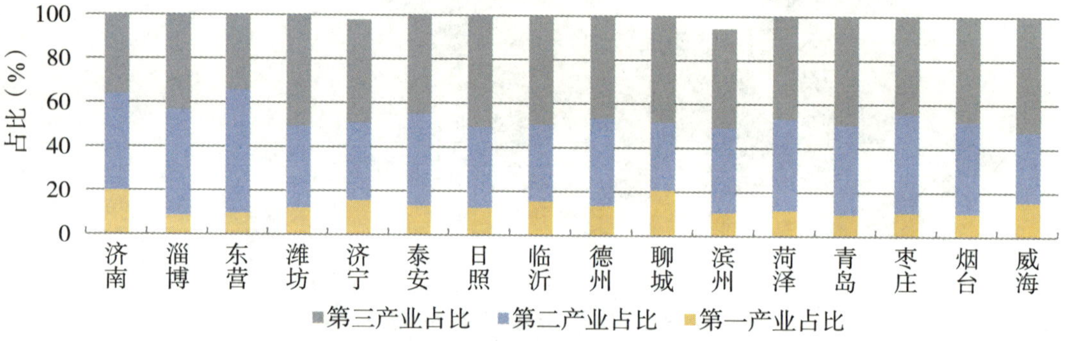

图 3–5　2020 年 16 设区市县域三产结构

3. 财政收支均有所减少，收支平衡压力减小。2020 年，全省县域一般公共预算收入 2 190.98 亿元，减少 123.41 亿元，增长率为 –5.3%，考虑到长岛县与蓬莱市合并设立蓬莱区（一般公共预算收入 34.02 亿元），县域一般公共预算收入较上年仍有所减少。县域一般公共预算支出 4 019.01 亿元，减少 437.45 亿元，增长率为 –9.8%。2020 年一般公共预算财政支出和一般公共预算收入比为 1.78，比 2019 年的 1.93 略有减少。

4. 财政收入结构呈金字塔式分布，空间格局呈现东高西低。2020 年，全省财政收入超过 100 亿元的县（市）有 2 个；介于 50 亿 ~ 100 亿元的有 10 个，占比 12.8%；介于 20 亿 ~ 50 亿元的有 27 个，占比 34.6%；低于 20 亿元的有 39 个，占比 50%，呈金字塔式分布（见图 3–6）。从空间格局来看，强县主要分布在东部地区，西部地区各县（市）财政收入水平相对薄弱（见图 3–7）。

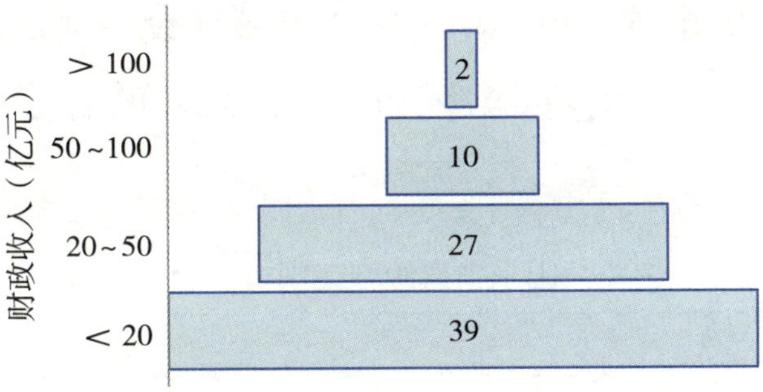

图 3–6　2020 年山东省县域财政收入“金字塔式”结构

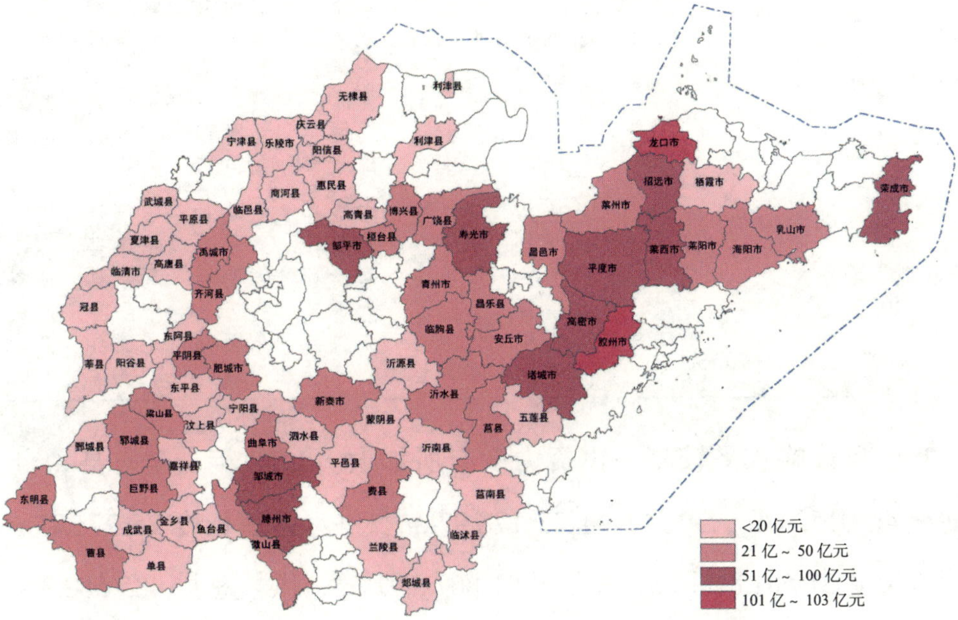

图 3–7　2020 年山东省县域财政收入分布

三、城市建设

1. 以Ⅰ型小城市为主。新泰、胶州、寿光、兰陵 4 个县（市）为中等城市，其中兰陵为新晋中等城市；41 个Ⅰ型小城市，包括 22 个县级市，19 个县城；33 个Ⅱ型小城市，包括 1 个县级市，32 个县城（见表 3–2）。

2. 城区规模缓慢增长，土地使用较为粗放。2020 年，全省县（市）建成区面积 2 799.71km^2，增加 30.71km^2，增长率 1.11%。人均城镇建设用地面积 141.82m²，78 个县（市）中，人均城镇建设用地面积小于 100m² 的有 10 个，100 ~ 140m² 的有 29 个，140 ~ 200m² 的有 29 个，大于 200m² 的有 10 个。

表 3-2 山东省县级城市规模等级一览表

规模等级	数量（个）	城市
中等城市（50 万 ~ 100 万人）	4	新泰市 胶州市 寿光市 兰陵县
Ⅰ型小城市（20 万 ~ 50 万人）	41	平度市 诸城市 荣成市 莱州市 滕州市 邹平市 郓城县 安丘市 青州市 沂水县 邹城市 莱西市 临清市 曹县 肥城市 莱阳市 龙口市 高密市 齐河县 临邑县 平邑县 临朐县 昌乐县 巨野县 乐陵市 海阳市 夏津县 费县 单县 临沭县 莒县 郯城县 鄄城县 曲阜市 东平县 乳山市 招远市 莒南县 禹城市 昌邑市 高唐县
Ⅱ型小城市（＜20 万人）	33	金乡县 博兴县 广饶县 东明县 阳信县 冠县 栖霞市 莘县 沂南县 泗水县 宁津县 微山县 梁山县 汶上县 嘉祥县 蒙阴县 平原县 阳谷县 五莲县 平阴县 沂源县 庆云县 宁阳县 惠民县 武城县 桓台县 成武县 东阿县 无棣县 鱼台县 商河县 高青县 利津县

3. 市政设施水平较高，投资力度有所加大。2020 年，全省县（市）道路面积 46 015.8km²，道路长度 23 178.97km。供水管道长度 25 771.7km，排水管道长度 31 681.8km。供热面积 51 867.8 万 m²，供气总量 485 582.3 万 m³。全年县（市）城镇市政设施固定资产投资 327.07 亿元，占 GDP 比重为 1.1%，增加 0.18 个百分点。

4. 中小学师资力量不断提升。2020 年，小学在校学生 420.15 万人，专任教师 25.9 万人，生师比为 16.2 : 1，优于上年（17.3 : 1）。普通中学在校学生 318.30 万人，专任教师 26.4 万人，生师比为 12.1 : 1，较上年 11.73 : 1 略有增大。

四、居民生活

1. 城乡居民收入水平存在较大差距。2020 年，全省县域城镇居民人均可支配收入最高的龙口（53 284 元）是最低的东阿（25 210 元）的 2.11 倍；

农村居民人均可支配收入最高的龙口（25 477 元）是最低泗水（14 525 元）的 1.75 倍。从地域分布看，城镇居民人均可支配收入超过 4 万元的县（市）共 21 个，其中 13 个位于胶东经济圈；农村居民人均可支配收入超过 2 万元的县（市）共 20 个，其中 15 个位于胶东经济圈。全省各县（市）城乡收入比介于 1.6 ~ 2.7，8 个县（市）高于山东省平均水平（2.33 : 1），其中最高的为临沭县（2.66 : 1）（见图 3–8 ~ 图 3–11）。

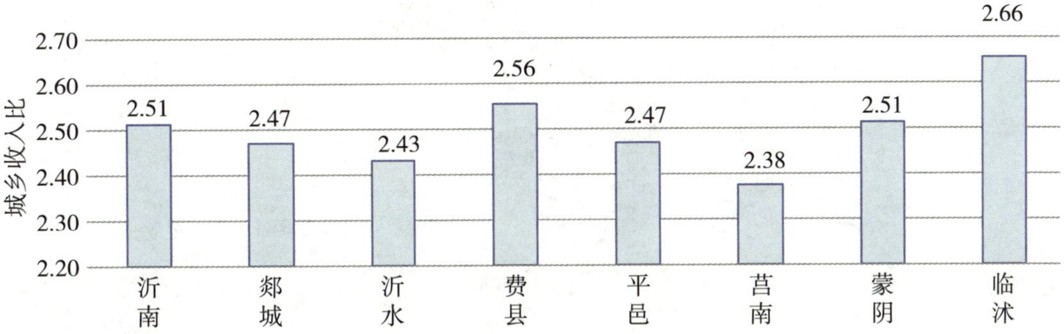

图 3–8　2020 年城乡收入比超过全省平均水平的县（市）情况

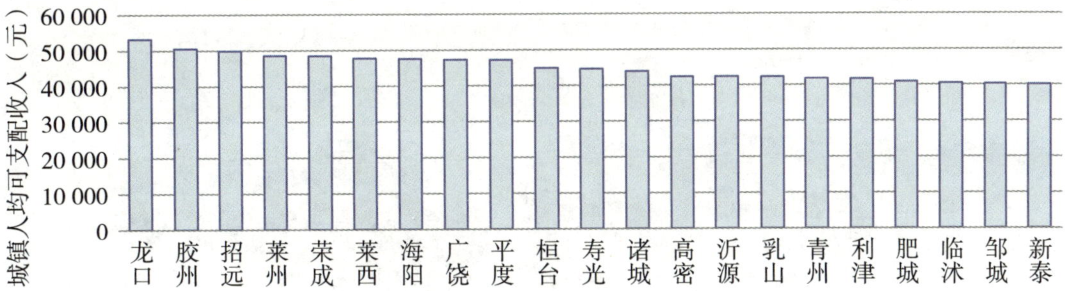

图 3–9　2020 年城镇人均可支配收入超过 4 万元的县（市）情况

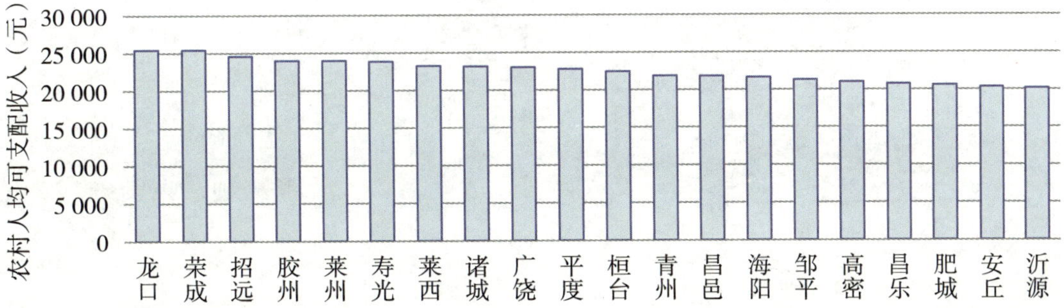

图 3–10　2020 年农村人均可支配收入超过 2 万元的县（市）情况

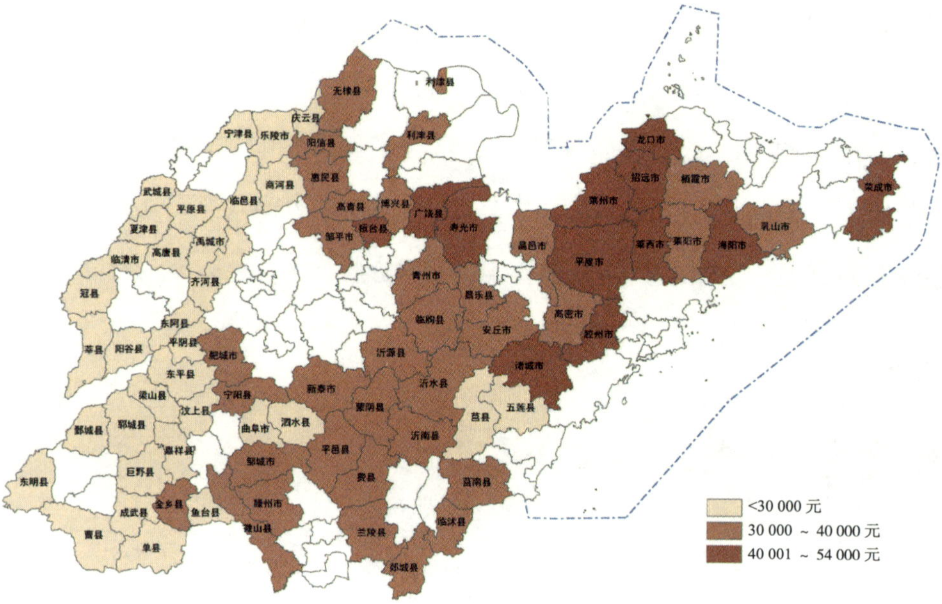

（a）城镇

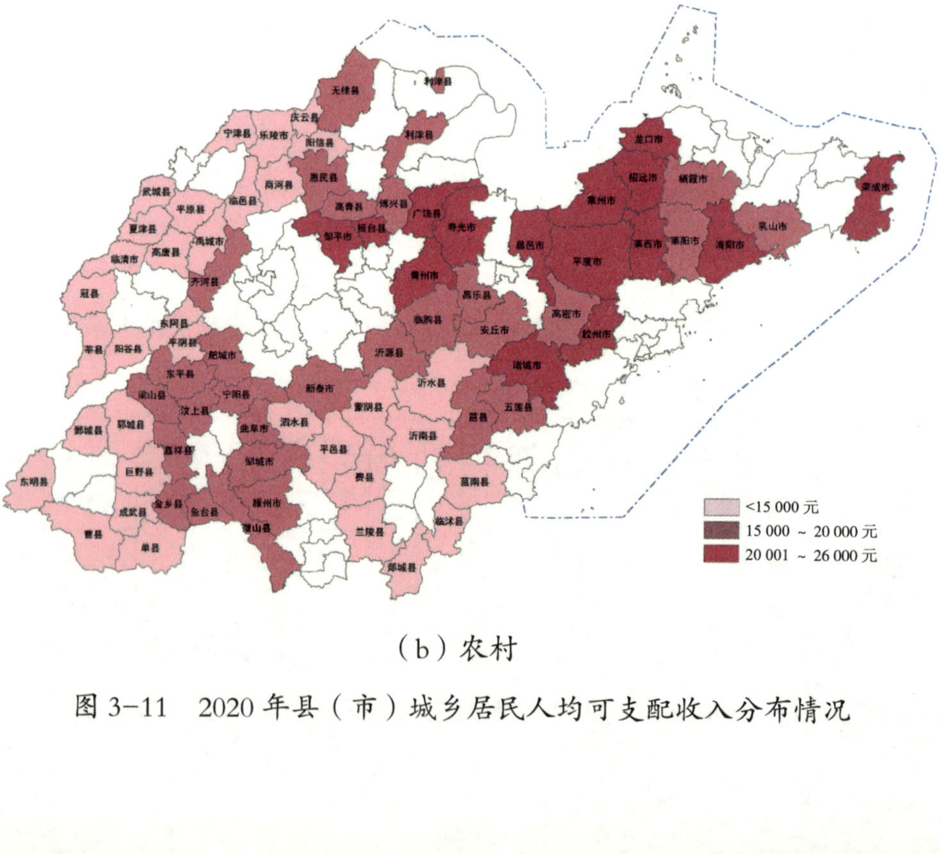

（b）农村

图 3-11　2020 年县（市）城乡居民人均可支配收入分布情况

2. 金融机构资金较充裕，社会消费品零售额有所下降。2020 年，全省县（市）年末金融机构各项存款余额 38 711.84 亿元，增加 4 598.91 亿元，城乡居民储蓄存款余额 28 692.64 亿元，增加 3 648.27 亿元。全省县域金融机构年末资金充裕，为县（市）经济转型升级注入强大动力。受新冠肺炎疫情影响，全省县域社会消费品零售总额 11 821.56 亿元，减少 1 404.29 亿元。人均社会消费品零售额 21 446.76 元，低于山东省 28 807.96 元的平均水平。

五、城乡环境

1. 城镇污水垃圾处理水平较高。2020 年，全省有县（市）污水处理厂 136 座，污水集中处理率为 98%，各县（市）均达 95% 以上，生活垃圾无害化处理量为 743.47 万 t，生活垃圾无害化处理率均达 100%。

2. 城镇绿化水平略有提升。2020 年，县域公园绿地面积 3.25 万 ha，增加 0.04 万 ha，公园绿地面积最高的为诸城（1 169.5ha），最低的为阳信（133ha）。城镇建成区绿化覆盖面积 11.46 万 ha，增加 0.12 万 ha，绿化覆盖率在 40% 以上的县（市）有 40 个；由于对生态环境的重视，县域绿化水平稳步增长，县域生态功能进一步增强。

第二节　县级市城镇化发展指标分析

一、人口规模

1. 县级市常住人口城镇化率低于全省平均水平。2020 年，全省 26 个县级市城镇常住人口 1 253.82 万人，减少 75.27 万人。县级市常住人口城镇化率为 57.99%，提高 0.49 个百分点，较全省平均水平（63.05%）低 5.1 个百分点，各县级市常住人口城镇化率见图 3-12。

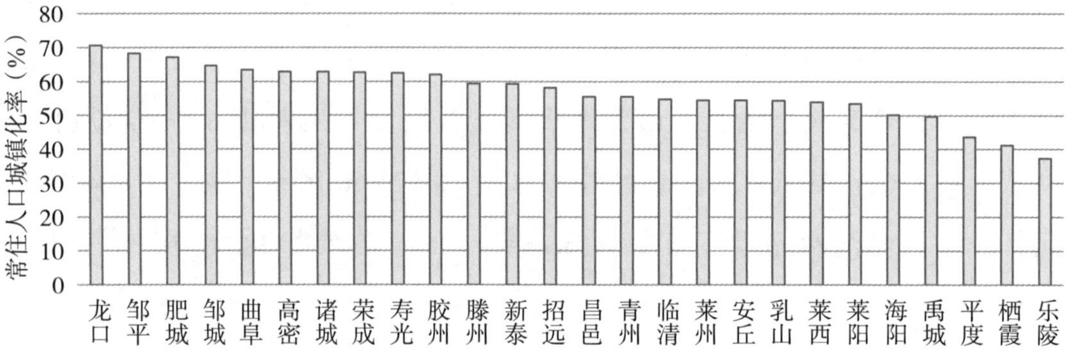

图 3-12　2020 年县级市常住人口城镇化率

2. 超八成县级市常住人口城镇化率超过 50%。2020 年，22 个县级市常住人口城镇化率超过 50%，占县级市总数的 84.62%；其中 5 市超过全省平均水平（63.05%），占县级市总数的 19.23%（见图 3-13）。

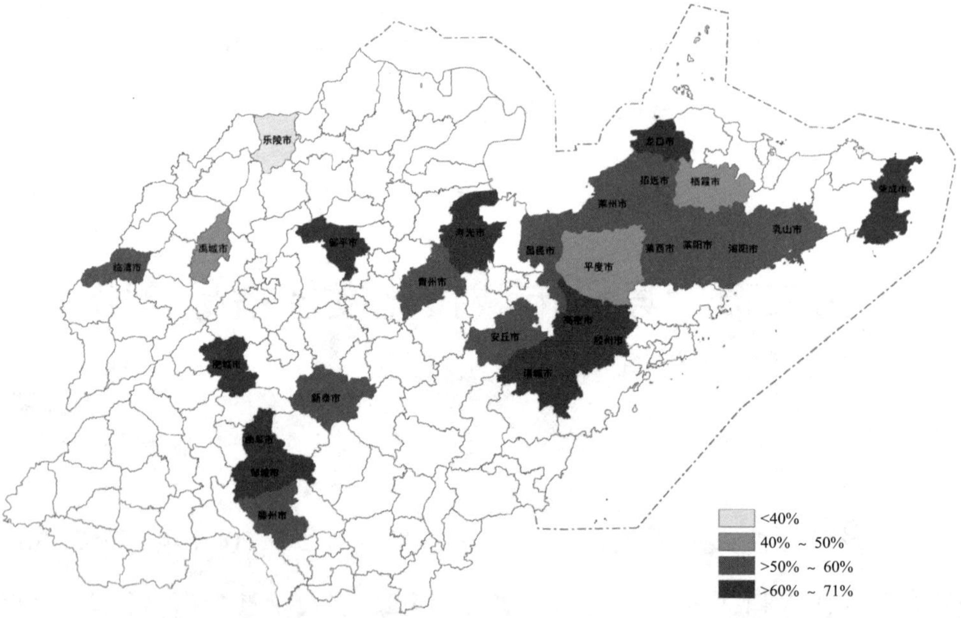

图 3-13　2020 年县级市常住人口城镇化率分布图

3. 户籍人口与常住人口城镇化率差距减小。2020 年，26 个县级市城镇户籍人口 1 079.2 万人，户籍人口城镇化率 47.46%。户籍人口城镇化率与常住人口城镇化率有 10.53 个百分点的差值，降低 0.2 个百分点，2020 年县级市户籍人口城镇化率见图 3–14。

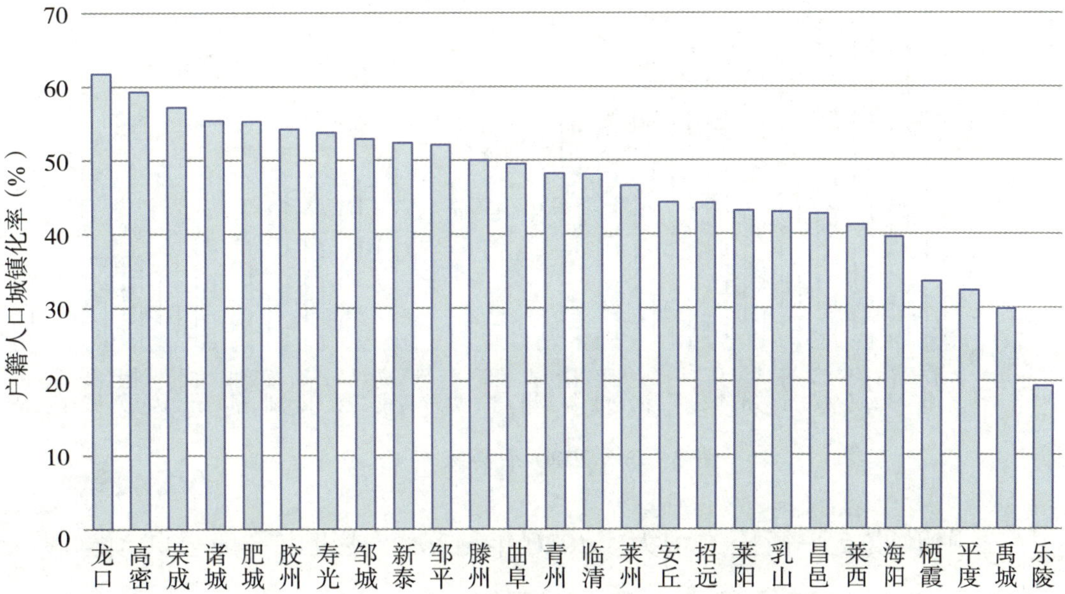

图 3–14　2020 年县级市户籍人口城镇化率

二、产业支撑

1. 两市经济总量进入千亿元俱乐部。2020 年，全省 26 个县级市 GDP 为 15 065.54 亿元，占全省 GDP 的 20.60%，占全省县域 GDP 的 50.84%。超过千亿元的有胶州和龙口，分别为 1 225.86 亿元和 1 093.97 亿元（见图 3–15）。三产结构由上年的 8.14 : 47.75 : 44.11 调整为 10.71 : 40.18 : 49.11，26 个县级市均形成了“三二一”产业结构。

2. 人均 GDP 低于全省平均水平。2020 年，26 个县级市人均 GDP 为 6.97 万元，增加 0.45 万元，比全省平均水平低 0.25 万元。从各市情况看，胶州、龙口、招远、荣成 4 市人均 GDP 超过 10 万元，均位于东部沿海地区；滕州、乐陵、新泰、安丘、临清5市低于5万元，主要位于中西部地区。

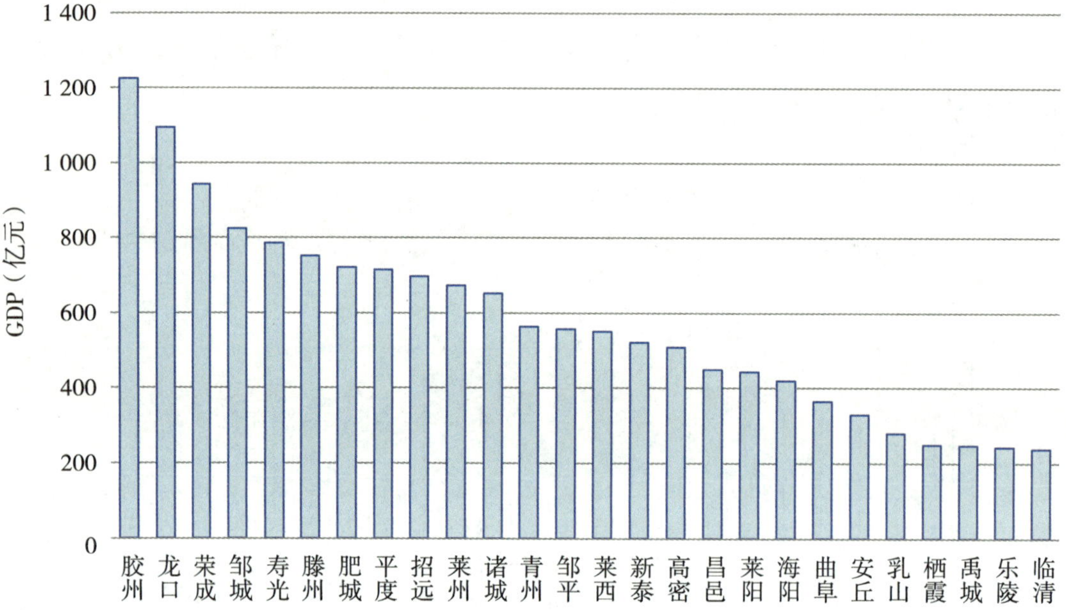

图3–15 2020年县级市GDP

3. 财政收支平衡压力增大。2020年，26个县级市一般公共预算收入1 255.04亿元，下降2.2%；一般公共预算支出1 774.54亿元，增长2.63%。县级市一般公共预算收支缺口进一步拉大，收支平衡压力增大。

三、城市建设

1. 城市用地规模增幅总体放缓。2020年，县级市建成区面积1 246.31km^2，增加1.39km^2，增长0.11%，增长速度较上年减少2.57个百分点，增幅有所放缓。城镇建设用地面积1 926.67km^2，人均城镇建设用地面积153.66m^2。本年征用土地面积25.75km^2，其中耕地面积13.46km^2，占52.27%。

2. 市政设施建设保持较高水平。2020年，26个县级市道路面积23 167万m^2，人均城市道路面积10.7m^2。县级市供水综合生产能力424.5万m^3/d，供水总量91 185.5万m^3，供水管道长度13 579.5km，除栖霞（95.33%）、诸城（98.07%）、莱阳（99.08%）、禹城（98.29%）、海阳（99.74%）外，其余21市供水普及率均达到100%。天然气用气人口767.26万人，除临清（91.97%）、栖霞（95.05%）、莱州（97.7%）、莱阳（97.92%）、诸城（98.07%）、曲阜（99.54%）、邹城（99.69%）、禹城（99.7%）外，其余18市燃气普及率均达到100%。

3. 市政设施固定资产投资稳步增长。2020年，县级市市政设施固定资产投资150.64亿元，增加32.3亿元，增长27.3%；从各县级市情况来看，市政设施固定资产投资最高的为寿光（17.70亿元），最低的为栖霞（0.88亿元）（见图3-16）。市政设施固定资产投资本年实际到位资金143.34亿元，最高的为寿光（17.70亿元），最低的为高密（0.09亿元），4个县级市不足1亿元，7个县级市介于1亿～4亿元，12个县级市介于4亿～9亿元，3个县级市介于9亿～15亿元。

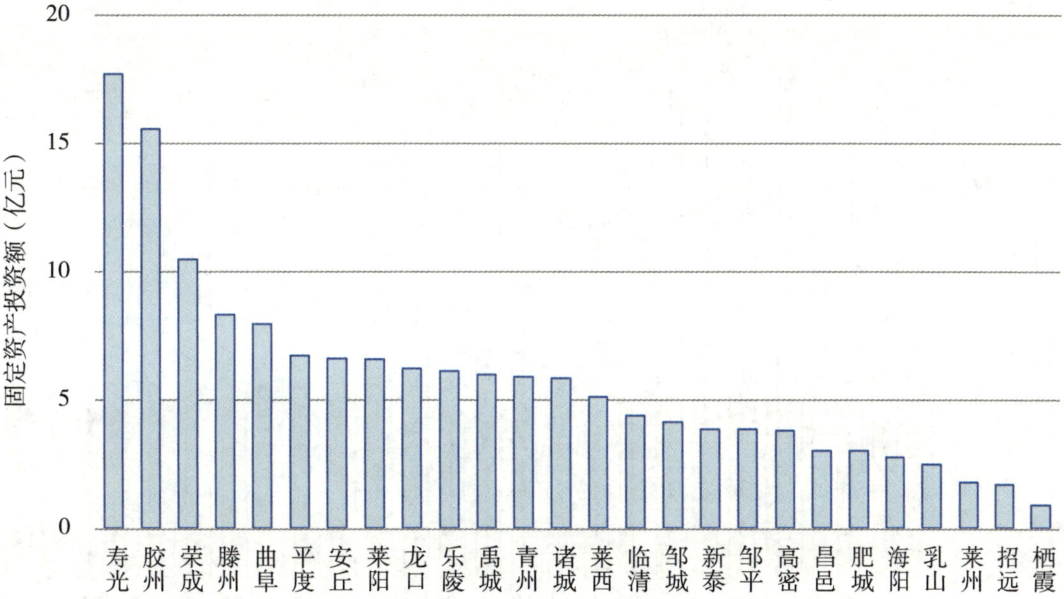

图3-16　2020年县级市市政设施固定资产投资额

4. 教育事业持续健康发展，中小学生师比有所下降。2020年，26个县级市小学在校学生 125.8 万人，减少 1.7 万人，专任教师 8.7 万人，增加 0.3 万人，生师比为 14.5∶1，优于 2019 年（15.2∶1）。普通中学在校学生 111.2 万人，增加 2.3 万人，专任教师 10.2 万人，增加 0.2 万人，生师比为 10.9∶1，与 2019 年持平（10.9∶1）。

四、居民生活

1. 城乡居民中等收入群体增大，城乡收入比较低。2020 年，26 个县级市城镇居民人均可支配收入标准差为 6 472 元，有 16 个市城镇居民人均可支配收入在 4 万元以上，8 个市介于 3 万 ~ 4 万元，2 个市不足 3 万元。26 个县级市农村居民人均可支配收入均为 1.5 万 ~ 2.6 万元，标准差为 2 661 元。26 个县级市城乡收入比均低于山东省平均水平（2.3∶1），其中 13 个市城乡收入比介于 1.7 ~ 2.0，13 个市介于 2.0 ~ 2.2，最高的为海阳（2.2），最低的为乐陵（1.73）（见图 3–17、图 3–18）。

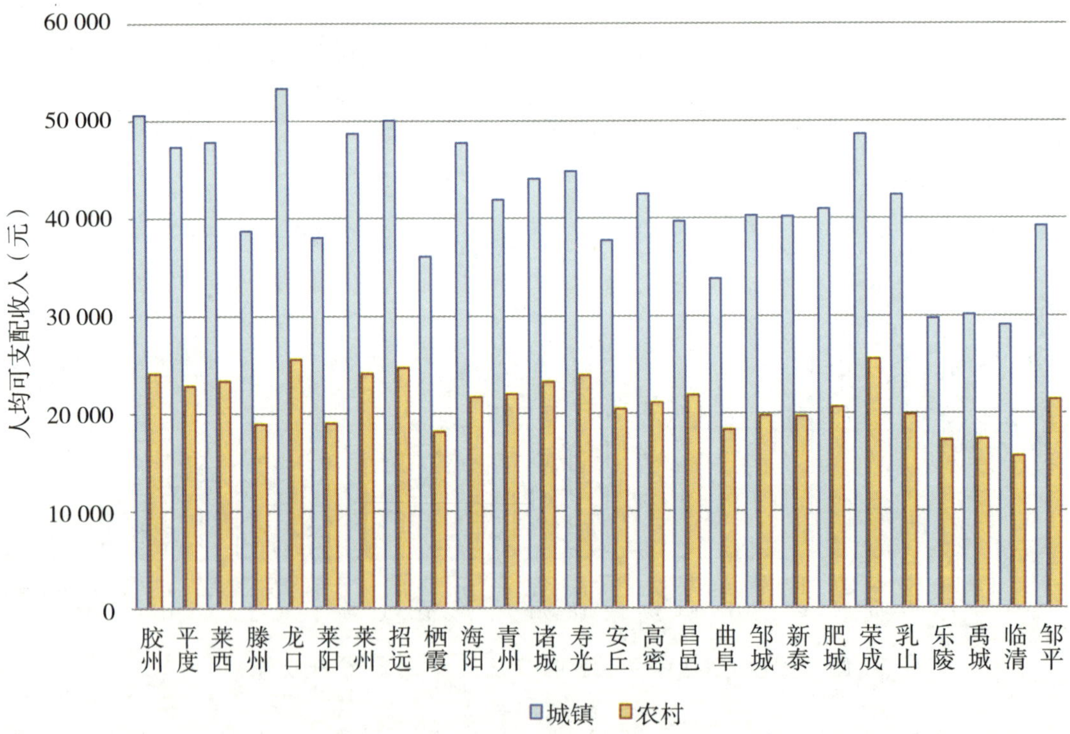

图 3–17 2020 年县级市城乡居民人均可支配收入情况

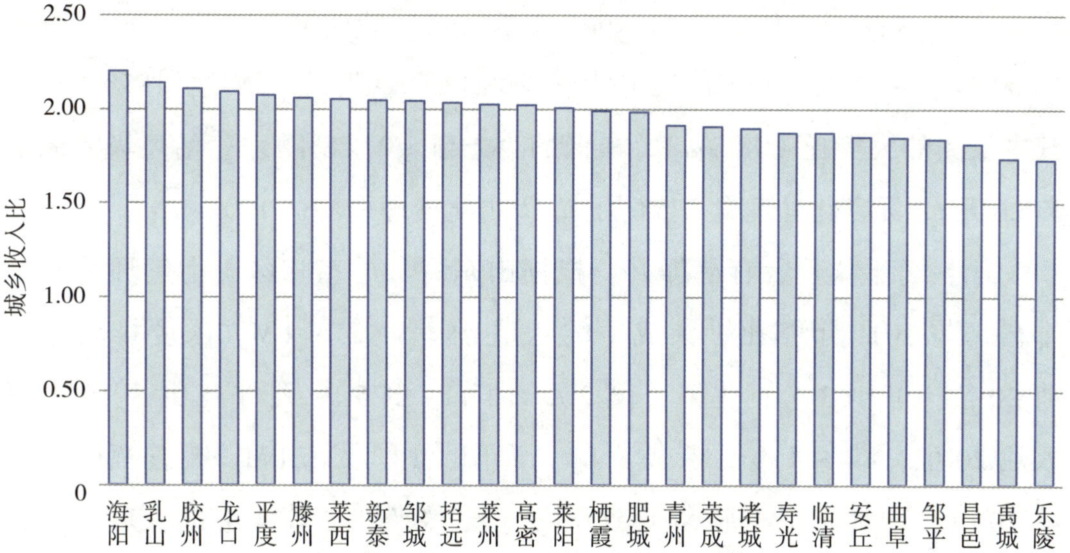

图 3-18 2020 年县级市城乡收入比情况

2. 城乡居民消费进入转档升级阶段。2020 年，26 个县级市社会消费品零售总额 6 176.53 亿元，减少 33.68 亿元，降低 0.54%，人均社会消费品零售额 28 569.30 元，增加 1 694.83 元，增长 6.3%。

3. 金融机构资金充足。2020 年，26 个县级市年末金融机构各项存款余额 18 611.61 亿元，增加 1 474.48 亿元，增长 12.55%；城乡居民储蓄存款余额 13 224.63 亿元，城乡居民人均储蓄存款余额 61 170.03 元，增加 10 520.66 元，增长 20.77%。年末金融机构各项贷款余额 11 417.50 亿元。

五、城乡环境

1. 建成区绿化水平不断提升。2020 年，26 个县级市公园绿地面积 15 577.4ha，增加 173.3ha，人均公园绿地面积 7.2m^2。建成区绿化覆盖面积 52 048.0ha，增加 255.9ha，增长 0.49%。26 个县级市建成区绿化覆盖率均在 32% 以上，超过 40% 的有 18 个县级市，其中，最低的为招远（32.73%），最高的为荣成（45.96%）。

2. 垃圾污水处理能力较高。2020 年，26 个县级市污水排放量 79 681

万 m^3，排水管道长度 14 956.6km，污水处理厂处理量 78 228 万 m^3，减少 1 600.34 万 m^3；污水处理厂集中处理率 98.18%，各县级市均达到 97% 以上，其中最高的为安丘（98.5%），最低的为龙口（97.28%）。生活垃圾清运量 375.6 万 t，无害化处理量 375.6 万 t，无害化处理率均达 100%。

3. 空气环境质量有待提升。根据山东省县（市、区）空气环境质量排名，与 2019 年相比，荣成（1）、乳山（6）2 市 $PM_{2.5}$ 浓度排名进入前 20 位，减少 3 个；临清（倒 3）、曲阜（倒 5）、邹平（倒 8）3 市进入后 20 位，减少 1 个；荣成（4），海阳（14）2 市 $PM_{2.5}$ 改善幅度进入前 20 位，增加 1 个；胶州（倒 6）、招远（倒 8）等 4 市进入后 20 位，增加 3 个。荣成（1）、乳山（8）等 4 市环境空气质量综合指数排名进入前 20 位，减少 2 个；荣成（5）、邹平（11）2 市环境空气质量综合指数改善幅度进入前 20 位，增加 1 个；招远（倒 5）、安丘（倒 7）等 5 市进入后 20 位，增加 3 个。

第三节　县城镇化发展指标分析

一、人口集聚

1. 常住人口略有减少，城镇化率降低。2020 年，52 个县年末常住总人口 3 350.1 万人，减少 213.3 万人，城镇常住人口 1 611.4 万人，减少 111.0 万人，常住人口城镇化率 48.1%，降低 0.2 个百分点。

2. 超四成县常住人口城镇化率超过 50%。2020 年，郯城、商河、临邑等 6 个县常住人口城镇化率低于 40%；利津、高青、嘉祥等 26 个县常住人口城镇化率在 40% ~ 50%；桓台、广饶、无棣等 20 个县常住人口城镇化率超过 50%，占县总数的 40.38%，其中桓台和博兴超过全省平均水平（63.05%），分别为 71% 和 64.7%（见图 3-19）。

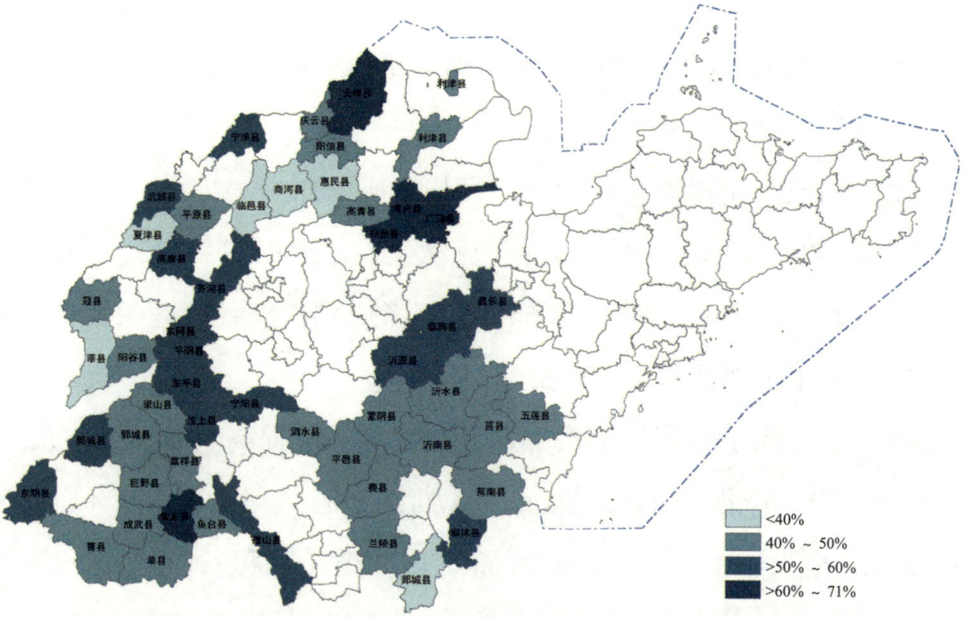

图 3-19　2020 年县城镇化率分布图

二、产业支撑

1.GDP 增速平稳，经济发展实力总体偏弱。2020 年，全省 52 个县 GDP 为 14 569.1 亿元，增加 364.84 亿元，增长 2.5%，县 GDP 占全省 GDP 的 19.92%，占县域经济总量的 49.16%。从总量看，广饶、桓台、曹县、沂水、郓城、东明、费县 7 个县超过 400 亿元，增加 1 个；32 个县介于 200 亿 ~ 400 亿元，与上年持平；13 个县不足 200 亿元，减少 2 个。

2. 超九成县呈现“三二一”产业结构。2020 年，52 个县第一产业增加值 2 124.2 亿元，第二产业增加值 5 642.4 亿元，第三产业增加值 6 637.6 亿元。县三次产业结构由上年的 11.58 : 47.63 : 40.78 调整为 14.58 : 38.73 : 45.56，第一产业增加值占比增加 3.0 个百分点，第二产业增加值占比降低 8.9 个百分点，第三产业增加值占比增加 4.8 个百分点，产业结构进一步优化。有 48 个县形成了“三二一”产业结构，占县总数的 92.3%。

3. 财政收支平衡压力增大。2020 年，县一般公共预算收入 935.95 亿元，一般公共预算支出 2 244.47 亿元。2020 年县一般公共预算支出与一般公共预算收入比为 2.40，较 2019 年的 2.17 略有增大，财政收支不平衡增大。

三、城市建设

1. 城市用地规模扩大，征用土地面积有所增加。2020 年，52 个县建成区面积 1 553.40km^2，增加 11.26km^2。城镇建设用地面积 2 132.59km^2。本年征用土地面积 53.03km^2，减少 1.06km^2，但考虑到长岛县与蓬莱县行政区划调整，本年征用土地面积实际有所增加。

2. 市政设施固定资产投资增加，设施水平不断提高。2020 年，52 个县市政设施固定资产投资 176.4 亿元，增加 20.8 亿元，增长 13.4%。县道路面积 22 848.80 万 m^2，增加 352.6 万 m^2，人均道路面积 6.8m^2。供水管道长度 12 192.2km，供水综合生产能力 432.5 万 m^3/d，供水总量 87 797.5 万 m^3，用水人口 1 000.9 万人，供水普及率均在 90% 以上，其中 38 个县供水普及率达到 100%。天然气用气人口 842.8 万人，燃气普及率除单县（84%）外，其余县均在 90% 以上，其中有 16 个县燃气普及率达到 100%。

3. 普通中学生师比略有增大，小学生师比降低。2020 年，52 个县普通中学在校生 207.09 万人，增加 12.88 万人，专任教师 16.22 万人，增加 0.48 万人，生师比 12.8 : 1，较上年 12.3 : 1 略有增大；小学在校生 294.36 万人，减少 6.08 万人，专任教师 17.24 万人，增加 0.50 万人，生师比为 17.1 : 1，优于上年（17.94 : 1）。

四、居民生活

1. 金融机构储蓄存款余额减少。2020 年，52 个县年末金融机构各项存款余额 20 100.23 亿元，减少 1 332.08 亿元；其中城乡居民储蓄存款余额

15 468.01亿元，减少795.98亿元；城乡居民人均储蓄存款余额46 171.76元，增加 1 003.92 元。

2. 城乡居民收入差异比减小。2020 年，52 个县城镇居民人均可支配收入标准差 5 146.2 元，5 个县在 4 万元以上，29 个县介于 3 万 ~ 4 万元，18 个县不足 3 万元，最高为广饶（47 356 元），最低为东阿（25 210 元）。52 个县农村居民人均可支配收入标准差 1 921.6 元，有 4 个县在 2 万元以上，48 个县介于 1.4 万 ~ 2 万元，最高的为广饶（23 071 元），最低的为泗水（14 525 元）。各县城乡居民收入比介于 1.61 ~ 2.66，较去年（1.57 ~ 2.71）有所收窄，44 个县低于山东省平均水平（2.33∶1），其中 35 个县介于 1.6 ~ 2.0，9 个县介于 2.0 ~ 2.3，最高的为临沭（2.66∶1），最低的为东阿（1.61∶1）。

五、城乡环境

1. 县建成区绿化水平持续提升。2020 年，52 个县建成区绿化覆盖面积 62 513.1ha，增加 289.4ha，绿化覆盖率 40.24%，最高的为高青（46.19%），最低的为梁山（36.48%），有 22 个县达到 40% 以上。公园绿地面积 16 896.9ha，人均公园绿地面积 16.3m^2。

2. 垃圾污水处理能力不断增强。2020 年，52 个县污水排放量 79 202 万 m^3，排水管道长度 16 725.2km，污水处理厂处理量 77 420 万 m^3，污水处理厂集中处理率 97.75%，提高 0.59 个百分点，最高的为惠民（98.52%），最低的为平邑（95.01%）。生活垃圾清运量 367.87 万 t，无害化处理量 367.87 万 t，无害化处理率均达到 100%。

3. 空气环境质量有所下降。与 2019 年相比，夏津（倒 1）、泗水（倒 2）等 15 个县 $PM_{2.5}$ 浓度排名进入全省后 20 位，增加 15 个；东平（1）、利津（6）等 5 个县 $PM_{2.5}$ 改善幅度进入前 20 名，减少 2 个；高青（倒 2）、微山（倒 11）等 6 个县 $PM_{2.5}$ 改善幅度进入后 20 位，增加 5 个。五莲（19）进入全省环境空气质量综合指数排名前20位，增加1个；夏津（倒1）、莘县（倒5）等11个县进入后20名，增加8个；东平（6）、东阿（7）等5个县环境空气质量综合指数改善幅度进入全省前20位，增加1个；高青（倒2）、兰陵（倒3）等6个县进入后20位，增加6个。

第四节　县域城镇化发展存在问题

一、县（市）人口吸引力降低

2020年，全省78个县（市）常住人口比上年80个县（市）减少362.2万人，城镇常住人口比上年减少186.83万人。即使考虑到长岛县与蓬莱市合并设立蓬莱区（常住人口43.46万人），县（市）常住人口仍有所减少。一是县（市）对精英人口的吸引力不强，在外接受高等教育的人员大多选择留在就读城市或更大城市，农村剩余劳动力中的部分人员也选择进入能够提供更多就业机会的大中城市。二是县域农民进城落户的意愿不强烈，县域户籍人口城镇化率与常住人口城镇化率相差了10.43个百分点，这表明县域城镇化人户分离现象较为普遍，主要是由于城市和乡村“推拉理论”的变化以及农民的理性选择在增强。

二、县（市）经济转型压力大

2020年，全省县域GDP占全省经济总量的40.52%，较上年降低1.8个百分点，人均生产总值较上年也有所降低。宏观上是因为我国经济从高速度发展向高质量发展转变，表现为经济结构调整和产业转型升级；微观上县域经济更多依赖传统产业发展，经济转型压力大。2020年，全省县域三次产业比例为12.62∶39.47∶47.36，80%的县（市）第一产业增加值占比超过 10%，商河、高青等 16 个县（市）为农业大县。县域经济对传统产业、房地产业的依赖性仍较强，信息技术制造业、高端装备等产业有待培育。应当通过完善制度、政策、技术、金融、营商环境等方面建设，加快县域经济转型。

三、县（市）公共服务配置有待提升

公共服务设施事关民生福祉，是政府践行“以人民为中心”理念、履行公共服务职能的重要支撑。2020 年，县域各项公共服务设施建设投资稳步增加，但设施配套仍存在一定的问题。分领域来看，教育方面，县域普通中学在校学生数量和师资力量在增加，但生师比略微增大，因此在优化学校布局的基础上，应加大对县域义务教育资源的投入，加大县域中学的师资配备，促进教育公平。医疗方面，县市城乡、区域之间医疗卫生服务发展不够协调，存在优质资源有限、基层医疗服务能力不足等问题。

四、县（市）发展不平衡

2020 年，青岛市县域平均财政收入高达 72 亿元，济南市县域平均财政收入仅 20 亿元。济南市经济发展在全省名列前茅，而商河县财政收入仅 15.2 亿元，居全省县域 57 位。济宁市县域经济综合实力整体较弱，县域平均财政收入仅 24.5 亿元，但邹城市财政收入达 80.2 亿元，居全省县域第 4 位。全省县域财政结构呈金字塔式分布，有别于江苏省和浙江省的纺锤形结构。即使和山东省毗邻的、经济相对落后的苏北 5 市（徐州、连云港、宿迁、淮安、盐城）县均财政收入也达 31.6 亿元，高出山东省县均水平 3.5 亿元。不同地域县（市）的城镇居民人均可支配收入、农村居民人均可支配收入存在较大差距。城镇居民人均可支配收入超过 4 万元的县（市）共 21 个，胶东经济圈 13 个，省会经济圈 6 个，鲁南经济圈仅 2 个；农村人均可支配收入超过 2 万元的县（市）共 20 个，其中胶东经济圈 15 个，省会经济圈 5 个。

五、资金土地要素制约明显

受新冠肺炎疫情及一系列减税降费政策实施的影响，各县（市）政府财政增收难度加大，用于城乡基础设施建设的财政性资金趋紧；各地严控政府债务，严格规范政府与社会资本合作、政府购买服务和融资平台运营，公益类市政项目和棚改项目主要依靠发行政府债券筹资，融资渠道收窄。土地方面，新增城镇建设用地指标不断收紧，城镇存量建设用地挖潜和城乡建设用地增减挂钩成为获取建设用地指标的主要途径。山东省仍处于城镇化较快发展时期，当前资金、土地等要素供给与城镇化建设需求矛盾突出。

第五节　推进县域城镇化高质量发展建议

一、强化规划引领，优化县域开发保护格局

发挥县城各类规划引领管控作用，全面推进县级国土空间规划编制，落实上位规划确定的主体功能和自然资源利用控制指标，科学编制各类专项规划和详细规划，在资源环境承载能力和国土空间开发适宜性评价的基础上，科学有序统筹布局生态、农业、城镇等功能空间，分类实施用途管制，为可持续发展预留空间。划定生态保护红线、永久基本农田、城镇开发边界等空间管控边界以及各类海域保护线，强化底线约束。细化主体功能区划分，按照主体功能定位划分政策单元，分类精准施策。加强空间发展统筹协调，分类提高城市化地区发展水平，提升重要功能性区域的保障能力。强化县城国土空间规划和各类专项规划引导约束作用，科学安排县城乡村布局、资源利用、设施配置和村庄整治，推动村庄规划管理全覆盖。优化城市空间布局，积极调控土地供应结构，优化城市工业、商业、居住

和公共服务和基础设施布局，推行功能复合、立体开发、公交导向的集约紧凑型空间发展模式。

二、推进人口吸聚，提升县（市）城镇集聚规模

推进农村人口向县域城镇转移，有序推进城中村、城边村改造力度，加快土地、住房、集体经济制度和村民自治组织制度等方面由乡到城的转变，推进原有居民完全市民化。优化完善居住证制度，探索非户籍常住人口以身份证承接居住证功能。拓展居住证功能，增加居住证所附着的基本公共服务项目和办事便利，有序提高居住证与户籍制度衔接水平，不断缩小居住证与户籍在享有城市公共服务和权利上的差距，提升居住证持有者落户便利程度。加强城镇人口承载能力建设，统筹考虑人口变化和城镇化趋势，以增强城镇服务功能为重点，提高城镇综合承载力、集聚吸引和辐射力；完善公共服务资源配置，增强基本公共服务对人口集聚和吸纳能力的支撑。建立人力资源供需机制，完善就业创业服务体系，提供良好的就业创业环境，吸引各领域科技领军人才、专业技术人才、高技能人才等到县城创业发展，统筹提升经济社会发展需要的人力资源支撑能力。

三、强化产业升级，推动县（市）经济高质量发展

实施产业培育设施提质增效工程，培育县城内生增长动力和“造血”能力，引导县域特色经济和农村二三产业在县城集聚发展。支持经济强县瞄准高端高质高效产业，加强标准引领、品牌带动、管理创新，注重关键项目引进，突出高新技术产业拉动，加快提升综合竞争力；引导欠发达县和重点生态县立足资源优势、成本优势，培植特色优势产业，承接产业转移，增强自我发展能力，依靠特色化、差异化实现跨越发展。优化产业结构，推动过剩产能调整转型，治理“散乱污”企业，落后产能退出；改造提升传统动能，推动县域内钢铁、焦化、电解铝等高耗能行业转型升级，实现高效集约发展，高质量发展迈出新步伐；培育壮大新动能，加大对县

域“四新”经济发展的财政支持和金融支持，明确主导产业，让特色优势强起来。加强县域企业技术改造和模式创新，突破产业核心关键技术，促进传统产能与现代工业设计、互联网技术等深度融合，推动传统制造业转型开发“十强产业”重大技术装备所需高端配套产品，通过技术改造、模式创新、业态升级，形成发展新动能。

四、增加设施供给，推进城市更新和品质提升

强化学校、医院、文化设施、体育场所等公共服务设施建设，加强商业网点、市场、娱乐等生活服务设施建设，推进公共服务设施提标扩面。推动县（市）城市更新，一是整治绿化水系，改善生态环境，保护各县（市）山体自然风貌，修复河湖水系和湿地等水体，建设绿色生态网络，实施口袋公园、城市公园建设，为城市更新打好底色；二是强化历史文化保护，塑造城市风貌，加大历史文化名胜名城名镇名村保护力度，修复山水城传统格局，推进历史文化遗产活化利用；三是加强居住社区建设，开展完整居住社区设施补短板行动，因地制宜对居住社区市政配套基础设施、公共服务设施等进行改造和建设，满足居民多样化需求；四是加强城镇老旧小区改造，进一步摸清底数，合理确定改造内容，科学编制改造规划和年度改造计划，有序组织实施。

五、加强政策保障，增加资金土地要素配置

完善用地政策，确保建设用地年度指标及时、足额落实到县（市），规范推进城乡建设用地增减挂钩节余指标流转使用，探索建立土地增减挂钩项目市场化运作体制机制，有序推进土地增减挂钩项目市场化运作高效实施。注重盘活存量建设用地和低效土地，优先用于县城城镇化补短板强弱项项目。积极组织农村集体经营性建设用地直接入市，分类推进就地入市或异地调整入市。强化金融倾斜力度，支持金融机构下沉服务重心，积极探索适合县域经济发展的信贷模式、金融产品，加快推进

农村金融产品和服务方式创新，稳妥有序开展农村承包土地经营权、农民住房财产抵押贷款试点，建立完善市场化的抵押物处置机制。引导鼓励县域实体企业对接多层次资本市场，鼓励县域企业在山东政务服务网自主提报融资需求。支持小额贷款、民间融资、融资担保、交易市场、新型农村合作金融等地方金融组织针对县域经济特点，积极开展业务创新，提升服务水平。

第六节　县域新型城镇化发展典型案例

一、平度市：以城中村改造为牵引推动城市品质提升

城中村改造，是城市建设的一个难题。在当前实施城市更新行动的情况下，城中村改造是不能绕开的一项重点难点工作。平度市积极推进这项工作，取得了较好的效果，为城市更新行动提供了有益的借鉴。

（一）以发展为目标，撬开旧改“突破口”

随着城镇化进程的加速，“城中有村、村中有城”的城市生态，导致土地利用率低、城市功能老化等问题日益突出，新老城区城市品质差距不断拉大，与打造“青烟潍城市群会客厅”战略目标极不相称。平度市顺应发展需要和群众呼声，将城市品质提升列入市委“1133”工作体系，把2020年确定为“城乡品质提升年”，确定了3年内压茬推进60个村片区改造计划。其中，2020年列入计划的33个项目全面完成，群众主动追加的3个项目顺利推进，27个片区的安置房同步开建，发放安置补偿金40.1亿元。2021年启动12个城中村改造，计划到2022年城区范围内原有的城中村全部改造完成。

（二）以创新为路径，搭建旧改“大平台”

旧城改造是一项复杂的系统工程，平度市发挥改革“冲击钻”作用，持续推进体制机制创新，为全市旧城改造注入强大动力。建立全市旧改“一盘棋”的工作格局，以平度控股集团、平度开发集团等国有平台公司为主，搭建起“政府主导、市场化运作、社会资本参与”的城中村改造平台。架起社会资本与改造村庄的桥梁，由国有平台公司负责改造项目资金保障、实施土地一级熟化、设计建设安置房等工作。坚持“整村改造、片区安置、综合平衡”的旧城改造模式，将项目涉及村庄行政区域内符合国土空间规划的土地一并纳入改造，实行一体化规划、配套、开发和建设，通过市级统筹、综合平衡，有效解决了重难点区域内的改造项目用地紧缺等难题。

（三）以人民为中心，施以旧改“定心丸”

平度市坚持“以人民为中心”的理念，建立完善旧城改造体检评估机制，改造前问需于民，改造中问计于民，改造后问效于民。出台《关于加快推进旧城改造工作的实施意见》，作为全市旧城改造工作指导性文件，充分考虑群众和村庄的切身利益，制定实行改善性住房面积、临时性过渡补助、停产停业损失补偿、搬迁补助和 5 万元搬迁奖励等优惠政策，给予村集体预留 20% 经济发展用地等扶持政策。在城中村改造前，深入社区、城中村调研，悉心倾听群众意见，提前自查排除项目启动难点堵点，争取群众的参与和支持。在完成旧村拆迁后，腾出的土地优先保障村民安置。项目推进过程中，明确工作流程和补偿政策，确保在评估、签约、补偿各个环节做到一个政策贯彻到底。建立旧城改造违法违规行为举报信箱，强化纪委监督检查，严禁任何人以任何形式插手、干预旧城改造项目。

（四）以实干为根基，书写旧改“新样本”

平度市在旧城改造中坚持“实在、实干、实绩”的工作导向，群众由“要我拆”转变为“我要拆”。组织自然资源、综合执法、公安等部门，立足本职工作，全年进项目现场近千次，在老城区、南部新城、西部新区等重点区域释放土地空间1.2万亩，进一步拓宽了城市发展空间。全市先后举行旧村址集中拆除仪式及腾房奖励仪式19场次、安置房开工仪式7场次，引起群众共鸣，带动周边村民参与旧城改造，改出了攻坚声势。

二、青州市：全域景区化建设助推城镇化绿色发展

青州市立足县域实际，充分挖掘文化、生态环境等优势，将1 569km^{2}国土空间当作一个大景区来打造，推进城镇化发展布局、动力、管控的绿色化，探索形成青州全域景区化，助推城镇化绿色发展。

（一）坚持全域景区化建设，构建绿色发展布局

围绕“东方花都，文化青州”的全域景区形象定位，统筹布局城市生产、生活、生态功能，全面融入“绿色+”发展理念，打造全域大花园。突出规划引领，实行“多规合一”，强化全域生态环境的管控，全域形成11个森林景观斑块和9条绿化生态廊道。坚持全域思维、差异化发展，依据产业特色和区位条件进行板块化培育，构建“两城四区”绿色城镇化发展平台。加强“立法”保障，先后出台云驼风景区、饮用水地、西南山区等生态保护决议，划定法定保护区域，设立生态保护不可逾越的“高压线”。突出景村共建，实施农村景区化综合提升工程，开展A级景区村庄创建，60个村庄景区化完成提升。

（二）坚持绿色产业引领，提升绿色发展动力

把绿色发展作为产业转型升级的主要抓手，打造“绿色制造、花卉、旅游”等产业品牌，挖掘城镇化绿色发展动力。大力推动制造业转型升级，以传统工业绿色化改造为重点，加快构建绿色制造体系，绿色制造产业占比显著增加，工业绿动力备存项目达到47个。大力发展现代花卉产业，以每年一届的花博会为龙头带动，推动形成完整的研发、培育、引进、营销体系。全市花卉生产面积达到13.1万亩，花卉生产专业村136个，花卉品

种 3 000 多个，年交易额超过 120 亿元，成为全国最大的盆花生产中心、交易中心。大力发展文化旅游产业，积极推动新博物馆群、古城片区、文化艺术小镇三大文旅融合集群片区建设，推动高 A 级景区精品化发展，青州古城创建为 5A 级景区，A 级景区达到 16 家。打造 5 处乡村旅游集群片区、10 处乡村旅游综合体，建成“夜游古城”等五个夜间文旅消费集聚区。

（三）坚持低冲击开发管控，打造绿色品质城市

在城市规划建设方面兼顾发展和生态保护，努力建设“海绵城市”“低碳城市”“生态城市”。推动土地集约利用，依托南张楼村中德合作土地整理试点经验，开展农村土地综合整治 50 万亩，新增耕地 4.7 万亩。推进矿山生态恢复治理，整理土地 13 581 亩，新增耕地 2 737 亩。利用废弃工矿集中整治，建成猛山经济发展区，现已入驻企业 158 家。推动城市建设绿色发展，全面加快海绵型小区、道路、公园绿地等项目建设，建成海绵城市面积 19.73km^2。全面实行“河长制”，投资 16 亿元对南阳河、北阳河、弥河青州段进行综合治理，流域环境和水域质量全面提升。开展国土绿化行动，大力实施荒山、镇村绿化和城市绿荫等“五大工程”，实现宜林荒山绿化全覆盖。推动城市节约运行，在全省率先实行建设项目“节水三同时”管理，广泛开展节水载体创建，先后创建省级节水型企业单位社区 34 家。推进绿色出行，建设绿道 421km，设置公共自行车服务站点 630 处，投放自行车 11 400 辆，每年服务 2 000 多万人次出行。积极推进公交车绿色变革，城市公交实现纯电动运行，让人民群众在城市生活更方便、更舒心、更美好。

三、莒南县：建设田园综合体促进就地就近城镇化

近年来，莒南县借助省级第三批新型城镇化综合试点平台，打造建设了洙边镇茶溪川田园综合体，推动当地农业生产方式、农民增收方式、农村生活方式、园区治理方式发生深刻变化，为农村地区实现就地就近城镇化作出了有益探索。

（一）规模化经营做大做强特色产业

以当地原有的特色茶产业为基础，走规模化产业化的路子。绘制一体化蓝图，把 60km^2 21 个自然村 2.8 万人口作为有机整体，对产业规划、总体规划、小城镇规划等进行统一布局。整合土地资源，开展农户土地流转整合和宅基地使用权转让入股，新增耕地 3 600 余亩，节余集体建设用地 3 500 余亩，土地实现规模化。建设“万亩茶园”，当地茶产业经营方式由小而散升级为大而精，邀请农业专家指导茶园套种农作物，年均产值 5 000 余万元，增加村集体收入 300 余万元。强化品牌建设，引进知名茶企与当地 15 个村集体成立合作社，对茶叶、农产品打包进行品牌建设，探索高端茶的电商模式，洙边镇被誉为“南茶北引第一镇”。

（二）以“茶叶 +”促进产业提质扩链

围绕北方茶特色产业，立体化招财引智，融合化发展三产。“茶叶 + 招商引资”，建设了农业科技孵化器、茶叶加工物流园、电商产业园、正山堂有机茶基地、以色列树莓基地等，30 余个重点项目纷纷落地生根，创造就业岗位 1 万多个，每年可为当地增加集体收入 500 余万元，户均增收 5 000 多元。“茶叶 + 文旅”，规划了茶文化、乡村原生态等 2 条乡村游路线，建设了金龙湖茶旅文化园、净埠子花田林海等文旅项目，年均可吸引游客 50 余万人。“茶叶 + 科研开发”，与山东农业大学、青岛农业大学、北方茶科学研究所等科研机构合作，在农业物联网系统、茶技术、茶文化等方面不断研发升级。

（三）以人为本建设现代化田园新城镇

建立集体保底分红机制，综合体内集体以固有经营性资产或土地经营权作价入股，增加集体收益。在产业发展、村集体增收的基础上，新建 4 个 3 000 人以上高标准大社区，纳入城镇化管理。建设农村文化大院 4 座，社区诊所 4 个，学校 4 处，老年康养服务中心 2 处，修建提升内部道路 150km，外连公路 16 条 66km。

第四章 小城镇城镇化发展监测分析

小城镇作为乡之首、城之尾，是承接城市产业转移和实现飞地效应的潜力平台，是城市公共设施和公共服务向乡村延伸的承接平台，是城镇体系中的重要组成部分和城乡衔接的关键环节，在城镇化进程中始终扮演着举足轻重的角色。近年来，山东省先后实行“小城镇示范提升行动”“特色小镇创建”“农村人居环境三年整治行动”“道路硬化‘户户通’工程”等，有效激发了小城镇的发展活力，为增强小城镇综合竞争力、加快就地就近城镇化进程、提高城乡一体化发展水平做出了积极贡献。本章聚焦2016至2020年的村镇年报数据，从人口规模、经济发展、市政设施、公共服务、人居环境建设等方面进行分析，以期客观反映山东省小城镇城镇化的发展成效，识别当前发展短板，提出相关改进建议，为山东省制订相关城镇化发展政策提供借鉴，助力新型城镇化健康、稳步发展。

第一节 建制镇城镇化发展分析

一、基本情况

(一)建制镇数量

2020年，山东省共有建制镇1 089个[①]，未纳入城市管理的建制镇有

① 本章节数据来源于山东省住房和城乡建设厅2020年村镇建设年报。

1 071 个，较 2019 年减少 3 个。报告分析对象是 1 071 个未纳入城市管理的建制镇。全省 16 市中，建制镇数量差异较大。建制镇数量过百的有菏泽、临沂和济宁，分别为 124 个、118 个和 103 个；数量较少的是日照和东营，分别为 35 个和 23 个。

（二）建制镇面积

全省建制镇镇域面积 11.75 万 km^2，占全省面积的比重为 74.44%，其中建制镇建成区面积合计 0.40 万 km^2，占镇域面积的 3.40%。全省 16 市中，临沂建制镇镇域面积最大，为 1.42 万 km^2，枣庄面积最小，为 0.41 万 km^2（见图 4-1）。2016—2020 年，全省建制镇镇域面积整体呈增加态势，由 11.51 万 km^2 增加到 11.75 万 km^2，增幅 2.09%，建成区面积占比整体呈逐年减少趋势，由 3.44% 减少至 3.40%，降低 0.04 个百分点，城镇化建设向土地集约方向发展。

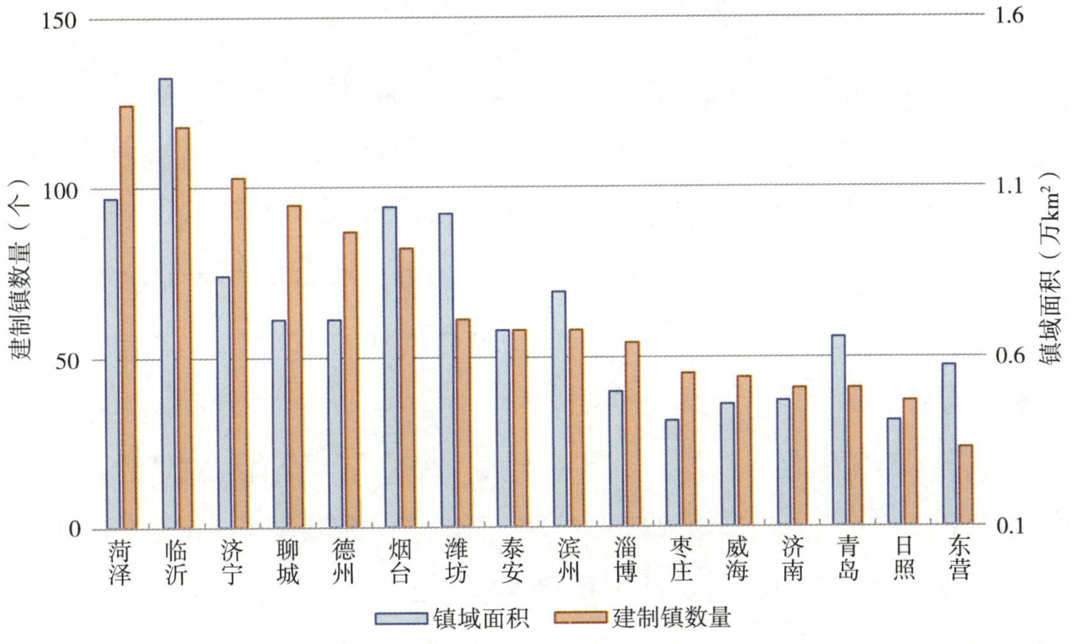

图 4-1 2020 年山东省 16 市建制镇数量和面积情况

二、发展概况

（一）人口规模

1. 建制镇整体规模较小，聚集效应不强。2020年，山东省有3.74%的建制镇常住人口在5万人以上，有8.13%建制镇介于3万～5万人，有38.50%建制镇介于1万～3万人，有49.63%建制镇不足1万人（见图4-2）。人口数量级较低的小城镇城镇发展空间和辐射区域较小，对资源的利用能力较弱，对周边资源和资金的吸引力不强，不利于城镇功能发挥。

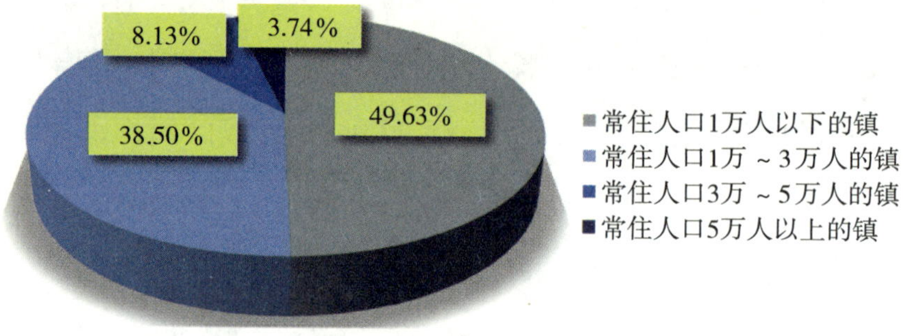

图4-2 2020年山东省建制镇常住人口规模情况

2. 建制镇人口占全省五成以上，人口集聚能力有所减弱。2020年，全省建制镇常住人口5 429.74万人、户籍人口5 688.76万人，占全省比重分别为53.41%、55.92%，分别降低1.39个百分点、0.38个百分点。总体来看，2017年以来全省建制镇常住人口整体呈现波动减少特征，至2020年减少134.02万人，户籍人口总体稳定，至2020年增加62.93万人，建制镇人口流失较为显著。

3. 建制镇城镇化率较低，各市差异大。2020年，全省建制镇建成区常住人口1 627.95万人、户籍人口1 499.23万人，分别减少41.36万人、31.41万人。镇域常住和户籍人口城镇化率分别为29.98%和26.35%，分别降低0.16个和0.44个百分点（见表4-1）。从各市建制镇来看，威海常住人口城镇化率最高，为46.16%，枣庄户籍人口城镇化率最高，为37.56%，菏泽常住和户籍人口城镇化率均为最低，分别为 21.81% 和 19.96%。

表 4-1　2017—2020 年全省建制镇人口数量及城镇化率一览表

年份	常住人口（万人）	户籍人口（万人）	常住人口城镇化率（%）	户籍人口城镇化率（%）
2017	5 563.39	5 625.82	29.83	27.46
2018	5 512.31	5 654.91	30.36	27.40
2019	5 538.52	5 713.03	30.14	26.79
2020	5 429.74	5 688.76	29.98	26.35

（二）经济发展

1. 百强镇和千强镇数量均位居全国第四。根据中小城市发展指数研究课题组和国信中小城市指数研究院发布的 2021 年全国千强镇名单，全省共有 67 个建制镇入选千强镇，较上年减少 45 个，5 个建制镇入围百强镇（见表 4–2），较上年增加 2 个，数量均位居全国第四。千强镇数量远低于江苏（267 个）、浙江（233 个）、广东（118 个），百强镇数量与江苏（36 个）、广东（32 个）差距较大，有望赶超浙江（13 个）。

表 4–2　2021 年山东省建制镇入选全国百强镇一览表

排名	城市	百强镇
45	济宁市	新兖镇
49	淄博市	金山镇
64	威海市	小观镇
91	青岛市	泊里镇
94	潍坊市	侯镇

2. 农业产业强镇建设居全国首位。根据农业农村部办公厅、财政部办公厅发布的 2021 年农业产业强镇建设名单，全国共有 298 个镇（乡）在列，山东省有 19 个镇入选，占比 6.38%（见表 4–3）。自 2018 年以来，山东省累计

共有 78 个镇（乡）入选农业产业强镇建设，居全国首位（占比 7.03%）。

表 4-3　山东省入选 2021 年全国农业产业强镇建设一览表

序号	城市	农业产业强镇	序号	城市	农业产业强镇
1	济南市	苗山镇	11	泰安市	汶阳镇
2	青岛市	姜山镇	12	威海市	夏庄镇
3	淄博市	皇城镇	13	日照市	巨峰镇
4	枣庄市	阴平镇	14	临沂市	四十里堡镇
5	东营市	李鹊镇	15	临沂市	垛庄镇
6	烟台市	照旺庄镇	16	德州市	王杲铺镇
7	潍坊市	夏庄镇	17	聊城市	梁水镇
8	潍坊市	王坟镇	18	滨州市	温店镇
9	济宁市	新兖镇	19	菏泽市	小井镇
10	济宁市	陵城镇			

3.“一村一品”示范镇和乡村特色产业十亿元镇建设全国领先。2021 年 10 月，农业农村部发布第十一批全国“一村一品”示范村镇和 2021 年全国乡村特色产业十亿元镇亿元村名单，认定 399 个村镇为第十一批全国“一村一品”示范村镇，推介 174 个镇（乡）为 2021 年全国乡村特色产业十亿元镇、249 个村为 2021 年全国乡村特色产业亿元村。其中山东省有 23 个“一村一品”示范村镇，入选数量低于广东（24 个），和河南、四川并列全国第二；有 50 个乡村特色产业十亿元镇，数量居全国第 1 位，较第 2 位江苏多 29 个。

（三）城镇建设

1. 建设投资总额大幅上涨。2020 年，全省建制镇建设投资总额 996.55 亿元，增长 140.18 亿元，增幅 16.37%。镇均建设投资额 9 304.85 万元，增长约 1 300 万元（见图 4-3）。各市镇均建设投资额差异较大，最高的青岛（2.91 亿元）是最低聊城（0.38 亿元）的 7.7 倍，相差 2.53 亿元。

2. 各项建设投资占比有升有降。2016 年以来，全省建制镇建设投资中用于市政公用设施建设的投资总额不断下降，由 225.89 亿元下降至 210.23 亿元，减少 15.66 亿元，占比由 27.9% 下降至 21.1%。房屋建筑建设投资由 2016 年的 584.26 亿元提高至 786.32 亿元，占比由 72.1% 提高至 78.9%（见表 4–4）。

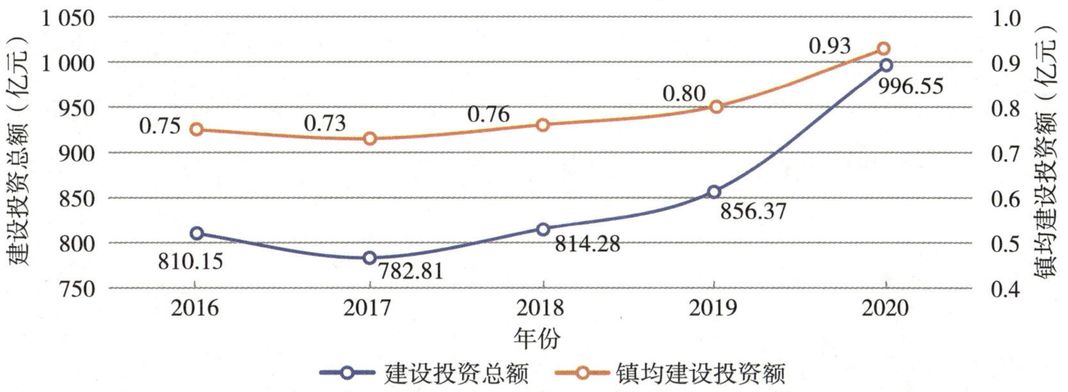

图 4–3　2016—2020 年山东省建制镇建设投资总额及镇均建设投资额

表 4–4　2016—2020 年建制镇市政公用设施建设投资和房屋建筑建设投资占比情况

单位：%

年份	市政公用设施建设投资占比	房屋建筑建设投资占比
2016	27.9	72.1
2017	26.6	73.4
2018	24.2	75.8
2019	22.7	77.3
2020	21.1	78.9

3. 道路桥梁建设投资占市政公用设施建设投资三成以上。2020 年，全省建制镇市政公用设施建设投资中用于道路桥梁建设的额度最多，为 63.37 亿元，占比 30.14%；其次是排水和园林绿化，投资额分别为 29.20 亿元和 25.53 亿元，占比分别为 13.89% 和 12.14%；用于垃圾处理的投资额最少，为 10.96 亿元，占比 5.21%。

4. 供热、供气、供水能力进一步提升。2020 年，全省建制镇集中供热面积 1.32 亿 km^2，增加 855.2 万 km^2，是 2016—2019 年集中供热面积增加数量（356.54 万 km^2）的 2.4 倍。燃气普及率 73.4%，提高 1.52 个百分点，较县城燃气普及率低 24.54 个百分点，但两者间的差距较上年缩小 2.26 个百分点。供水普及率 94.19%，提高 0.33 个百分点，集中供水建制镇 1 067 个，占比 99.63%，全省 16 市建制镇燃气普及率和供水普及率如图 4–4 所示。人均日生活用水量 85.05L，增加 0.28L。各市人均日用水量差异显著，滨州和淄博超过 100L，青岛、威海、聊城低于 80L。

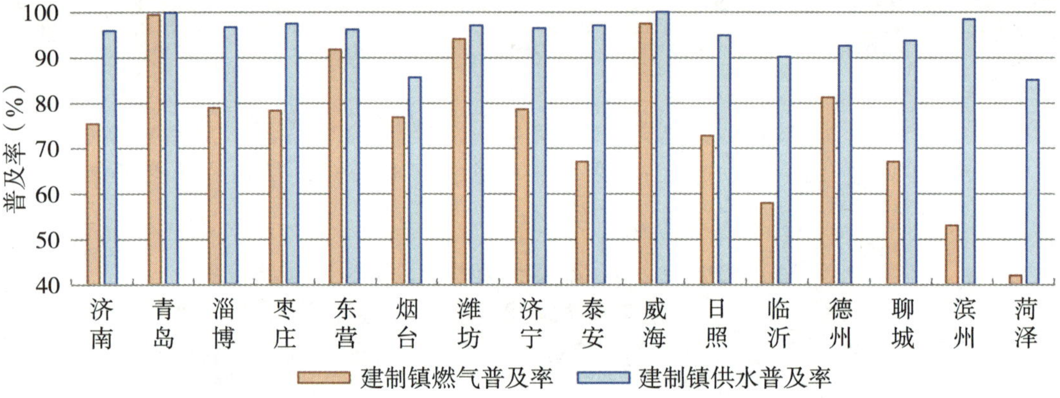

图 4–4　2020 年山东省 16 市建制镇燃气普及率和供水普及率

（四）公共服务

1. 小学教育机构增加，在校学生和教师数量持续减少。2020 年，全省建制镇幼儿园共有 14 662 所，镇均幼儿园 14 所，与上年保持一致。小学数量 7 056 所，增加 33 所；镇均小学 6.59 所，较上年的 6.46 所略有增加。小学在校生 267.44 万人，减少 17.66 万人；镇均小学在校生 2 495 人，减少 127 人。小学专职教师 17.88 万人，减少 0.4 万人；镇均小学专职教师 167 人，减少 2 人（见表 4–5）。

2. 在校学生和教师全省占比不断下降，生师比优于全省平均水平。2020 年，全省建制镇小学数量占全省比重 73.35%，提高 0.58 个百分点。小学在校生占全省比重 35.98%，下降 2.62 个百分点。小学专职教师占全省比重 39.36%，下降 2.06 个百分点。小学生师比为 14.96 : 1，下降 0.54，优于全省平均水平（16.36 : 1）。

表 4–5　2018—2020 年建制镇教育机构和在校师生变化一览表

年份	镇均幼儿园（所）	镇均小学（所）	镇均小学在校生（人）	镇均小学专职教师（人）
2018	15	6.53	2 707	172
2019	14	6.46	2 622	169
2020	14	6.59	2 495	167

3. 医疗卫生服务能力略有提升，但较全省平均水平仍有较大差距。2020 年，全省建制镇医疗卫生机构数 37 895 家，减少 710 家，占全省比重 44.7%。执业（助理）医师数 62 577 人，增加 786 人，占全省比重 19.0%。医疗卫生机构床位数 12.63 万张，每万人拥有医疗机构床位数 23.26 张，增加 1.06 张，但低于全省平均水平（63.73 张 / 万人）（见表 4–6）。

表 4–6　2018—2020 年建制镇医疗卫生服务能力一览表

年份	医疗卫生机构数（家）	执业（助理）医师数（人）	每万人拥有床位数（张）
2018	39 141	62 588	21.70
2019	38 605	61 791	22.20
2020	37 895	62 577	23.26

（五）人居环境建设

1. 污水处理能力小幅提升。2020 年，全省建制镇污水处理率为 71.16%，提高 0.15 个百分点；污水处理厂集中处理率 55.33%，提高 0.16 个百分点（见图 4–5）。威海“无废城市”试点建设取得积极成效，建制镇污水处理率和污水处理厂集中处理率均为最高，分别为 94.85% 和 81.14%；淄博建制镇污水处理率最低，为 55.31%；临沂建制镇污水处理厂集中处理率最低，为 43.36%。

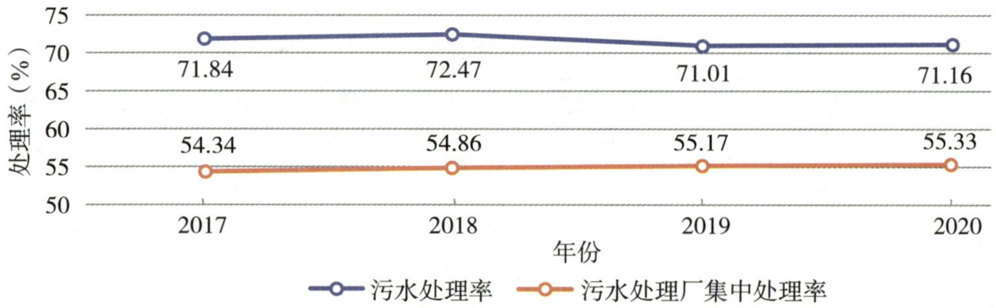

图 4-5　2017—2020 年山东省建制镇污水处理率和污水处理厂集中处理率变化

2. 生活垃圾处理能力及无害化处理能力小幅回落。2020 年，全省建制镇生活垃圾处理率 98.78%，降低 0.18 个百分点；无害化处理率 95.90%，降低 0.12 个百分点。16 市中，青岛、东营、济宁、泰安、威海和日照 6 市建制镇生活垃圾处理率和无害化处理率均达 100%。

3. 园林绿化水平略有提升。2017 年至 2019 年，全省建制镇建成区绿化覆盖率、绿地率及人均公园绿地面积均逐年降低，2020 年出现小幅回升。2020 年，全省建制镇建成区绿化覆盖率 24.55%，提高 0.16 个百分点；建成区绿地率 16.26%，提高 0.02 个百分点；人均公园绿地面积 5.08m^2，增加 0.15m^2，较县城人均公园绿地面积低 11.26m^2（见表 4-7）。

表 4-7　2017—2020 年建制镇建成区园林绿化水平及人均公园绿地面积一览表

年份	建成区绿化覆盖率（%）	建成区绿地率（%）	人均公园绿地面积（m^2）
2017	25.97	18.36	6.27
2018	25.84	18.11	5.40
2019	24.39	16.24	4.93
2020	24.55	16.26	5.08

第二节　小城镇城镇化发展存在问题

一、人口流出现象显著，人力资源结构失衡

2017—2020 年，山东省建制镇镇域常住人口由 5 563.39 万人减少至 5 429.74 万人，减少 133.65 万人，常住人口出现负增长，年均增长率 –8.07‰，低于全省平均水平（3.27‰）。镇域户籍人口由 5 625.82 万人增加至 5 688.76 万人，增加 42.88 万人，户籍人口总体稳定，年均增长率 3.72‰，低于全省平均水平（4.07‰）。建制镇人口集聚能力持续减弱，人口流失加剧。此外，青壮年和优质人才是人口流出群体中的主力军，导致乡村发展后备力量不足，人口老龄化严峻，进一步加剧人口流失，进而形成恶性循环。这是乡镇经济发展水平低下、就业岗位有限、教育和医疗等优质公共资源缺乏、基础设施建设滞后、社会保障设施不完善等综合作用下的结果。

二、传统产业占比较大，特色产业支撑不强

山东省小城镇普遍是以第一、第二产业为主的经济结构，具有农业生产方式粗放、中小型企业比重大、分布零散、产业链条短的特征，产业转型升级难度大。农业是全省经济的重要组成部分，但当前农业产业化、机械化和信息化水平以及土地产出率、资源利用率和劳动生产率都偏低，农产品加工业滞后，附加值不高，综合竞争力较弱。伴随我国产业结构的调整升级和产业集聚发展，依靠兴办冶金采矿化工企业成长的部分小城镇发展后劲不足，带动效能降低，经济效益下滑。同时，乡镇企业行业、产品趋同现象仍较普遍，区域性特色经济发展不够突出。第三产业主要集中在传统的、低水平的交通、餐饮等服务行业，现代服务业发展不足。

三、设施配置滞后，人居环境建设有待提升

乡镇基础设施体系财政投入不足，发展滞后。居民亟须的教育、医疗、养老、托育、保健、娱乐、家政、保洁等社会化服务供给不足，且优质资源严重匮乏，不能充分满足居民需求。城乡基础设施互联互通程度不高，多数城市供水、供热、燃气、通信、物流等基础设施在农村还未实现全覆盖，城镇基础设施向农村延伸的缺口仍较大。生活污水和垃圾治理仍然是农村人居环境最突出的短板，面临着思想认识和资金投入不到位、工作进展不平衡、管护机制不健全等问题。园林绿化水平略有提升，但较县城平均水平差距较大，有待进一步改善。

第三节 推进小城镇城镇化高质量发展建议

一、制定差异化发展战略，推动小城镇特色化发展

将差异化发展小城镇、提升小城镇综合竞争力作为全省城镇化工作的战略重点之一，整体提升，重点带动，加强对小城镇发展的分类指导。一是发挥城市周边小城镇区位优势，立足服务大城市经济，增加非农业就业机会，吸纳农村富余劳动力向非农产业转换。开发农副产品加工业，为城市生产配套产品或向企业提供劳动力资源。发展民俗生态休闲旅游业，带动商业、餐饮等服务业发展。二是着力培育发展新生小城市。强化特色产业支撑，着力培育产业特色强、集中度高、发展潜力大的优势产业。完善基础设施，形成适应人口和产业集聚需求的设施体系。健全公共服务设施，合理扩大教育设施数量和规模，大力实行医联体医共体，推动城市优质服务资源下放，建设具有购物、旅游休闲等多功能商贸综合体。提升城镇管

理水平，推进城市管理智慧化。三是做大做强重点镇，重点发展基础条件好、发展潜力大的小城镇，加快实现由镇向城转变，推动发展成为县域副中心。树立“建强平台聚优势”思维，完善全链条的产业生态。增强“有求必应、无事不扰”服务意识，优化营商环境。四是引导小城镇特色发展。因地制宜确定特色产业和发展方向，以市场需求为引导，创新当地要素供给，建立相应配套服务体系。重视社会资本和当地居民参与，引导有实力的企业为小城镇产业孵化、专业化运营提供支撑，引导当地居民积极参与小城镇规划建设。

二、挖掘发展潜力，培育一批特色小镇

大力推动特色小镇建设，助力经济转型升级和新型城镇化发展。明确发展定位，秉持少而精、少而专的发展方向，在确实具备客观实际基础条件的前提下确定主导产业，宜农则农，宜工则工，宜商则商，宜游则游，找准优势、凸显特色。合理谋划空间布局，依据国土空间规划，立足区位优势、产业基础和比较优势，在拥有相对发达块状经济或相对稀缺资源的区位进行布局；尊重原有自然格局，推进生产生活生态“三生融合”、产业社区文化旅游“四位一体”。提升质量效益，聚焦产业细分门类，打造具有核心竞争力的特色产业；聚焦高端产业和产业高端环节，提升产业价值链和产品附加值；聚焦创新创业，培育新产业新业态新商业模式；聚焦碳达峰碳中和，协同推进经济高质量发展和生态环境高水平保护。创新投资运营模式，利用政策激励引导、盘活存量资产、挖掘土地潜在价值等方式，培育专业性投资运营主体，建立以工商资本及金融资本为主、以政府有效精准投资为辅的投融资模式。加强动态监管，严格落实“三线”和生态环保底线，严控地方政府债务风险，坚持“房住不炒”底线。

三、补短板强弱项，循序渐进推动设施服务升级

依据国土空间规划，按照镇村空间布局分级体系，确定各类村庄配置的类型和标准，科学配置镇村水、电、路、气、热、垃圾处理、污水处理等基础设施，对连接潜力大、人口覆盖面广的各类基础设施，优先实施增容工程，延长服务半径。实施强镇筑基教育工程，改善寄宿制学校办学条件，建立城乡学校结对帮扶和成长共同体。深入实施基层医疗卫生服务能力三年提升行动，加快乡镇卫生院、村卫生室提档升级，打造农村地区30分钟健康服务圈，大力实行医联体医共体，推进远程诊疗，持续提升乡镇应对重大疾病及突发公共卫生事件能力。完善统一的城乡居民基本医疗保险制度，健全重大疾病医疗保险和救助制度，提高居民基础养老金最低标准，加大对农村幸福院、社区老年人日间照料中心运营奖补扶持力度。

四、加强生态环境治理，营造宜居人居环境

深入践行绿水青山就是金山银山生态理念。全面排查镇域内非法采砂、非法采矿等行为，杜绝安全隐患和生态环境污染问题。持续推进城镇污水管网全覆盖，加强饮用水源地和纳污水体水质监测，推进水质提标。深入开展村庄清洁和绿化行动，总结推广美丽村居建设试点经验，推动农村人居环境整治与美丽乡村建设融合提升。治理农村生态环境突出问题，推进畜禽粪污资源化利用，开展农药化肥减量行动，加强农膜污染治理，推进秸秆综合利用，持续改善农业农村生态环境质量。加大宣传力度，利用群众代表大会、赶集日、节能宣传周、世界环境日等积极开展生态环境宣传咨询，让广大人民群众主动参与到环境保护和生态文明建设中，增强群众环保意识。

第四节　小城镇新型城镇化发展典型案例

玉皇庙镇："三化"互动，协调发展打造城乡融合新样板

近年来，济南市玉皇庙镇抢抓济南"北起"机遇，创新发展思路，探索以农业现代化为基础、新型城镇化为载体、新型工业化为龙头的"三化互动融合"发展模式，走出了以镇为载体的城乡融合发展新路径。

（一）培育新型工业化集群龙头，实现群众就地就近就业

做好营商环境、人才培育和职业培训三大文章，建设产业发展的良好生态环境。秉承"无事不扰、有求必应"企业服务理念，对企业项目前期手续办理以及规划设计等方面，提供超前全程跟踪服务。坚持工业强镇，举全镇之力推进双招双引，培育壮大农副产品深加工、绿色智能建材等五大支柱产业，全镇共有力诺特玻、中信泰富特钢悬架等各类企业 119 家，解决居民就地就近就业 2 万余人。引进教育部批准的四年制本科院校——山东工程职业技术大学，引进包含汽修、烹饪和电脑等培训内容的新华教育集团项目。

（二）增强新型城镇化载体功能，营造宜居宜业良好环境

积极稳妥推进新型城镇化，构建"工厂里就业、小区里生活、广场上跳舞、夜市上购物"便民生活体系，完善休闲商业配套设施，优化城镇公共活动空间，增强新型城镇化载体功能，让群众就地享受市民化生活，提升群众幸福感。按照"居住向镇区集中、人口向社区集中"思路高标准规划建设，先后建成 8 个现代社区，配套医院、公园、商业街、中小学等设施。深入践行"两山"理论，依托徒骇河、土马河等水系资源，建成土马河公园、玉园湖公园、玉屯河公园和彩色音乐喷泉广场等居民休闲娱乐场

所，森林覆盖率达到55.6%，形成“产业与生态和谐共生、水脉与人文相融一体”发展格局。

（三）厚植农业现代化产业基础，实现工农商融合互动发展

坚持三产融合互动、协同发展，以中汇中央厨房、玉港果蔬等农业项目为龙头，以5个院士工作站为技术支撑，大力发展职业化、规模化、标准化现代高效特色农业。建成玉皇庙彩椒大市场，配套加工仓储等设施，拓宽菜农销售渠道，形成彩椒生产、加工、销售、仓储、物流的产业链条，年产值达到10亿元。推广“村‘两委’+合作社+农户”“合作社+种粮大户”等服务形式，为全镇10万亩粮田提供从良种供应到烘干仓储的全程服务，做到规模化经营与社会化服务“双轮驱动”，释放农村劳动力，实现职业农民“全心种地”、务工农民“放心进城”。全镇拥有国家地理标志农产品登记保护1个、绿色食品4个、无公害农产品41个，市级以上农业龙头企业11家。

第五章 城镇化发展对比分析

城市群是新型城镇化发展的主体形态，是承载发展要素的主要空间和推动高质量发展的重要增长极。2020 年，山东省政府先后发布了《关于加快胶东经济圈一体化发展的指导意见》《关于进一步加快省会经济圈一体化发展的指导意见》和《关于加快鲁南经济圈一体化发展的指导意见》三项重要政策文件，编制《山东半岛城市群发展规划》和三大经济圈一体化发展规划，明确"一群两心三圈"的总体空间格局，着力打造具有全球影响力的山东半岛城市群，支持济南建设国家中心城市、青岛建设全球海洋中心城市，推进省会、胶东、鲁南三大经济圈一体化发展。本章利用 2020 年的城镇化监测数据，系统对比城市群之间、强省之间、省内经济圈之间城镇化发展监测指标，识别全省、山东半岛城市群及三大经济圈新型城镇化建设存在的短板，为全省以人为核心的新型城镇化建设提供参考借鉴。

第一节　城市群发展对比分析

2020 年 1 月 3 日，习近平总书记在研究黄河流域生态保护和高质量发展的中央财经委员会第六次会议上强调，要发挥山东半岛城市群龙头作用。山东半岛城市群覆盖全省 16 市，南北连接京津冀、长三角两大世界级城市群，东西贯通黄河流域广阔腹地，是黄河流域最便捷的出海通道，以占全国 1.64% 的国土面积承载了全国 7.19% 的人口和 7.25% 的经济总量，在国家现代化建设大局中的战略地位举足轻重。本节选取京津冀、长三角、珠三角、成渝四大城市群，作为山东半岛城市群的对标对象，从人口集聚、经济实力、交通布局、公共服务等方面对城镇化发展水平进行对比分析。

一、人口集聚

1. 人口增速低于长三角和珠三角。2020 年，山东半岛城市群常住人口数量 10 152.75 万人，低于京津冀（11 040 万人）、长三角（16 522 万人）、成渝（10 830 万人），高于珠三角（7 824 万人）。山东半岛城市群近十年常住人口增加 573 万人，增长 5.99%，同期京津冀、长三角、珠三角、成渝分别增长 5.60%、15.05%、39.02%、5.95%，山东半岛城市群的人口增速较长三角和珠三角存在较大差距，人口吸引力仍需加强。

2. 常住人口城镇化率相对较低。2020 年，山东半岛城市群常住人口城镇化率为 63.05%，略高于成渝（60.32%），低于京津冀（68.61%）、长三角（76.46%）、珠三角（87.24%），人口城镇化水平需进一步提高。

二、经济实力

1. 经济发展水平相对较低。2020 年，山东半岛城市群 GDP 总量 73 129 亿元，高于成渝（68 230 亿元），低于京津冀（86 339 亿元）、长三角（204 440 亿元）、珠三角（89 524 亿元）。从人均 GDP 看，山东半岛城市群 7.2 万元，比成渝高 0.9 万元，比京津冀、长三角、珠三角分别低 0.6 万元、4.2 万元、5.2 万元（见图 5–1）。

2. 百强城市数量较多，核心城市竞争力较弱。2020 年，山东半岛城市群拥有青岛和济南 2 个万亿元 GDP 城市，数量与京津冀和成渝持平，比长三角少 6 个，比珠三角少 1 个。拥有青岛、济南、烟台、潍坊、临沂、济宁、淄博、菏泽、德州、威海、东营 11 个 GDP 全国百强城市，占城市总数比例为 68.75%，京津冀、长三角、珠三角、成渝分别拥有 8 个、20 个、8 个、4 个城市，分别占城市总数的 61.5%、76.9%、88.9%、25.0%。山东半岛城市群的核心城市青岛、济南 GDP 分别为 12 401 亿元、10 141 亿元，与北京（36 103 亿元）、上海（38 701 亿元）、深圳（27 670 亿元）、广州（25 019 亿元）、重庆（25 003 亿元）、成都（17 717 亿元）等城市差距较大。

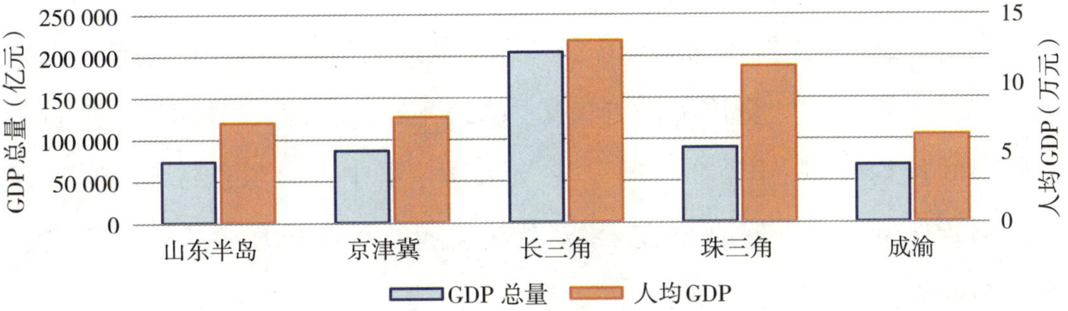

图 5-1　五大城市群 GDP 总量及人均 GDP 对比

3. 龙头企业数量较少。2020 年底山东半岛城市群共有 7 个千亿市值上市企业，以制造业（消费电子、军工制造、汽配）为主，代表企业有歌尔股份和中航沈飞等，千亿市值企业较京津冀、长三角、珠三角分别少 39 个、33 个、22 个，较成渝多 1 个。千亿市值企业在行业及地区发展过程中起到重要推动作用，有助于形成产业链，带动区域发展。

4. 产业发展基础较好，创新能力仍需提升。山东半岛城市群农业基础雄厚，用占全国 6% 的耕地和 1% 的淡水资源，生产了全国 8% 的粮食、11% 的水果和 12% 的蔬菜，粮食总产量连续 8 年稳定在千亿斤以上。制造业发展水平较高，工业门类齐全、基础雄厚、结构完善、配套完备，拥有全部 41 个工业大类。“十强”现代优势产业加快培育，现代海洋产业体系完善，集中打造青岛船舶、烟台海工、潍坊动力装备、海洋油气装备等产业集群，海洋生产总值约占全国的 1/6。创新驱动发展战略深入实施，工业互联网等新业态新模式蓬勃发展，但山东半岛城市群的创新研发能力仍与其他发达城市群存在差距，2020 年研发投入强度为 2.1%，与成渝（2.0%）基本持平，分别落后于京津冀、长三角、珠三角 4.2 个、1.9 个、0.8 个百分点。

三、交通布局

1. 交通承载能力较强，公路货运量较大。山东半岛城市群“四横五纵”综合运输大通道加快贯通，高铁成环运行，通车里程 2 110km。高速公路通车里程 7 473km，提前一年实现“县县通高速”。现代化港口群、机场群向一流水平迈进，民用运输机场 10 个，万吨级以上泊位 340 个，整合后的省港口集团年货物吞吐量居沿海港口集团第 1 位，青岛港、日照港、烟台港货物吞吐量均位列全国港口前十。在五大城市群中，山东半岛城市群 2020 年公路货运量最高，超过 25 亿 t，对货物流通的承载能力较强，而京津冀、长三角低于 5 亿 t（见图 5–2）。

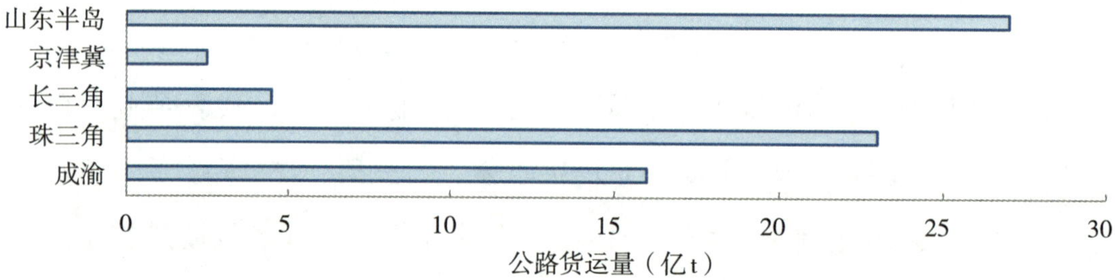

图 5–2　2020 年五大城市群公路货运量情况

2. 城市轨道交通发展水平仍需提升。青岛、济南进入地铁时代，截至 2021 年底，轨道交通通车里程分别为 293.1km 和 84.1km。轨道交通线路较少，发展相对滞后，轨道交通线路里程分别排名全国第 10 位和第 26 位，与上海（825km）、北京（783km）、广州（590.0km）、成都（557.8km）、深圳（431.0km）等城市差距较为明显。

3. 综合交通网络密度相对较低。山东半岛城市群综合交通网络布局仍不够密集，城市群内尚未实现高铁互联互通，尤其是中西部地区城市间交通联系较为不便。从城市道路网密度来看，2021 年山东半岛城市群最高的青岛为 5.4km/km^2，济南为 4.9km/km^2，在全国城市中分别排第 27 和 31

位，与深圳（9.6km/km^2）、成都（8.4km/km^2）、上海（7.2km/km^2）、杭州（7.2km/km^2）、广州（7.1km/km^2）等城市交通网络密度差距较大。

四、公共服务

1. 高校数量和质量有待提升。山东半岛城市群积极推进教育事业发展，全面改薄、消除大班额成效明显，普通中小学 56 人及以上大班额实现动态清零。康复大学获批筹建，山东第一医科大学建成招生，高等教育毛入学率达到 56.75%。高校建设水平不高，在教育部公布 147 所的第二轮“双一流”建设高校名单中，山东半岛城市群仅有山东大学、中国海洋大学、中国石油大学（华东）3 所高校入选，分别比京津冀、长三角、珠三角、成渝少 37 所、34 所、5 所、7 所。山东半岛城市群普通高等学校数量最多的济南为 43 所，较北京（93 所）、广州（82 所）、重庆（65 所）、上海（64 所）等城市差距较为明显。

2. 医疗资源相对不足。山东半岛城市群深入开展医院标准化建设，持续提升诊疗服务能力，60 家县级综合医院达到国家推荐标准。但医疗资源状况依然与京津冀、长三角、珠三角存在一定差距，山东半岛城市群拥有三甲医院最多的城市济南为 28 家，与北京（78 家）、上海（66 家）、广州（62 家）、天津（49 家）等还存在较大差距。

第二节　鲁苏浙粤城镇化发展对比分析

选取我国东部地区江苏、浙江、广东三省，作为山东省省域层面新型城镇化发展的对标对象，从人口分布、经济实力、社会发展、居民生活、城市建设五个方面，对四省城镇化发展水平进行对比分析。总体来看，山东省经济社会发展水平与苏浙粤具有一定的差距，常住人口城镇化率、人均 GDP、一般公共预算收入、居民人均可支配收入等指标均低于苏浙粤三省（见表 5–1）。

表 5–1 2020 年鲁苏浙粤经济社会发展主要指标一览表

省份	七普人口（万人）	常住人口城镇化率（%）	GDP（亿元）	人均 GDP（元）	一般公共预算收入（亿元）	居民人均可支配收入（元）
山东	10 152.75	63.05	73 129.00	72 151	6 559.93	32 885.7
江苏	8 474.80	73.44	102 718.98	121 231	9 058.99	43 390.4
浙江	6 456.76	72.17	64 613.34	100 620	7 248.24	52 397.4
广东	12 601.25	74.15	110 760.94	88 210	12 923.85	41 028.6

一、人口分布

1. 山东常住人口城镇化率低于苏浙粤三省，但增速较快。2020 年，山东常住人口城镇化率为 63.05%，苏浙粤三省均超过 70%，其中江苏为 73.44%、浙江为 72.17%、广东为 74.15%。从常住人口城镇化率增长幅度来看，山东增长 1.19 个百分点，苏浙粤分别增长 0.97 个、0.59 个、1.50 个百分点，山东增长幅度快于江苏和浙江（见图 5–3）。与江苏、浙江、广东相比，常住人口城镇化率差距分别由 2010 年的 10.88 个、11.92 个、16.48 个百分点缩小为 10.39、9.12、11.10 个百分点。

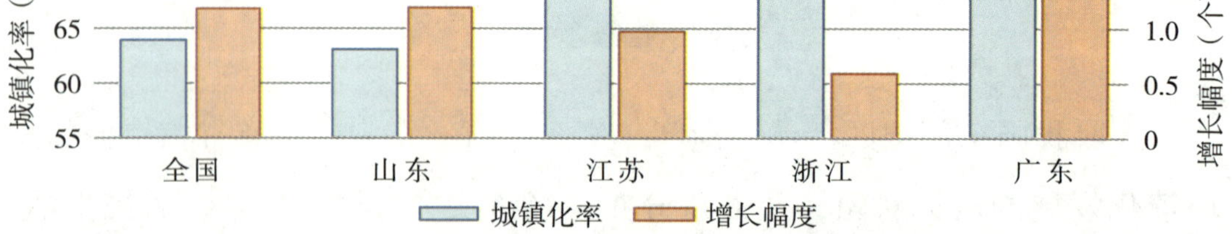

图 5–3 2020 年全国及鲁苏浙粤常住人口城镇化率及增幅

2. 山东人口净流出，人口集聚能力低于苏浙粤三省。2020 年，山东常住人口规模为 10 152.75 万人，广东为 12 601.25 万人，江苏为 8 474.8 万人，浙江为 6 456.76 万人。依托长三角城市群、珠三角城市群，江苏、浙江、广东显现了强大的人口集聚能力，而山东则呈现出人口外流的现象，2020 年，鲁、苏、浙、粤人口机械增长规模分别为 -7 万、600 万、1 399 万、2 815 万人[①]。

3. 山东城镇就业人员比重较低，失业率较高。2020 年，山东城镇就业人数为 3 346 万人，城镇就业人员比重为 60.7%，分别低于江苏、浙江、广东 10.4 个、10.7 个、16.3 个百分点。山东城镇登记失业率为 3.1%，略低于江苏（3.2%），高于浙江（2.8%）和广东（2.5%）（见图 5–4）。

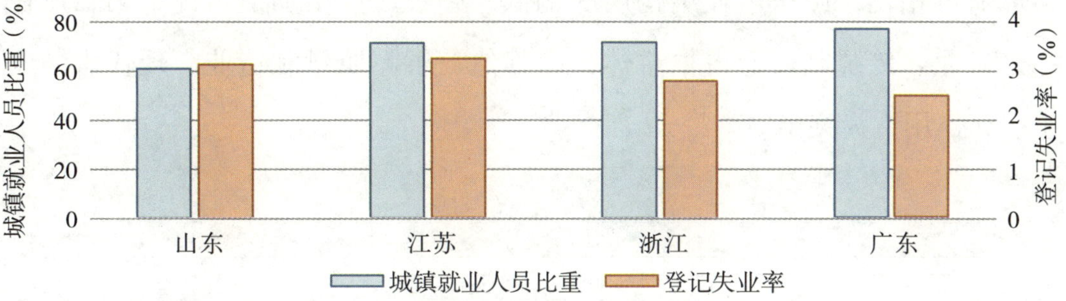

图 5–4　2020 年鲁苏浙粤四省就业情况对比

二、经济实力

1. 山东 GDP 增速放缓，总量差距逐步扩大。从 GDP 总量看，山东为 73 129 亿元，低于广东和江苏、高于浙江，但山东 GDP 与广东的差距由 2019 年的 36 604 亿元扩大到 2020 年的 37 632 亿元，与江苏的差距由 28 564 亿元扩大到 29 590 亿元，而浙江与山东的差距则由 8 716 亿元缩小为 8 516 亿元。从 GDP 增速来看，山东 GDP 增长 3.6%（按可比价格计算），

① 人口机械增长数据为常住人口数减去户籍人口数。

与浙江持平，低于江苏 0.1 个百分点，高于广东 1.3 个百分点。从人均 GDP 看，山东为 72 151 元，在 4 省中最低，比江苏、浙江、广东分别少 49 080 元、28 469 元、16 059 元。从一般公共预算收入来看，山东为 6 559.93 亿元，在 4 省中最低，比江苏、浙江、广东分别少 2 499.06 亿元、688.31 亿元、6 363.92 亿元。

2. 山东二三产业比重偏低，传统动能仍居主导地位。2020 年，山东三次产业结构为 7.3 : 39.1 : 53.6。其中第一产业增加值分别高出江苏、浙江、广东 2.9 个、3.9 个和 3.0 个百分点；第二产业增加值分别低于江苏、浙江、广东 4.0 个、1.8 个和 0.1 个百分点；第三产业增加值高于江苏 1.1 个百分点，分别低于浙江和广东 2.1 个和 2.9 个百分点（见图 5-5）。总体而言，与苏浙粤相比，山东产业结构层次偏低，第一产业增加值占优，第二产业中采矿业、传统制造业占据主体，而其他三省高质量制造业、现代服务业主引擎作用更为突出。

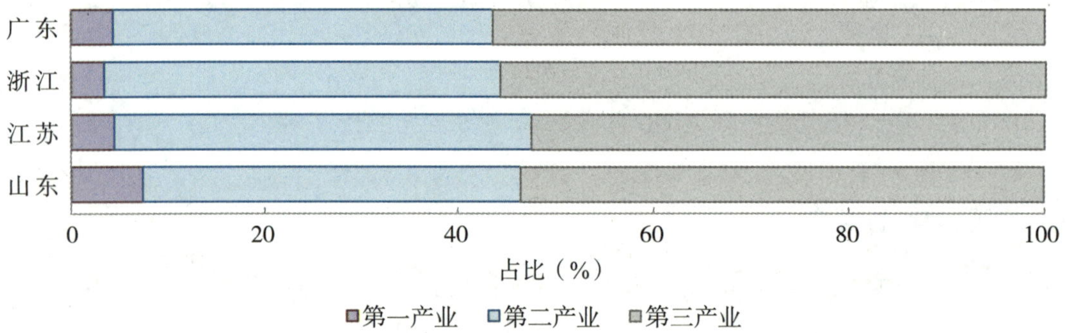

图 5-5　2020 年鲁苏浙粤四省三次产业结构对比

3. 山东对外贸易稳定增长，开放程度低于苏浙粤。2020 年，山东货物进出口总额 22 130.3 亿元，分别相当于江苏、浙江、广东进出口总额的 49.7%、65.4%、31.2%。进出口总额增长 7.8%，增速低于浙江（9.2%），高于江苏（2.1%）和广东（-1.2%）。外贸依存度为 30.3%，分别比江苏、浙江、广东低 13.0 个、22.1 个、33.7 个百分点（见图 5-6）。总体来看，山东对外开放水平与苏浙粤还存在一定的差距，需要在国内国际双循环相互促进的新发展格局中，深度融入“一带一路”建设，积极开展对外合作，提高对外开放水平。

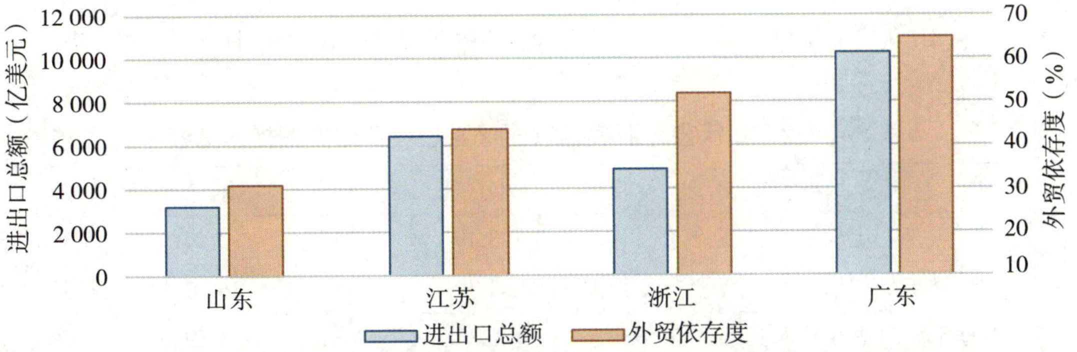

图 5-6　2020 年鲁苏浙粤四省对外开放程度对比

三、社会发展

1. 科技创新能力相对不足。2020 年，山东 R&D 经费支出占 GDP 的比重为 2.44%，较江苏、浙江、广东分别低 0.49 个、0.44 个、0.36 个百分点，科技投入强度不高（见图 5-7）。从科技产出效果来看，山东国内专利申请授权量 23.9 万件，比江苏、浙江、广东分别少 26.0、15.3、47.1 万件。

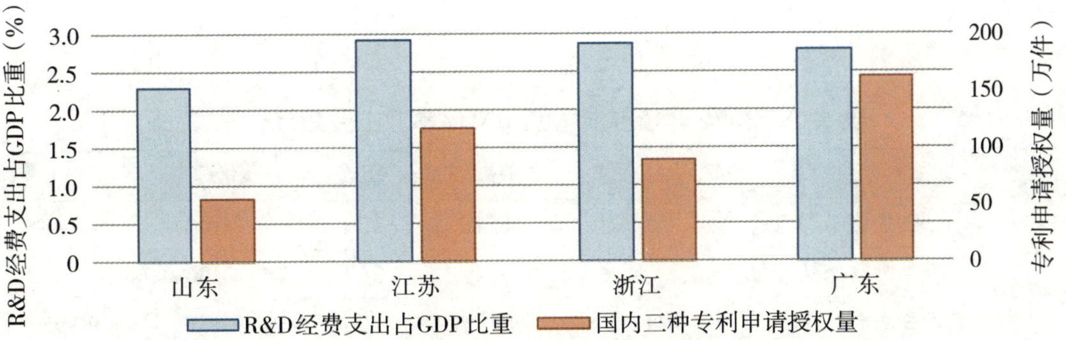

图 5-7　2020 年鲁苏浙粤四省科技投入强度对比

2. 医疗卫生资源相对丰富。2020年，山东拥有医疗卫生机构数8.49万个，分别是江苏、浙江、广东的2.37、2.47、1.52倍。卫生机构床位64.7万张，每千人口卫生机构床位6.37张，高于江苏0.06张、浙江0.78张和广东1.89张。卫生技术人员81.4万人，其中执业（助理）医师32.9万人，每千人口卫生技术人员8.01人，高于江苏（7.85人）、广东（6.58人），低于浙江（8.49人）（见表5-2）。卫生资源在鲁苏浙粤四省份中优势较显著。

表5-2　2020年鲁苏浙粤四省医疗卫生事业主要指标一览表

指标	山东	江苏	浙江	广东
医疗卫生机构数（万个）	8.49	3.57	3.44	5.59
卫生机构床位数（万张）	64.70	53.50	36.10	56.50
每千人口卫生机构床位（张）	6.37	6.31	5.59	4.48
卫生技术人员（万人）	81.40	66.50	54.80	83.20
每千人口卫生技术人员数（人）	8.01	7.85	8.49	6.58

3. 文化设施水平相对较高。2020年，山东拥有公共图书馆和博物馆机构数总计731个，分别是江苏、浙江、广东的1.50、1.43和1.65倍。山东广播节目综合人口覆盖率为99.45%，电视节目综合人口覆盖率为99.59%，与苏浙粤三省水平相当（见表5-3）。山东应继续发挥齐鲁文化资源丰富的优势，开拓文化强省新途径，进一步扩大文化对全省城镇化发展的支撑优势。

表5-3　2020年鲁苏浙粤四省文化事业主要指标一览表

指标	山东	江苏	浙江	广东
公共图书馆（个）	154	120	104	148
博物馆（个）	577	367	406	296
广播节目综合人口覆盖率（%）	99.45	100	99.77	99.98
电视节目综合人口覆盖率（%）	99.59	100	99.84	99.98

四、居民生活

1. 居民人均可支配收入低于苏浙粤，城乡居民收入差异较大。2020 年，山东居民人均可支配收入为 32 886 元，为江苏的 75.8%、浙江的 62.8%、广东的 80.2%。城镇居民人均可支配收入为 43 726 元，为江苏的 82.3%、浙江的 69.7%、广东的 87.0%。农村居民人均可支配收入为 18 753 元，为江苏的 77.5%、浙江的 58.7%、广东的 93.1%。从城乡居民收入比来看，山东为 2.33∶1，高于江苏（2.19∶1）、浙江（1.96∶1），低于广东（2.50∶1）（见表 5–4）。

表 5–4　2020 年鲁苏浙粤城乡居民收入主要指标一览表

指标	山东	江苏	浙江	广东
居民人均可支配收入（元）	32 886	43 390	52 397	41 029
城镇居民人均可支配收入（元）	43 726	53 102	62 699	50 257
农村居民人均可支配收入（元）	18 753	24 198	31 930	20 143
城乡居民收入比	2.33	2.19	1.96	2.50

2. 基本养老保险和医疗保险参保水平较高，但失业、工伤、生育保险参保水平较低。2020 年，山东城镇职工基本养老保险和城乡居民基本养老保险人数合计为 7 636.67 万人，占常住人口的 75.2%，分别高于江苏、浙江、广东 4.9 个、7.8 个、15.5 个百分点。城镇职工基本医疗保险和城乡居民医疗保险参保人数合计为 9 697.8 万人，占常住人口的 95.5%，分别高于江苏、浙江、广东 1.5 个、9.4 个、8.3 个百分点。从失业、工伤、生育保险年末参保人数来看，山东参保人数分别为 1 466.1 万人、1 822.1 万人、1 534.3 万人，占常住人口的比例分别为 14.44%、17.95%、15.11%，分别比江苏、浙江、广东低 8.42 个、10.36 个、10.07 个百分点。

五、城市建设

1. 城市绿化水平有待提高。2020 年，山东城市人均公园绿地面积为

17.68m^2，低于广东 0.46m^2，高于江苏 2.34m^2、浙江 4.09m^2。建成区绿化覆盖率 41.7%，分别低于江苏、浙江、广东 1.8 个、0.5 个、1.8 个百分点。

2. 城市道路建设和公共交通服务水平较高。2020 年，山东人均城市道路面积 25.64m^2，在四省中最高，分别比江苏、浙江、广东高 0.04m^2、6.56m^2、12.38m^2。每万人拥有公共汽（电）车辆 15.56 标台，与江苏（15.61 标台）基本持平，高于浙江（14.75 标台）和广东（11.85 标台）。

3. 城市市政公用设施服务水平整体较高。2020 年，山东城市供水普及率为 99.84%，高于广东（98.49%），低于江苏和浙江（均为 100%）。城市燃气普及率 99.31%，高于广东（98.99%），低于江苏（99.92%）和浙江（100%）。县城污水处理率为 97.75%，分别高于江苏、浙江和广东 6.35 个、0.32 个、5.93 个百分点。县城生活垃圾处理率与江苏、浙江相同，均为 100%，高于广东（99.74%）。

四省城市建设主要指标见表 5–5。

表 5–5　2020 年鲁苏浙粤四省城市建设主要指标一览表

指标	山东	江苏	浙江	广东
人均公园绿地面积（m^2）	17.68	15.34	13.59	18.14
建成区绿化覆盖率（%）	41.70	43.50	42.20	43.50
人均城市道路面积（m^2）	25.64	25.60	19.08	13.26
每万人拥有公共汽（电）车辆（标台）	15.56	15.61	14.75	11.85
供水普及率（%）	99.84	100.00	100.00	98.49
燃气普及率（%）	99.31	99.92	100.00	98.99
县城污水处理率（%）	97.75	91.40	97.43	91.82
县城生活垃圾处理率（%）	100.00	100.00	100.00	99.74

第三节　山东省三大经济圈发展对比分析

基于资源禀赋、交通区位、人口集聚、产业基础、主体功能定位等诸多要素特征，山东省提出建设主体功能突出、产业布局特色明显、内部联系紧密的省会经济圈、胶东经济圈和鲁南经济圈。本节采用2020年城镇化监测评价相关数据，从人口分布、经济实力、设施支撑、服务共享、创新驱动五个方面对三大经济圈的城镇化发展情况进行比较分析，客观反映经济圈城镇化发展的质量和水平，系统提炼出经济圈的若干特征，为推进经济圈区域一体化发展提供参考。

2020年三大经济圈经济社会发展主要指标见表5–6。

表5–6　2020年省会、胶东、鲁南经济圈经济社会发展主要指标一览表

经济圈	常住人口（万人）	常住人口城镇化率（%）	GDP（亿元）	人均GDP（元）	一般公共预算收入（亿元）	居民人均可支配收入（元）
省会	3 706.42	64.33	27 466.04	74 104	2 369.46	33 034.6
胶东	3 243.55	69.08	31 113.38	95 924	2 866.53	39 377.8
鲁南	3 202.78	55.72	14 515.92	45 323	1 140.29	26 840.4

一、人口分布

省会经济圈人口规模最大，胶东经济圈城镇化率最高。从常住人口来看，2020年省会经济圈为3 706.42万人，占全省的36.5%，人口密度610.24人/km^2；胶东经济圈为3 243.55万人，占全省的31.95%，人口密度623.11人/km^2；鲁南经济圈为3 202.78万人，占全省的31.55%，人口密度708.89人/km^2，省会经济圈人口最多，胶东经济圈与鲁南经济圈大体相当。

从人口城乡分布来看，省会经济圈常住人口城镇化率为64.33%，与全省城镇化率平均水平（63.05%）基本持平，胶东经济圈为69.08%，高于全省城镇化率6.03个百分点，鲁南经济圈为55.72%，低于全省城镇化率7.33个百分点（见图5-8）。

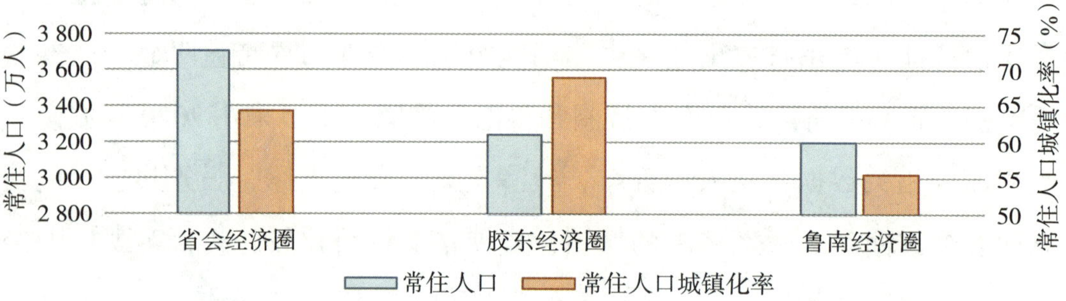

图5-8 省内三大经济圈人口规模与常住人口城镇化率

二、经济实力

鲁南经济圈经济总体水平与胶东、省会经济圈存在一定差距。从GDP总量来看，2020年胶东经济圈最高，为31 113.38亿元，占全省总量的42.56%，省会经济圈次之，为27 466.04亿元，占全省的37.58%，鲁南经济圈为14 515.92亿元，占全省的19.86%。从人均GDP来看，胶东经济圈为95 924元、省会经济圈为74 104元、鲁南经济圈为45 323元。三大经济圈均形成“三二一”的产业结构，但具体结构存在差异，省会经济圈三次产业结构为6.8∶40.5∶52.7、胶东经济圈为6.4∶38.1∶55.4、鲁南经济圈为10.2∶38.7∶51.1，胶东经济圈第三产业占比最高，鲁南经济圈第一产业占比相对较高（见图5-9）。

三、设施支撑

“三圈”基础设施承载能力增强。三大经济圈现代化综合交通体系进一步完善，基础设施提质扩容，重大基础设施建设加快，互联互通水平进一步提升，高质量发展支撑更加有力。省会经济圈以济南为中心的综合交通体系加快完善。济泰高速建成运营，济淄潍、济高等高速公路加快建设。济郑、济莱、黄台联络线等高速铁路加速推进。小清河复航工程进展顺利，东营港、滨州港、广利港改扩建提速。济南遥墙国际机场北指廊建成投用，东营胜利机场改扩建加快实施。胶东经济圈着力建设“四网融合”的轨道交通网，打造轨道上的胶东半岛。拥有 300 多条全球航线、69 条海铁联运集装箱班列。建成胶东国际机场，高速公路通车里程 2 500 多 km，铁路运营里程 2 500 多 km，初步形成高速铁路“半岛环”。新能源和可再生能源发电装机量达到 1 865 万 kW。黄水东调、引黄济青改扩建等工程相继建成。鲁南经济圈京沪高铁辅助通道潍坊至临沂段前期工作加快推进，鲁南高铁菏泽至曲阜段开通运营、菏泽至兰考段建设工作稳步推进，京沪高速莱芜至临沂段改扩建工程和岚罗高速、新台高速、董梁高速济宁段建成通车，临沂启阳机场航站楼改扩建工程、济宁机场迁建工程开工建设，菏泽牡丹机场投入使用，枣庄机场前期工作进展顺利。

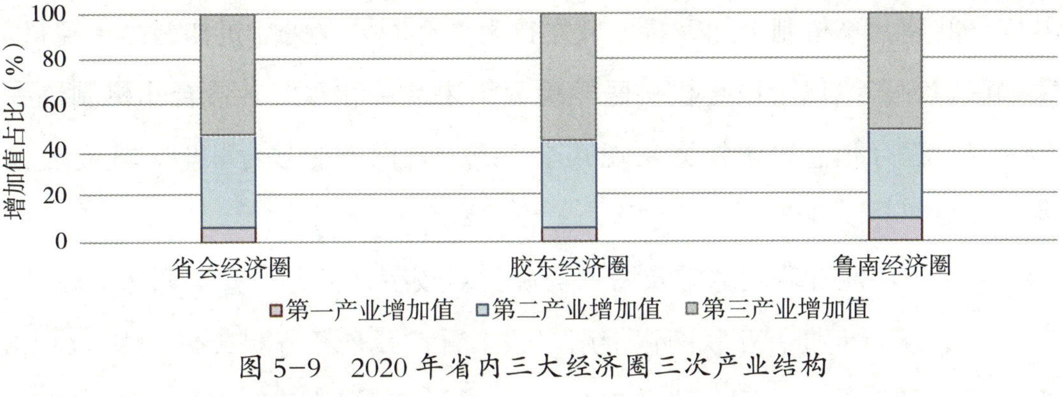

图 5-9　2020 年省内三大经济圈三次产业结构

胶东、省会经济圈综合交通体系更完善。青岛和济南两个综合交通枢纽具有较强的交通辐射带动作用。胶东、省会经济圈综合交通体系更为完善，城际联通更为紧密，日铁路客运班次、民航吞吐旅客数量规模较大，同时胶东临海，拥有青岛港、日照港、烟台港等货物吞吐量全国前十的港口，海运交通优势明显。鲁南经济圈设施支撑能力相对落后，高速公路里程 1 924km，分别比省会和胶东经济圈低 1 066km 和 635km，交通网络密度低于省会和胶东经济圈。

四、服务共享

“三圈”公共服务一体化水平全面提升。三大经济圈内城市间教育、医疗、文体、社会保障等基本公共服务衔接有效进展，共建共享加速推进。省会经济圈新型智慧城市试点加快建设，互联互通公交卡正式发行，济南至齐河、茌平、高唐、禹城、邹平、肥城等城际公交先后开通；公积金实现异地接续转移、信息核查共享、异地缴存互认；企业开办实现“全域通办”；普通门诊异地联网直接结算试点启动；人力资源、药品采购、法治协作、商事登记等一批利民惠企行业联盟组建成立，人民群众获得感明显增强。胶东经济圈成立教育、医疗、信用等 30 多个联盟，签署 40 多项合作协议，在全省首创政务服务“区域通办”新模式，网上户口迁移、住房公积金互认互贷、住院异地就医联网结算等事项已全部实现。鲁南经济圈公共服务共建共享机制更加完善，成立鲁南经济圈公立医疗机构药品（耗材）采购联盟，二级以上医疗机构医学检验结果互认和双向转诊合作机制进一步完善，医疗信息电子档案实现共享，成立鲁南职业教育联盟，建立公检法协作联席会议制度。

鲁南经济圈互联网宽带及图书资源相对较少，义务教育资源相对较多。2020 年，从万人拥有互联网宽带用户数来看，胶东经济圈最高，为 3 691.8 户，其次是省会经济圈，为 3 561.2 户，鲁南经济圈相差较大，为 2 898.2 户。从万人拥有卫生机构床位数来看，三大经济圈基本持平（胶东经济圈为 64.47 张、省会经济圈为 63.18 张、鲁南经济圈为 63.61 张）。从万人拥有公共图书馆藏书量来看，胶东、省会、鲁南三大经济圈分别为 8 715、5 795、3 350 册，文化资源具有一定的差异。从万人拥有义务教育学校数来看，鲁南经济圈最高，为 1.68 所，其次是省会经济圈，为 1.19 所，胶东经济圈最低，不足 1 所（见表 5–7）。

表 5–7　2020 年三大经济圈公共服务水平一览表

经济圈	万人拥有互联网宽带用户数（户）	万人拥有卫生机构床位数（张）	万人拥有公共图书馆藏书量（册）	万人拥有义务教育学校数（所）
省会	3 561.2	63.18	5 795	1.19
胶东	3 691.8	64.47	8 715	0.94
鲁南	2 898.2	63.61	3 350	1.68

五、创新驱动

“三圈”创新活力较强。创新在引领新旧动能转换，助推经济高质量发展，提升城市竞争力方面具有重要作用。省会经济圈借助省会优势，积累了丰富的科创资源。拥有高校 90 所，占全省的 59.2%，集聚了山东高等技术研究院、国家先进印染技术创新中心、黄河三角洲现代农业技术创新中心等重大科创平台，培育“十强”产业“雁阵形”集群 27 个。山东产业技术研究院淄博、泰安、聊城、德州、滨州 5 市分院建成运营，协同创新能力不断提高。胶东经济圈拥有青岛海洋科学与技术试点国家实验室、烟台核电研发中心、潍柴内燃机可靠性重点实验室等 200 余家国家级科技创新平台。“蓝鲸 2 号”钻井平台、“蛟龙号”载人潜水器等大国重器世界领先。5 市高校院所、行业领军企业等 200 余家单位联合成立半岛科创联盟，已促成 300 余项产学研合作。鲁南经济圈建立一批重点产业创新平台，成立鲁南经济圈科创联盟，签订科技创新合作框架协议和联盟备忘录，启动建设鲁南经济圈科技协同创新中心。4 市大数据中心建设加速推进，签署鲁南经济圈政务数据共享协议，成立鲁南经济圈区块链联盟，全面启动“数字鲁南”建设。山东中药材产业园、鲁南大健康产业园、山东省生物医药产业创新创业共同体等创新平台建设加快。

鲁南经济圈在创新资源、创新投入、创新产出等方面与省会经济圈和胶东经济圈差距较为明显。2020 年，从 R&D 经费支出来看，省会经济圈最高，为 797.2 亿元，占全省比重为 44.76%，其次是胶东经济圈，为 756.4 亿元，占全省比重为 42.47%，鲁南经济圈相对较低，为 227.4 亿元，占全省比重为 12.77%。从 R&D 经费支出占 GDP 比重来看，省会、胶东、鲁南经济圈分别为 2.90%、2.43%、1.57%。全省国内专利申请授权总量中，胶东经济圈占比为 46.03%、省会经济圈占比为 37.09%、鲁南经济圈占比为 16.88%。胶东、省会、鲁南经济圈万人拥有国内专利申请授权量分别为 33.88 件、23.89 件、12.59 件（见图 5–10）。

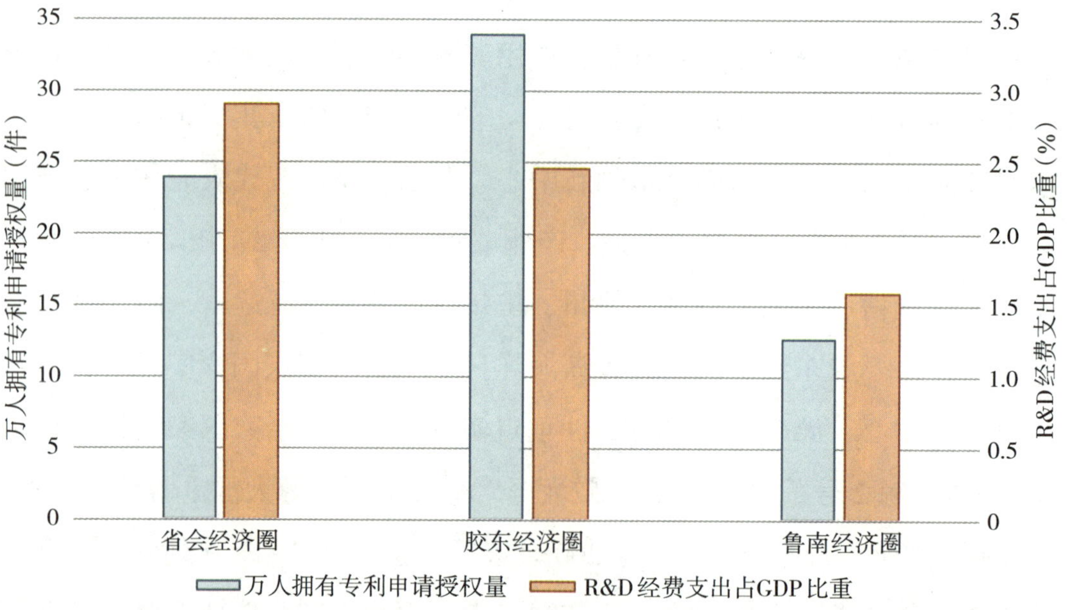

图 5–10　2020 年三大经济圈 R&D 经费投入与国内授权专利情况

专题研究报告

第六章 新型城镇化发展“四化”研究

推动实现更高水平、更高质量、更有温度的城镇化，必须深刻理解新时代、新要求、新使命赋予城镇化建设的新内涵。“十四五”期间，山东省坚决贯彻落实党中央的重要指示，紧紧围绕“走在前列、全面开创”总目标，坚持“六个一”的发展思路和“六个更加注重”的策略方法，抓好“十二个着力”工作重点，以推动城镇化高质量发展为主题，以转变城市发展方式为主线，坚持数字赋能高质量发展，构建全国领先、特色鲜明的山东半岛智慧城市群；坚持绿水青山就是金山银山理念，构筑安全高效、舒适宜居、山清水秀的生产生活生态空间；坚持基本公共服务均等化，开创劳有所得、幼有所育、学有所教、病有所医、老有所养、住有所居、弱有所扶的新局面；坚持城乡一盘棋理念，深化工农互促、城乡互补、协调发展、共同繁荣的新型城乡关系。积极探索具有山东特色的城镇化发展新路径，打造以创新驱动的智慧化、生态优先的绿色化、以人为本的均衡化、城乡深度融合的双向化为特征的发展新格局。

第一节 新型城镇化发展智慧化研究

近年来，山东省委、省政府高度重视新型智慧城市建设工作，将新型智慧城市建设作为数字山东建设任务落地的重要抓手，着力擦亮“善感知、会思考、有温度”的山东新型智慧城市建设品牌。城市服务质量、治理水平和运行效率得到较大的提升，人民群众的获得感、幸福感、安全感不断增强。

一、取得的成效

（一）标准先行，一体推进

围绕“优政、惠民、兴业、强基”，分级分类制定《新型智慧城市建设指标》，成为全国首套省级地方标准，为市县提供了标准遵循。2020 年 10 月，省政府印发《关于加快推进新型智慧城市建设的指导意见》，明确了全省新型智慧城市建设的总体架构和技术架构，提出了 18 项重点任务和整体发展目标。省级统筹推进新型智慧城市建设总体设计、标准制定、考核评价、示范推广等工作，各市、县政府结合实际分级分类开展工作，加快构建以人为本、需求引领、数据驱动、特色发展的新型智慧城市建设体系。

（二）示范引领，千城千面

山东省于 2019 年 10 月开展新型智慧城市建设试点工作，各试点按照省统一部署，结合本地实际，开展“一市一品牌，一县一特色”创建工作，力争构建“千城千面”的新型智慧城市建设格局。省级通过现场会、培训会、案例发布等方式，及时总结推广各地亮点经验，形成了“以点带面、由点及面”的示范引领效应。“全省通办”事项 418 项，政务服务事项压减材料 43%，压减时限 40%；建成智慧校园 4 900 多个、智慧景区 263 个；培育省级工业互联网平台 115 个，带动上云用云企业 26.9 万家；创建智慧农业应用基地 232 个，网络零售店铺 171.2 万家；建成 5G 基站 7.3 万个，智慧停车场 2.3 万个，智慧杆柱 13.8 万个，智能充电桩 6.6 万个。

（三）应用牵引，数字惠民

组织开展了新型智慧城市建设“问需于民”活动，针对群众需求，研究推出务实管用的解决方案。聚焦群众需求，各地积极打造应用场景，在出生、教育、就医、婚育一件事联办和精准救助等便民惠民方面，企业用工一件事联办、惠企政策“免申即享”等利企服务方面，初步形成了一批务实管用、群众认可的智慧应用场景。如济南、潍坊、日照等市推动实现入学信息“精准送”、证明材料“线上交”、入学报名“掌上办”；德州、济宁等市打造了一批无感支付、反向寻车、先离场后付费等智慧停车应用；新泰、广饶、荣成等县（市）加快推动电子健康档案、电子病历共享，检查检验结果互认等。

二、存在的问题

（一）城市协调联动不足

各地结合新型智慧城市建设，在公共管理和服务智慧化方面做了很多工作，但治理联动不足的问题仍普遍存在。一是当前国家数据、部门数据、行业数据、社会数据等融合不足，导致部门间协同治理能力还有待提升。二是当前机制不健全、技术标准和路径不统一、管理边界不明确等，使线上与线下管理存在“衔接缝隙”。

（二）城乡发展和区域发展不均衡较为明显

目前各地优先推进城市主城区的智慧化，一定程度缓解了城市交通、教育、就业、医疗等公共服务质量不高的问题，但数字乡村建设滞后。部分农村区域广阔、地形复杂、交通不便，信息化建设存在不少“盲点”和“盲区”，农村公共服务供给存在缺口大、碎片化和稳定性差等一系列“短板”。

（三）新型智慧城市共建格局尚未形成

新型智慧城市建设是一项政府引导、全民参与、政企合作、多方共建的系统工程。目前，在发挥市场配置作用、鼓励社会多元参与、建立可持续发展机制等方面还有较大短板，仍然缺少有效的市场化运营模式，社会资本参与不足，财政投入压力大。

三、对策建议

（一）筑牢城镇智慧化数字底座

加快建设新型通信基础设施。实施5G和双千兆网络工程，加快发展第五代超高速光纤网络，实现千兆入户、万兆入园，打造一批“全光网”城市。开展新型数据中心建设行动，推动数据中心“提质增量”，打造存算一体数据中心体系。加快布局边缘计算资源池节点，规模部署 MEC（移动边缘计算），形成云计算与边缘计算协同发展态势。加快物联网终端部署，全面形成固移融合、宽窄结合的物联接入能力。推进交通、水利、能源、市政等领域基础设施数字化转型。加快建设基于 5G 的智慧公路、智慧港口、智能高铁和智慧机场，构建多式联运智能综合运输体系，提升交通运行智能协同水平。完善部署雨量、水位、水质、水利工程安全等智能监测设施，提升对河湖水系、地下水、水利工程等涉水信息的实时监测和智能感知能力。推广“多表合一”，实现电、气、热等多种能源消费信息的集中自动采集和跨行业数据共享。推进城市公用设施智能化升级，提升城市供水、排水、燃气、热力、电力、通信、轨道交通等设施设备动态感知和智慧化管理能力。

（二）优化城镇智慧服务供给质量

推动大数据、云计算、人工智能等技术在教育、医疗、就业、文化、体育、养老等领域的创新应用，建设全生命周期的数字化惠民服务体系。优化升级省市一体化在线政务服务平台，提升跨层级、跨部门业务运行支撑能力。实施教育信息化 2.0 行动计划，构建全省一体的“互联网 + 教育”体系。推进智慧医院建设，优化全省统一的“互联网 + 医疗健康”便民服务和全民健康信息平台。推进就业和人才服务领域高频服务事项“全省通办”，提升就业管理和就业服务信息化水平。探索以社会保障卡为载体建立居民服务“一卡通”，全面推进跨部门跨地区应用。培育智慧健康养老产业，支持智慧养老机构建设，为老人提供智慧化、个性化、多样化、便利化的养老服务。实施“好客山东·云游齐鲁”智慧文旅工程，提升打造“山东公共文化云”平台。

（三）加强城镇智慧治理能力建设

充分发挥大数据在社会态势感知、综合分析、预警预测等方面的重要作用，加快建设社会治安全息感知体系、一体化应急通信体系、智慧环境监测监控、金融风险防控监测大数据平台、“互联网 +”基层治理智能应用体系等，推动城市治理模式由分散向整体转变，全面提升城镇智慧治理、预警和应急处置能力，形成“用数据说话、用数据决策、用数据管理、用数据创新”的现代化治理模式。开展数字机关建设，构建综合集成、高效协同、闭环管理的内部运行机制，形成各级党政职能部门核心业务全覆盖、横向纵向全贯通的全方位数字化工作体系，全面提升城市智慧化治理水平。

（四）提升城乡智慧化协同发展水平

实施“城市大脑”行动，推动市级“城市大脑”与省一体化大数据平台和综合指挥平台互联互通，构建感知设施统筹、数据统管、平台统一、系统集成和应用多样的“城市大脑”体系。推动山东半岛新型智慧城市群协同发展，围绕省会、胶东、鲁南三大经济圈，形成“1+3+N”的协同发展格局，支持各市打造智慧城市建设跨区域应用场景。全面补齐数字乡村建设短板。推动新一代信息技术在农村经济、政治、文化、社会、生态各领域广泛深入应用，全面推进农业农村现代化。同时，实施智慧社区（村居）突破行动，推动新基建和智慧应用在社区（村居）落地，支持建设智能停车、智能快递柜、智能充电设施、智能健身、智能灯杆、智能垃圾箱等公共配套设施，打造便民惠民智慧服务圈，全面提升社区（村居）智能化服务水平。

（五）塑强城镇智慧化发展的产业支撑

推进数字产业高端布局，着力壮大先进计算、智能终端、超高清视频、网络安全产业等特色领航产业集群，发展集成电路、基础电子元器件、基础软件和工业软件等关键基础产业，推动云计算、大数据、人工智能、区块链、量子信息、卫星产业等新兴产业加快发展。加快数字技术赋能新制造、推进工业互联网发展、构建工业大数据生态体系，加快工业数字化转型；加快发展特色高效数字农业、推进机械化信息化融合、强化农产品数字化管理，推动农业数字化转型；壮大数字生产性服务业、发展数字生活性服务业、积极培育新业态新模式，促进服务业数字化升级。

第二节　新型城镇化发展绿色化研究

山东省牢固树立绿水青山就是金山银山理念，将生态文明理念融入经济社会发展的各个方面，新型城镇化发展的绿色底色和成色更加浓厚，人民群众普遍感到天更蓝了、水更清了、山更绿了，形成了生态环境保护与经济社会协调发展的良好局面。

一、取得的成效

（一）绿色建筑与建筑节能水平全面提升

“十三五”以来，全省新增绿色建筑面积 4.43 亿 m^2，累计创建 5 批、23 个省级绿色生态示范城区，国内率先创建 4 批、67 个省级绿色生态示范城镇。累计建成节能建筑面积 6.49 亿 m^2，创建省级被动式超低能耗建筑示范项目 59 个、建筑面积 112.3 万 m^2。完成既有居住建筑节能改造面积 8 237 万 m^2、公共建筑节能改造面积 2 406 万 m^2。新增太阳能光热一体化应用建筑面积 2.92 亿 m^2。

（二）绿色交通运输体系初步构建

强化示范引导，打造了临沂蒙阴天然气货车大规模推广应用、青岛港绿色港口、济南至东营绿色高速公路、潍坊公共自行车等一大批亮点项目。

坚持公交优先，截至2020年底，全省公交专用道里程1 443km，6市入选交通运输部公交都市创建城市，济南、青岛被授予国家公交都市建设示范城市。加强常规公交、地铁与其他交通方式衔接，济南、青岛两市城市轨道交通运营线路共计10条，运营里程338.9km。深入开展绿色出行城市创建行动，全省12个城市加强绿色出行宣传引导，大力倡导公交、自行车、步行等绿色出行方式，营造绿色出行良好氛围。

（三）城镇基础设施持续升级

“十三五”期间，全省累计改造完成雨污合流管网5 612km，海绵城市建设累计建成面积1 757.60km^2，共建成城市生活污水处理厂328座，达到准Ⅳ类水排放标准的城镇污水处理厂接近1/5，共利用城市生活污水处理厂再生水23.69亿t，利用率达到45.80%，市、县两级建成区270条黑臭水体得以消除。

（四）垃圾分类工作稳步推进

全省垃圾分类示范试点街道（乡镇）649个、覆盖率35%，开展垃圾分类的社区（行政村）15 788个、居民966万户，济南、青岛、泰安3个重点城市基本建成生活垃圾分类系统。在用生活垃圾处理场（厂）104座、总设计处理能力8.32万t/d，建成城乡生活垃圾转运站3 979座、餐厨废弃物处理设施21座。各市均建成至少一处危险废物综合处置中心和一处医疗废物综合处置中心，实现处置能力与产生类别、数量基本匹配。威海市“无废城市”试点建设取得积极成效。

（五）城镇人居环境不断改善

2020年，大气、地表水、海洋环境质量均达到有监测记录以来最好水平。环境空气质量实现连续8年持续改善，全省优良天数比例达到69.1%。水环境质量实现连续18年持续改善，地表水国控断面优良水体比例达到73.5%，全面消除劣Ⅴ类。近岸海域水质优良面积比例达到91.5%。土壤和地下水环境质量总体稳定，辐射环境质量保持在天然本底水平。组织实施了保护城市“绿水青山”、建设城市“绿廊绿道”等五大城市增绿工程，全省省级园林城市（县城）实现全覆盖，国家级（生态）园林城市（县城）达到 61 个，达到省级园林城镇标准的城镇 37 个，建成各类城市绿道 4 000 余 km。

（六）绿色生活方式践行氛围愈加浓厚

全面推行绿色低碳的消费模式和生活方式，制止餐饮浪费行为，革除滥食野生动物等陋习。开展全省节约型机关创建，累计创建四批 204 家国家级、274 家省级、671 家市级节约型公共机构示范单位，遴选 12 家国家级、38 家省级公共机构能效领跑者。开展绿色创建行动，累计创建省级绿色学校 965 所、绿色社区 561 家、环境教育基地 119 个、绿色家庭 100 个，评选齐鲁环保小卫士 1 837 名。

二、存在的问题

（一）绿色节能建筑数量和质量有待提升

绿色建筑总量规模偏少，发展不平衡。既有建筑绿色节能改造存量多、难度大。可再生能源在建筑领域应用形式单一，与建筑一体化程度不高。绿色节能建筑材料质量不高，对工程的支撑保障能力不强。财政资金主要依靠行政力量约束及投入来推动，市场配置资源的机制尚不完善。

（二）绿色交通体系有待完善

新能源车辆受政策扶持依赖、车辆价格高、续航里程短、充电设施少等因素制约，推广应用难度大。公共交通补贴不及时、不到位，没有形成科学合理的运营补贴机制，发展得不到保障。

（三）城镇生活污水处理短板有待补齐

城区雨污合流管网改造经费不足，老城区雨污合流改造难度大，尚有 3 434km 管网雨污合流。城区再生水管网不配套，再生水使用统筹不足，市场化运营机制不健全，污水处理厂提标改造运行费用增幅较大。

（四）垃圾分类和危废处置有待优化

生活垃圾分类区域工作进展不均衡，居民源头分类参与度不强，分类设施建设存在短板，生活垃圾分类效果还不够明显。全省危险废物产量大、种类多、分布广，年产生量超过 900 万 t，约占全国的 1/10，区域利用处置能力需进一步优化调整，利用处置单位行业水平需进一步提升。

（五）城镇环境质量有待再升级

2020 年，全省 16 市中仍有 13 个市未全面达到国家环境空气质量二级标准，空气质量优良天数比例低于全国平均水平，复合污染问题日益凸显。83 个“十三五”国控地表水考核断面优良水体比例比全国平均水平低近 10 个百分点，“十四五”新增的 70 个国家考核断面中优良水体比例仅为 51.8%，与国家考核要求差距较大。土壤、地下水、农业农村环境治理工作仍存在短板。

三、对策建议

（一）高质量推进城市更新

推动城镇开发边界内的老旧厂区、老旧街区改造更新。摸清 2005 年以前建成的老旧小区底数，分年度制定各地改造计划，“一区一策”编制改造设计方案，统筹预算内投资和政府专项债券资金。将老旧小区打造成活力街区，布局窄马路密路网，打通毛细血管，注入商业功能，让小区活起来。注重服务配套和基础设施完善，加快旧住房更新改造和多层住房加装电梯，推进各类附属绿地开放以及口袋公园、林荫建设提升。

（二）推进建造方式绿色转型

积极推广绿色建造，将绿色发展理念融入工程策划、设计、生产、运输、施工、交付等建造全过程，开展绿色建造示范工程创建，制定绿色建造评价体系和技术导则。统筹推进绿色建筑高质量发展，实施绿色建筑统一标识制度，全面执行绿色建筑标准，加快推动既有建筑绿色化改造。大力提升建筑能效水平，加大超低能耗建筑等技术的开发推广，推进清洁能源应用，建设核能“零碳”供暖城市。

（三）推动交通运输体系绿色节能发展

优化交通运输结构，构建大宗货物和集装箱中长距离运输以铁路和水路运输为主的格局，鼓励大型城市构建“外集内配、绿色联运”的公铁联运城市配送新体系。构建山东半岛城市群内以轨道交通为骨干的绿色出行体系，完善城市群内轨道交通网络，推动城际铁路公交化运营，促进干线铁路、城际铁路、市域（郊）铁路和城市轨道交通融合发展。提升城市绿色出行服务水平，全面推进“公交+”优先发展战略，构建多样化公共交通服务体系，加快推进新能源和清洁能源运输装备的推广应用。

（四）完善城镇污水处理设施建设

以雨污合流“清零”为目标，实行“以奖代补”，扎实开展雨污分流改造工程建设。以县（市、区）为单位，整建制实施老城区雨污分流工程，新建城区全部实现雨污分流，确保城区污水全面收集、雨水高效利用排放。推进城镇污水处理厂服务范围向农村延伸，35%以上的城市污水处理厂完成提标改造。

（五）建设韧性城市

健全城市运行安全评估机制，开展城市供排水、供气、通信和电力系统等安全大排查，全面掌握隐患风险点并动态整改清零。完善极端天气等突发事件预警信息发布系统，实施桥隧、地铁、人防工程、地下停车场等重点场所安全能力提升工程，对城市易涝积水区段实施智能监控、精准预警、快速排险。提升城市系统免疫能力，提升城市建筑和基础设施应对自然灾害的设防标准，健全公共卫生重大风险研判、评估、决策、防控协同机制，健全专业化、职业化的救灾救援体系和应急救助体系。

(六)抓好垃圾分类与危废处置

建立全链条垃圾分类处理系统,推动出台全省生活垃圾管理条例,各市进一步健全完善垃圾分类法规标准体系,提高垃圾分类强制性。推进危废处理能力优化提升,支持危险废物专业收集转运和利用处置单位建设区域性收集网点和贮存设施,开展小微企业、科研机构、学校等产生的危险废物有偿收集转运服务,完善城镇危险废物集中收集贮存转运体系。

(七)推动城镇生态环境持续改善

深入打好蓝天保卫战,持续加大结构调整力度,推动城市建成区重污染企业搬迁改造或关闭退出,逐步淘汰或升级更新高污染的老旧非道路移动机械。全面加强扬尘精细化管控,严格落实各类施工工地扬尘污染防治措施。加快打造城市美丽河湖,建立"排污单位—排污通道—排污口—受纳水体"的全链条水污染物排放治理路径,开展入河排污口溯源分析和整治。推动构建城镇绿色发展空间,坚持山水林田湖草生命共同体理念,强化"三区三线"空间管控和用途管制,优化国土空间开发保护格局,统筹开展国土空间生态修复和综合整治重点工程,提升生态系统连通性和完整性。

(八)推进能源绿色化

统筹能源生产和消费,深化低碳发展模式,构建"稳定高效、清洁低碳、可持续"的现代能源体系,率先实现"碳达峰",助力"碳中和"。提升清洁能源使用比例。提高非化石能源比重,推动化石能源高效清洁利用;增加太阳能、风能、海洋能等可再生能源利用,推进氢能等新型能源应用。实施重大节能低碳技术产业化工程,积极推行合同能源管理和环境污染第三方治理,鼓励建设电、热、冷、气等多种能源协同共济的综合能源项目。

(九)推动生活方式绿色化

推进全民绿色生活绿色消费,组织开展各类环保实践活动,全面推行绿色低碳的消费模式和生活方式,坚决制止餐饮浪费行为,坚决革除滥食野生动物等陋习。开展绿色生活创建活动，深入推进节水型城市、县域节水型社会建设，积极开展绿色家庭、绿色学校、绿色社区、绿色出行等行动。

第三节　新型城镇化发展均衡化研究

近年来，山东省深入贯彻落实协调发展理念，积极推动“均衡化”的新型城镇化，推动城乡、区域、经济与社会和谐发展，在大中小城市协调发展布局、城乡要素配置合理化、城乡产业发展融合化、城乡公共服务均等化、城乡基础设施联通化以及城乡居民收入均衡化等方面取得显著成效。

一、取得的成效

（一）城镇体系更加协调

积极建设济南、青岛双核心城市，聚力打造省会经济圈、胶东经济圈、鲁南经济圈，着力构建“一群两心三圈”的发展格局。目前山东半岛城市圈已初具规模，内部一体化程度持续提高，外部影响力继续扩大，已成为东部沿海地区重要的城市群之一，“一带一路”参与度指数位居全国第 2。以城市群为主体形态，有重点地发展小城镇，形成了 2 个特大城市、10 个大城市、8 个中等城市、74 个小城市、1 071 个建制镇协调发展的城镇格局。积极开展特色村镇建设，命名保护了四批共 49 个山东省历史文化名镇、70 个山东省历史文化名村。

（二）城乡融合发展进展顺利

出台了《关于加快推进农业转移人口市民化的实施意见》等“1+N”政策体系，打出了一套推进农业转移人口市民化的“组合拳”，统筹推进外来务工人员、城中村城边村原有居民、农村地区就地转移就业人口“三个市民化”。出台《贯彻〈中共中央 国务院关于建立健全城乡融合发展体制机制和政策体系的意见〉加快推进城乡融合发展的实施意见》，积极推进国家城乡融合发展试验区济青局部片区、省级城乡融合发展试验区各项试验任务落实落地，探索不同地区城乡融合发展的差异化发展路径。

（三）基础设施一体化不断提升

推进交通基础设施建设，2020 年高铁通车里程 2 110km，省内高铁成环运行；高速公路通车里程 7 300km，实现县县通高速；现代化港口群、机场群向一流水平迈进。推进能源基础设施建设，电力、油气主干网不断完善，2020 年新能源和可再生能源发电装机达到 4 100 万 kW 以上。推进市政公用设施建设，实现 16 市城区 5G 网络全覆盖，136 个县（市、区）主城区连续覆盖；建成污水处理厂 301 座，处理能力 1 729.3 万 m^3/d，集中处理率 98.04%；燃气普及率 98.97%；供水普及率 99.68%。

（四）公共服务均等化有序推进

“十三五”期间，积极引导社会力量建设普惠性幼儿园，累计新建改扩建中小学校 4 064 余所，新增中小学学位 354 万个。推进 47 个国家级紧密型县域医共体试点建设，基本实现县级以上医院、乡镇卫生院及社区卫生服务中心全覆盖，人均基本公共卫生服务项目补助标准提高到 74 元，开通跨省联网定点医疗机构 2 000 余家，保障“病有所医”。推进医养结合示范省创建，建成示范性社区养老服务中心 330 多处、养老机构和社区日间照料中心 5 000 多处、农村幸福院 1 万多处。扩大完善城镇住房保障家庭租赁补贴范围，政府投资公共租赁住房分配入住超过 20 万套，连续 3 年超额完成国家城镇住房保障家庭租赁补贴发放任务。

（五）共同富裕稳步前进

持续深化收入分配改革，聚力推动惠民政策落地落实，推动城乡居民收入实现较快增长。2020 年，居民人均可支配收入 32 886 元，比上年增长

4.1%，年均增速高于经济增长速度。人均消费支出 20 940 元，增长 2.5%。其中，城镇居民人均可支配收入 43 726 元，增长 3.3%，人均消费支出 27 291 元，增长 2.1%。农村居民人均可支配收入 18 753 元，增长 5.5%，高于城镇居民人均可支配收入增速 2.2 个百分点，人均消费支出 12 660 元，增长 2.9%，高于城镇居民 0.8 个百分点。

二、存在的问题

（一）区域协调发展有待强化

济南、青岛两大副省级城市引领带动作用不够，济南、青岛都市圈与上海、北京、深圳等成熟型都市圈差距较大。区域协调发展新机制尚未建立，省会、胶东、鲁南三大经济圈发展同质化，差异发展、错位发展、特色发展有待谋划，协同联动、中小城市发展一体化建设有待落实。

（二）城乡要素平等交换的体制机制尚未建立

当前城镇化模式依然以城市为导向，资源要素长期向城市单向聚集，存在土地、资本和劳动力等多重城乡剪刀差。农村资源难以变现，城乡建设用地同地不同价，农村土地、宅基地等资源资产难以激活。推动乡村振兴的人、地、钱等要素投入机制不完善，工商资本、各类人才下乡的保障机制还不健全。城乡统一的产权流转交易平台尚未全面建立，缺少以城带乡、以工促农的制度通道，城乡要素流动还存在较多障碍。

（三）基础设施一体化存在短板

基础设施标准不高，分布不均，承载能力不强，管理精细化程度不高。城乡基础设施互联互通程度不高，多数城市道路、供水、燃气、电力、通信等基础设施在农村还未实现全覆盖，城镇基础设施向农村延伸的缺口仍较大。全省尚有 14.4% 的农村社区人口不能便利地乘坐公共汽车，2.4% 的农村社区家庭不能便利上幼儿园，1.8% 的农村社区主要道路没有路灯，城乡燃气普及率比率为 2.2∶1。

（四）基本公共服务均等化尚需提高

由于经济发展、区位条件、思想观念等方面的差异，不同区域之间、城乡社区之间的基本公共服务存在差距。各级各部门间的统筹协调能力有待进一步加强，各类服务资源向城乡社区下放不够精准。居民亟须的养老、托育、保健、娱乐、家政、保洁等社会化服务供给不足，社区服务的形式和内容不能充分满足居民需要。

（五）城乡收入差距有待缩小

2020 年，全省城乡居民人均可支配收入比 2.33∶1，优于全国 2.56∶1 的平均水平，但离发达国家 1.7∶1 的水平还有较大差距。全省农村居民的人均可支配收入不断提高，年增长率超过城镇居民，但是城乡居民的人均可支配收入的差距仍然在逐年增加，尤其是农村居民工资性收入和财产性收入偏低，与城镇居民的差距较大。

三、对策建议

（一）推动区域协调发展

提升核心城市和节点城市功能，完善“一群两心三圈”城镇化发展格局，创新济青联动发展机制，加快济淄、济泰、青潍、烟威等同城化，沿济青通道打造具有全国影响力的科创、制造、服务轴带，形成以济南、青岛为中心，分别覆盖 2 000 万人口的“1 小时交通圈”。加快推进新旧动能转换综合试验区建设，发挥济南、青岛、烟台新旧动能转换综合试验区三大核心城市作用，加快构建形成“三核引领、多点突破、融合互动”的新旧动能转换总体布局，积极培育新兴产业，促进传统产业提档升级，逐步拓展区域带动范围，推动新旧动能转换综合试验区迈向更高发展水平。创新实施中国（山东）自由贸易试验区建设，依托山东自贸试验区建设，更好服务对外开放总体战略布局，以高标准高质量的发展要求，加快形成国际合作和竞争新优势。

（二）加快以县城为重要载体的城镇化建设

出台县城补短板强弱项导则和城镇化地区基础设施向农村延伸导则，每年实施200个以上重点项目。深化10个国家县城新型城镇化建设示范。支持在县城周边和重点镇等人口集聚地区建设小微企业创业创新基地、科技孵化园区、标准厂房等，降低企业开办运营成本。利用国家商业银行对县城补短板强弱项信贷的窗口期，强化措施，加大信贷支持力度。

（三）推进产业发展融合化

提升城市产业集聚功能，深耕细作“十强”产业，落实主要产业图谱，分产业链制定龙头企业、配套企业、核心技术清单，引导开发区聚焦主业做大做强。坚持农业产业集群集聚发展，围绕粮油、蔬菜、畜禽、水产、水果等特色产业，培育一批产业链条完整、带动作用明显、品牌效应显著、利益联结紧密的全产业重点链。创新推动城乡产业跨界协同共振，搭建城乡产业协同发展平台，率先打造城乡产业协同发展先行区。重点优化提升特色小镇、特色小城镇、美丽乡村和各类农业园区，创建一批城乡融合发展典型项目，实现城乡生产要素的跨界流动和高效配置。

（四）增强就业创业服务能力

实施“创业齐鲁·乐业山东”行动，全省吸引高校毕业生留鲁来鲁就业50万人以上。推进农村劳动力定向定岗培训、跨区域精准对接，吸引5万返乡入乡人员创新创业，带动50万农民就地就近就业。常态化举办“就选山东”就业服务活动，强化创业担保贷款担保基金作用，每年扶持2万名以上大学生创业。拓展小微企业名录（山东）功能，加强对新产业新业态包容审慎监管。

（五）促进公共服务均等化

以实现实质性公平为导向，适应人口结构，社会需求等新变化，优先安排农村公共服务。促进城乡教育优质均衡，优化城乡义务教育学校布局，基本实现教师编制、学位供给与学龄人口均衡配置；实施第四期学前教育行动计划，持续扩增普惠性学前教育资源；推广城乡集团化办学等模式，加大城乡教师交流力度。优化医疗卫生资源配置，建设综合、专科类别国家区域医疗中心，大力实行医联体医共体，发展远程诊疗和网上诊疗，实行村医县聘镇聘，提高村里的执业（助力）医师比重；健全常态化疫情防控和应急处置转换机制，补齐二级以上综合医院发热门诊、感染性疾病科建设等短板。扩大养老育幼服务供给，健全养老服务设施网络，实现街道综合养老服务中心全覆盖，社区养老服务设施配建达标率 100%，每个县（市）至少建成 1 处以失能特困老年人专业照护为主的敬老院，全省养老机构护理型床位占比达到 55% 左右。加快发展保障性租赁住房，统筹实物保障和租赁补贴方式，合理扩大保障性租赁住房供给，有效解决新市民、青年人等群体住房困难问题；推进符合条件的人才住房建设项目纳入省级重点项目，探索发展面向高层次人才的共有产权住房；支持济南、青岛深化住房租赁市场建设试点。

（六）推进基础设施联通化

建立城乡基础设施一体化规划机制，以县或市作为整体，统筹规划城乡道路、供水、供电、供热、供气、信息基础设施、广播电视、防洪、垃圾污水等基础设施的建设。统筹规划重要的市政公用设施，推动向城市郊区的乡村和规模比较大的中心镇延伸。统筹规划城乡污染物收运处理体系，严防城市的污染上山下乡。实施农村清洁取暖工程，加大生态保护与修复力度。健全城乡基础设施一体化建设机制，明确乡村基础设施的公共产品定位，健全分级分类投入机制，鼓励有条件的地方政府将城乡基础设施项目整体打包，实行一体化开发建设。建立城乡基础设施一体化管护机制，运用市场化手段运营和养护基础设施，合理确定城乡基础设施统一管护运行模式，探索公益性设施管护纳入一般公共财政预算管理模式，鼓励政府以购买服务的方式引入专业化的企业，提高管护的市场化程度。

（七）促进城乡居民共同富裕

建立健全农民持续稳定增收的长效机制，广泛开展新生代农民工培训，完善促进农民工资性收入增长环境。筑牢现代乡村产业体系，促进家庭经营性收入稳定增长。深化农村改革，激活农村资源，不断拓宽增加农民财产性收入渠道。完善转移性收入注重公平分配的保障机制，完善农业支持保护体系和乡村振兴政策。激活城乡消费市场潜力，强化商业“圈、街、店、节、网”功能，配套完善消费设施，建设济南、青岛国际消费中心城市；完善县、乡、村电子商务体系和快递物流配送体系，建设农村客货邮融合发展样板县。增强社会保障综合能力，完善工资支付相关政策措施，保障职工特别是农民工工资支付。实施全民参保计划，各地不得以户籍作为灵活就业人员参保限制，出台维护新就业形态劳动者权益保障政策，逐步提高居民医保政府补助标准，落实城乡低保和特困人员救助标准动态调整机制。

（八）建设人文魅力城市

倡导开放包容的城市文化，推动建设福利平等、机会公平、全龄友好的包容性城市。注重城市历史文化保护与城市风貌塑造，强化与公共开放空间的有机融合，充分展现不同城市独特的历史文脉与精神个性。开展城市品牌建设行动，创建全国文明典范城市。编制完成历史文化名城、街区保护规划。推动“泉·城文化景观”、青岛老城区申报世界文化遗产。提升博物馆、文化馆、图书馆、美术馆、科技馆等公共文化设施建设水平、覆盖面和利用效率。

第四节 新型城镇化发展双向化研究

近年来，山东省深入贯彻落实城乡互促发展理念，积极推动双向化的新型城镇化，立足实际，积极作为，狠抓落实，在推动农业转移人口市民化、人才返乡创业就业渠道搭建、推进集体经营性建设用地入市、深化涉农资金统筹整合等方面取得良好成效。

一、取得的成效

（一）农业转移人口市民化步伐明显加快

2016年，山东省在全国率先作出统筹推进“三个市民化”工作部署，着力破除制约农业转移人口市民化的体制机制障碍，农业转移人口市民化进程明显加快。围绕落实《关于加快推进农业转移人口市民化的实施意见》，配套出台了《实施支持农业转移人口市民化若干财政政策的意见》《进一步推动非户籍人口在城镇落户的通知》《山东省养老服务条例》《关于进一步规范城乡最低生活保障标准制定和调整工作的指导意见》等文件，形成了“1+N”政策体系，打出了一套推进农业转移人口市民化的“组合拳”。“十三五”期间每年实现人口市民化约120万人。

（二）人才返乡创业就业渠道搭建顺畅

山东省全面放开落户限制，允许入乡返乡创业就业的高校学生、退伍军人在原籍或就业地落户，允许拥有农村宅基地使用权的原进城落户农村人口回原籍落户。2019年，山东省确定实施“就业创业能力提升3项行动”，即山东省高校大学生就业创业培训行动、山东省农民工职业技能提升行动、山东省企业职工岗前培训行动，加快提升全省劳动者职业技能水平，提高各类重点群体就业创业能力。2020年10月，省农业农村厅、省人力资源和社会保障厅联合印发了《关于做好返乡留乡农民工就地就近就业工作的通知》，提出了10条服务保障措施，进一步加大稳就业工作力度。

（三）土地资金等要素双向流动频繁增加

积极推进集体经营性建设用地入市工作，截至目前，各试验区已流转承包地647.79万亩，各类农村产权交易4 906笔，涉及金额33.21亿元；农村集体经营性建设用地已入市527宗，土地总面积9 703亩，交易额11.75亿元。土地出让收入用于农业农村比例提高，每年增加1个百分点。推动新增财力在级次间、地区间合理分配，深化涉农资金统筹整合。开展科技成果转化综合试点，确定技术转移先进县（市、区）24个。

二、存在的问题

（一）农业转移人口市民化质量不高

农业转移人口受教育程度普遍不高，缺乏必要的职业培训和创业支持，就业存在岗位有限、工资偏低、工作时间过长等问题。综合素质和价值观念有待进一步提升，交通规则、公共秩序、公共卫生等的遵守意识薄弱，现代公民义务和权利意识淡薄。社会保障等基本公共服务改革滞后，教育、医疗、养老、住房等公共服务的基本供给数量和质量不能完全满足农业转移人口需求。

（二）城乡分割的土地制度制约城镇化发展

农村宅基地、承包地的产权仍不够明确，农村土地流转缺乏科学经营流转机制，农村宅基地交易并不被政策法律允许，未有合法的宅基地市场等致使转移农民在市民化过程中对土地产生心理依赖，缺乏进城安户的经济保障。城乡建设用地市场分割，存在着“同地不同权”“同地不同价”现象，导致土地、资金单向地由农村流入城市，土地问题成为制约城乡要素双向流动的关键因素。

三、对策建议

（一）高质量推进市民化

持续深化户籍制度改革，全面取消落户限制，全面落实以居住证为载体提供城镇基本公共服务的政策，努力实现基本公共服务常住人口全覆盖。保障落户农民合法权益，不得以退出“三权”作为农民进城落户的条件。提升农业转移人口融入城镇能力，将农民工、退役军人、新型职业农民等重点群体纳入职业院校招生范围，提供更多信息技术和就业技能培训，建立规模裁员和失业风险预警机制。

（二）畅通入乡返乡渠道

有序放开新市民返乡落户，逐步放宽返乡通道，建立自由有序、愿返尽返、双向流动机制。激励人才入乡，建立城乡人才合作交流机制，探索通过岗编适度分离等多种方式，推进城市教科文卫体等工作人员定期服务乡村。强化创业担保贷款担保基金作用，每年至少扶持2万名以上大学生创业。优化乡村教师、医生中高级岗位结构比例，推动职称评定、工资待遇等向乡村教师、医生倾斜。

（三）建立健全城乡统一建设用地市场

畅通农村集体经营性建设用地直接入市渠道，探索宅基地、废弃的集体公益性建设用地转变为集体经营性建设用地入市的实现途径。完善集体建设用地增值收益分配机制，将更多收益用于农村基础设施建设、公共服务设施建设、社会保障等。深化农村集体产权制度改革，探索集体经济新的实现形式和运行机制，开展集体资产股份有偿退出、抵押担保等方面探索，完善集体资产股份权能。盘活未承包到户的集体“四荒”地、果园、养殖水面等资源，集中开发或通过公开招投标等方式发展现代农业项目。

（四）强化双向城镇化资金保障

完善“人钱挂钩”机制，推进省级财政转移支付与农业转移人口市民化挂钩，科学提高县级基本财力保障机制资金分配中常住人口计算比例，加大对吸纳农业转移人口较多且财政相对困难县（市、区）的支持力度。健全“三农”财政投入稳定增长机制，深入推进涉农资金统筹整合，稳步提高土地出让收入用于农业农村比例。拓展城镇化资金来源渠道，建立期限匹配、渠道多元、财务可持续的融资机制，推动各类金融工商社会资本参与乡村振兴。推动基础设施领域不动产投资信托基金（REITs）试点开展，推进地方融资平台公司市场化转型，打造一批竞争力强的新型城镇化运营商。

（五）引导小城镇特色化发展

发挥城市周边小城镇区位优势，立足于服务大城市经济，吸纳农村富余劳动力向非农产业转换。着力培育发展新生小城市，落实以产兴城，推进以城促产，强化以业聚人，扩大城镇就业。做大做强重点镇，重点发展基础条件好、发展潜力大的小城镇，加快实现由镇向城转变，发展成为县域副中心。引导小城镇特色发展，因地制宜确定特色产业和发展方向，建立相应配套服务体系，引导社会资本和当地居民参与，提升小城镇的吸引力和竞争力。

第七章 城乡融合发展研究

加快推进城乡融合发展，是促进乡村振兴和农业农村现代化的必然要求。党的十九大提出“建立健全城乡融合发展体制机制和政策体系，加快推进农业农村现代化”和“实施乡村振兴战略”的政策方针。党的十九届五中全会提出“全面实施乡村振兴战略，强化以工补农、以城带乡，推动形成工农互促、城乡互补、协调发展、共同繁荣的新型工农城乡关系，加快农业农村现代化”。

2020 年，山东省常住人口和户籍人口“双过亿”，常住人口城镇化率为 63.05%，16 市常住人口城镇化率均超 50%，新型城镇化建设稳步推进，农业发展基础雄厚。当前，山东省在城乡人口自由流动、农村集体产权制度改革、推进集体经营性建设用地入市、城乡基础设施及公共服务一体化、搭建城乡产业协同发展平台、城乡融合发展试验区建设等方面均取得了显著成效，但制约城乡融合发展的体制机制障碍尚未根本消除。

本章聚焦山东省城乡融合发展工作进展，分析城乡融合发展面临的问题挑战，提出科学推进城乡融合发展的对策建议，并列举山东省城乡融合发展典型经验案例，以求推动全省城镇化和城乡融合全面高质量发展，有效指导城乡融合发展试验区建设，充分释放引领示范带动效应，加快形成可复制、可推广的典型经验和体制机制改革措施。

第一节　城乡融合发展工作进展

一、城乡融合发展试验区建设加快推进

2019 年 12 月，国家发展改革委等十八部门联合印发《国家城乡融合发展试验区改革方案》，启动了国家城乡融合发展试验区创建工作，济青局部片区的 10 个区市被列入国家城乡融合发展试验区（见表 7–1），确定了建立进城落户农民依法自愿有偿转让退出农村权益制度、建立集体经营性建设用地入市制度、搭建城中村改造合作平台、搭建城乡产业协同发展平台、建立生态产品价值实现机制 5 项重点试验任务。2020 年上半年，省城镇化领导小组办公室牵头出台《山东济青局部片区城乡融合发展试验区创建方案》等政策文件，济南、青岛、淄博先后制定试验区实施方案，引领全省城乡融合发展。

2020 年 3 月，省住建厅、省发展改革委等 19 部门联合印发《山东省城乡融合发展试验区创建方案》，对推动“人、地、钱、技”等关键领域改革进行了全面部署，确定了省级城乡融合发展试验区的 11 项试验任务。8 月，省城镇化暨城乡融合发展工作领导小组办公室印发《关于公布首批省级城乡融合发展试验区名单的通知》，公布了首批省级城乡融合发展试验区 10 个片区和 5 个县（市、区）名单，范围覆盖全省 15 个设区市的 39 个县（市、区），创新建立“1+1+N”改革试验模式，即“1 项主要任务 +1 项共同任务 + 2 ～ 3 项配套任务”。印发《山东省省级城乡融合发展试验区实施方案编制办法》，指导各省级试验区实施方案编制工作。出台凸显山东特色的城乡融合发展评价标准和监测指标体系，建立动态监测评估机制，采用年度评价、奖惩并举、有进有退、动态监管的方式方法，督导和激励各试验区

在试验改革上突破创新。

表 7-1 山东省国家与省级城乡融合发展试验区名单一览表

试验区级别	试验区名称	入选县（市、区）
国家城乡融合发展试验区	济青局部片区	济南市：历城区、长清区、市中区、章丘区、济南高新技术产业开发区； 青岛市：即墨区、平度市、莱西市； 淄博市：淄川区、博山区
省级城乡融合发展试验区	济南市黄河北片区	济阳区、商河县、济南新旧动能转换先行区
	淄博市局部片区	高青县、桓台县、周村区
	枣庄市鲁南地区	滕州市、薛城区、市中区、高新区
	东营市局部片区	东营区、垦利区、利津县
	烟台市西部片区	福山区、蓬莱区、烟台经济技术开发区
	济宁市局部片区	邹城市、兖州区、金乡县
	日照市局部片区	东港区、莒县
	德州市京津冀协同发展片区	德城区、陵城区、禹城市、临邑县、平原县、武城县
	滨州市沿黄地区	邹平市、惠民县、滨城区、博兴县
	菏泽市局部片区	定陶区、郓城县、鄄城县
	潍坊市诸城市	—
	泰安市新泰市	—
	威海市文登区	—
	临沂市沂水县	—
	聊城市高唐县	—

全省 1 个国家城乡融合发展试验区和 15 个省级城乡融合发展试验区建设工作正加速推进，各试验区坚持以人为中心，以“搭机制、定目标、制方案、寻路径、重实效”为导向，以“制定一批有力政策举措、落地一批重点项目、推出一批典型做法”为目标，积极谋划、狠抓落实，不断探索突破，建立健全城乡融合发展体制机制，形成了诸多典型经验和发展举措，示范引领作用不断突显。

二、农业转移人口市民化成效显著

2014年以来，山东全面实施居住证制度，有序放开放宽城镇落户限制，全省农业转移人口落户城镇累计超700万人，累计发放居住证800多万张，居全国各省市区第4位。济南成为全国第三个全面放开落户限制的省会城市。市民化政策不断完善，出台《关于加快推进农业转移人口市民化的实施意见》，并围绕落实实施意见，配套出台一系列文件，形成了“1+N”政策体系。编制实施《山东省农业转移人口市民化发展规划》，实现市民化规划设区市和城镇化试点县全覆盖。实施农业转移人口数量与财政转移支付、城镇建设用地增加规模挂钩机制，累计下达市民化奖励资金76亿元，安排城镇化试点专项资金6.3亿元。

城镇基本公共服务覆盖常住人口取得积极进展，市民化政策逐项落实落细，加快推进常住人口享有与户籍人口同等的教育、就业、社保、医疗、住房等基本公共服务进程。在学有所教方面，从2016年起，统一城乡义务教育经费保障机制，实现“两免一补”资金和生均公用经费基准定额资金随学生流动可携带。在就业服务方面，实施“山东省就业创业能力提升3项行动”，创建“四型就业社区”[①]，加强社区就业创业服务，实现更高质量和更充分就业。在保障全覆盖方面，将稳定就业的农民工全部纳入基本养老保险、职工基本医疗保险、工伤保险、失业保险和生育保险覆盖范围。在病有所医方面，全省远程医学中心省内联网医院达到300余家，实现县级以上医院全覆盖，乡镇卫生院及社区卫生服务中心覆盖率100%，人均基本公共卫生服务补助标准提高到74元，开通跨省联网定点医疗机构2 000余家。在住有所居方面，出台《关于进一步推进城镇住房保障家庭租赁补贴工作的指导意见》，首次将城镇中等偏下收入住房困难群体、新就业无房

① 四型是指就业充分型、创业活跃型、平台智慧型、服务标准型。

职工和稳定就业外来务工人员纳入补贴范围。

三、城乡要素流动日趋顺畅

人才流动引导机制更加完善。印发《推进乡村人才振兴若干措施》，开展“万名专家服务三农”行动、高层次人才“上山下乡”行动，创新乡镇事业单位人才招聘方式，建立县域统筹的岗位管理使用制度。搭建平台载体，建立乡镇专业技术人才特殊评聘政策，落实乡镇工作人员待遇保障，为人才更好在乡村发挥技能、带强产业、带动致富铺路架桥。实施高校毕业生基层成长计划、乡土人才培育行动等人才培养计划，激励各类人才在农村广阔天地大施所能、大展才华、大显身手。省级乡村振兴专家服务基地达 84 家，注册备案 7 835 名科技特派员，3 329 人取得新型职业农民职称，3.1 万余名专技人才获得“定向评价、定向使用”的基层高级职称，6.2 万余名乡镇专业技术人员通过“直评”取得中高级职称。

“三农”财政投入稳定增长。深化涉农资金整合，2020 年省级安排乡村振兴战略资金 655 亿元，比上年增长 9.5%；纳入涉农资金统筹整合范围的乡村振兴重大专项资金 460 亿元，比上年增长 15%。加大金融支持力度，筛选第二批乡村振兴重大项目库入库项目 183 个、总投资 1 357.3 亿元，贷款签约率达 46%；支持蚂蚁金服开展县域数字化普惠金融项目，放款 555.4 亿元。

农村土地有序流转。深入推进农村土地制度改革，积极探索农村集体土地所有权、承包权、经营权“三权分置”有效实现形式，在基本完成农村土地确权登记颁证工作的基础上，建立健全了承包合同取得权利、登记记载权利、证书证明权利的农村土地承包经营权登记制度。加快土地经营权流转，支持农村党支部领办土地股份合作社，农村土地流转面积达到 3 890.4 万亩，占家庭承包经营耕地的 42.3%。

农村集体产权制度改革卓有成效。山东是全国首批农村集体产权制度改革整省试点，相继制定《关于稳步推进农村集体产权制度改革的实施意见》

和《山东省农村集体产权制度改革试点方案》，各市、县积极探索，积累了丰富的经验。沂水县、淄博市淄川区、昌乐县、诸城市、邹城市先后成功争创为全国先进典型，沂水县的创新做法入选中组部典型案例，为全国改革提供了借鉴。截至 2020 年 10 月底，山东已有 99.38% 的村（组）成立了新的集体经济组织并完成登记赋码，有 98.99% 的村（组）完成股权证书发放。

四、城乡公共服务一体化创新实践取得一定成效

通过改革攻坚，对城乡教育面临的问题各个击破，集中精力解决“乡村弱”和“城镇挤”的问题，推动城乡办学条件、经费保障、教师队伍、办学水平、特殊学生关爱服务的一体化，在全国率先实现了县域内城乡义务教育学校“四统一”，即统一学校建设标准、统一教师编制标准、统一生均公用经费基准定额、统一基本装备配置标准。基本消除了城乡义务教育二元结构壁垒，创新探索形成了城乡义务教育一体化发展的“山东样板”，《山东城乡义务教育一体化创新实践》入选全国十八大以来攻坚克难典型案例。

积极开展基层医疗卫生服务能力提升三年行动和“优质服务基层行”活动，推动基层机构标准化建设全面达标，促进基层卫生防疫水平和医疗服务能力不断提升。全省 118 个县（市、区）组建 388 个医共体，数量位居全国第一，截至 2020 年 6 月，全省乡镇卫生院、村卫生室达标率分别达到 98.2% 和 99.8%。实现基本养老、医疗、救助等为重点的社会保障体系城乡一体化，人力资源社会保障公共服务体系基本建立。

加强农村基层党组织建设。积极探索实施“村级党委 + 产业党支部”的党组织运行模式，全面推行村党组织领办合作社，目前经省级审核的已达 2 万多家，每个合作社平均增加村集体收入 4.27 万元，社员户均增收 3 900 元。一些村庄积极探索支部联合、组织联建的方式，全省建立联合党组织 2 011 个，覆盖 1.28 万个行政村。临沂沂水县，威海文登区、荣成市，德州平原县，日照莒县，济宁曲阜市和临沂蒙阴县等地经验做法入选全国

乡村治理典型案例。

五、城乡基础设施互联互通水平明显提升

2020 年，全省村庄市政公用设施建设投资 403.9 亿元，居全国首位，增长 44.6%。城乡供水、供电和物流网络体系建设均有较大幅度提升，位居全国前列，集中供水的行政村比例达到 97.02%，高出全国 14.54 个百分点，农村供水普及率达到 95.59%，增加 1.73 个百分点，高于全国平均水平 12.22 个百分点，在全国排名第 4 位。有生活垃圾收集点和对生活垃圾进行处理的行政村比例分别达到 98.58% 和 98.31%，生活垃圾无害化处理率达到 96.65%，增加 1.54 个百分点。

自 2018 年起，在全省开展了农村公路“三年集中攻坚”专项行动，大力实施路网提档升级、自然村通达、路面状况改善、运输服务提升“四大工程”，截至 2020 年底，改造提升农村公路 4.3 万 km，完成危桥改造工程 2 230 座，建成客运站点 4.3 万个，完成投资 700 亿元，全部乡镇、建制村实现通沥青（水泥）路，农村公交化改造率达到 91.1%。全力推进农村通户道路硬化工程，以“晴天不起土、雨天不踩泥”为标准，累计完成 6.4 万个行政村通户道路硬化工作，基本实现全省村内道路硬化“户户通”。

六、城乡产业发展步伐加快

现代农业水平较高。贯彻落实习近平总书记在视察山东时提出的“要给农业插上科技的翅膀”重要指示精神，制定科技创新促进乡村振兴工作方案，持续加大资金和人才投入，实施现代种业创新、智慧农业等一系列重大工程。全国蔬菜质量标准中心落户山东，主导制定国家蔬菜质量标准。登海种业等农业领域上市企业引领带动农业高精尖发展。全省 27 个现代农业产业技术体系创新团队，集聚各级各类专家 415 人，累计培育新品种 422 个，研发新技术 492 项。建成高标准农田 6 113 万亩，农业科技进步贡献率超过 65%，主要农作物良种覆盖率达到 98%。

农村电商发展较快。山东有 598 个淘宝村，数量居全国第 4 位。根据《2021 阿里农产品电商报告》，山东农产品电商销售额全国排名第 4 位，20 个县市上榜“农产品电商销售百强县”，数量居全国首位。鲁西南农村电商发展迅猛，菏泽是全国下辖淘宝百强县最多的地级市，也是淘宝产业集群最多的地级市。以曹县为例，通过电商的发展，促进了产业的发展和人才的回流，淘宝村发展到 151 个，实现镇级全覆盖，积极引进物流公司降低县域物流成本，30 家快递物流公司在 27 个乡镇建有 311 处快递收发中心，发展成为“中国最大汉服生产基地”“全国第二大淘宝产业集群”。

城乡产业协同发展平台加快建设。各类产业园区、特色小镇、田园综合体等产业发展载体进一步完善。济南中欧装备制造小镇、日照奥林匹克水上运动小镇和泰安泰山出版小镇入选全国典型经验案例。根据《国务院办公厅转发国家发展改革委关于促进特色小镇规范健康发展意见的通知》、国家发展改革委等十部委《关于印发全国特色小镇规范健康发展导则的通知》和山东省特色小镇创建要求，对全省特色小镇进行清理规范，确定将 93 个特色小镇纳入清单管理。在全国率先建成以黄河三角洲国家农业高新技术产业示范区为龙头、19 个国家农业科技园区和 18 个省级农高区为重点、121 个省级农业科技园为依托，覆盖全省涉农县（市、区）的农业科技园区四级体系。加快建设潍坊国家农业开放发展综合试验区，为全国农业开放发展打造先行先试样板。抓紧抓实莱阳市、新泰市两个国家级集体林业综合改革试验区建设，顺利完成 155 个国有林场改革任务。

七、农民增收渠道不断拓宽

新型农业经营主体蓬勃发展。大力培育农业新型经营主体和高素质农民，发展多种形式的适度规模经营，全省家庭农场、合作社、龙头企业、社会化服务组织和农业产业化联合体等各类经营主体超过 50 万家，年销售收入过 500 万元的农业龙头企业超过 1 万家，参与产业化经营的农户超过 1 800 万户。

农民技能培训力度不断加大。围绕农业“新六产”发展，把农业实用技术培训纳入职业技能培训目录，着力培育一批掌握先进实用技术的“蓝领”农民。实施“领头雁”培育工程，争取 1.1 亿元中央资金，培训新型农业经营主体带头人、农业经理人等高素质农民4.2万人。突出创业引导，打造“技能培训 + 创业贷款”全链条服务模式，出台创业担保贷款实施办法，2020 年为农村自主创业农民、返乡农民工发放创业担保贷款 8.02 万笔、128.95 亿元，量身定制“乡村好青年贷”，累计发放贷款 12 亿元。开展新就业形态技能提升和就业促进项目试点，强化电商、直播带货等新就业形态培训。

城乡居民收入差距逐步缩小。2020 年，山东省城乡居民人均可支配收入分别为 43 726 元和 18 753 元，城乡收入比为 2.33 : 1，低于全国平均水平（2.56 : 1）。2010—2020 年，山东农村居民人均可支配收入从 7 034 元增长至 18 753 元，年均增长 10.3%，城镇居民人均可支配收入年均增长 8.7%，农村居民人均可支配收入增速超过城市，城乡收入比从 2.70 : 1 收窄到 2.33 : 1（见图 7–1）。

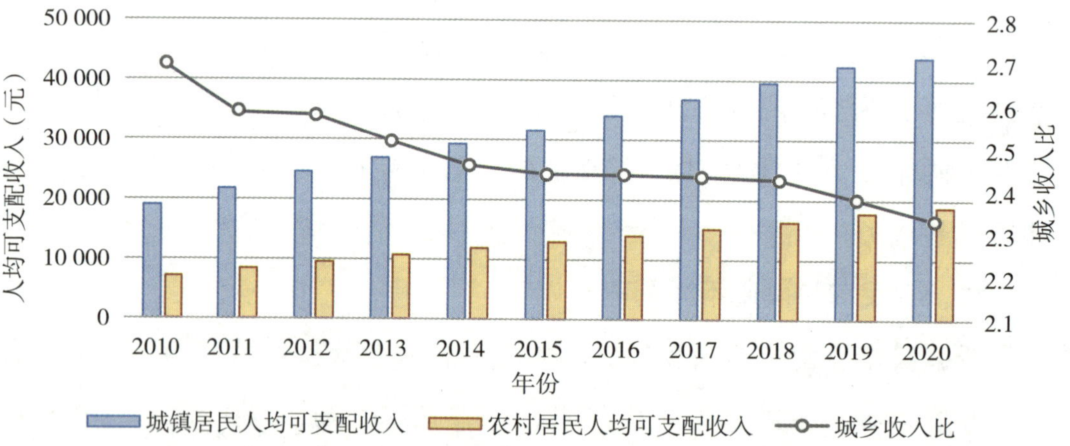

图 7–1　2010—2020 年山东省城乡居民收入情况变动趋势

第二节 城乡融合发展存在问题

一、人口市民化水平仍需加强，城乡要素流动依然存在障碍

在户籍制度改革方面，落户程序简便度、透明度、数字化程度及业务通办水平仍有待进一步提高。居住证的办理实效、简便度、适用范围及电子居住证应用等依然有待加强。

农业转移人口在接受城镇基本公共服务供给方面依然存在短板。住房保障方面，保障性住房供给存在缺口，住房补贴发放机制尚待健全。社会保障方面，国有企业吸纳农业转移人口、提升农民工职工医疗保险的作用未得到充分发挥。养老设施和机构建设水平不能满足农民工随迁老人日益增长的养老需求。教育保障方面，教师编制和农业转移人口随迁子女人数未实现挂钩，存在教师薪酬、职称评聘以及职业上升等方面的问题。

“人地钱挂钩”机制尚未健全，市民化配套政策细化落实短板突出。“人地挂钩”方面，未出台因地制宜实施增量用地供给与新增城镇人口、农业转移人口安置及耕地保护责任相匹配的“人地挂钩”政策。各市、县的农业转移人口市民化土地保障政策尚未与年度用地计划相挂钩。人口流入较多地区、吸纳农业转移人口落户较多地区和城镇农业转移人口集聚社区，土地供给仍然缺乏有力保障。“人钱挂钩”方面，大部分城市暂未公开发布关于财政保障奖补资金分配制度。

二、城市基础设施向农村延伸存在缺口，一体化水平有待提高

山东省农村数量多、规模小、布局散、密度高，行政村数量 6.95 万个，位居全国第一。每个行政村平均人口 530 人，在全国居倒数第二位。农村数量多且空间布局分散，导致了配套农村地区基础设施成本高、不经济，

给乡村振兴中公共资源投入带来巨大的压力。多数城市道路、供水、燃气、电力、通信等基础设施在农村还未实现全覆盖，城镇基础设施向农村延伸的缺口仍较大。

三、农村科教文卫水平较低，推进城乡公共服务均等化任务依然艰巨

城乡教育和卫生资源以及其他大批量的优质资源向城市集中，农村科教文卫的发展水平相对落后。全省有 20 万名义务教育阶段农村留守儿童无法享受与城镇同质的义务教育，农村义务教育阶段教师学历、设施水平等与城镇仍存在差距，设卫生室的村数占行政村数的比例为 77%，低于全国 94% 的水平，平均每千人口医疗卫生机构床位，城市为 8.27 张，农村为 4.95 张，城乡差距较为明显。随着山东县域经济的发展，农村越来越多的年轻人向城市聚集，导致老年人和妇女儿童在农村留守人数越来越多，农村教育、医疗、养老等问题越来越突出。

四、农业转型升级动力不强，城乡居民收入差距依然显著

山东省现代农业经营主体规模偏小，高端服务能力和参与主体的专业性有待提升。家庭农场等新型经营主体数量多，但规模偏小，销售产值 50 万元以下的家庭农场占到总数的近 90%。农业供给质量有待提高，农村一二三产业融合发展深度不够，乡村新产业新业态发展不充分，规模小、占比低，科技创新对农业发展的贡献仍有待提高。

2020 年，山东省城乡居民收入比为 2.33∶1，在全国 31 个省级行政区内排名第 14 位，与天津（1.86∶1）、黑龙江（1.92∶1）、浙江（1.96∶1）、吉林（2.08∶1）、河南（2.16∶1）、上海（2.19∶1）、江苏（2.19∶1）等相比还存在一定的差距，农村居民收入水平明显落后于城市。

第三节 推进城乡融合发展建议

一、促进城乡要素双向自由流动

建立健全城乡要素平等交换、双向流动政策体系，促进要素更多向乡村流动，增强农业农村发展活力。

（一）加快农业转移人口市民化

持续深化户籍制度改革，全面放开城市落户限制，推动城中村、城郊村、镇驻地常住居民有序市民化，实现农业转移人口按意愿在城市便捷落户。推动户籍办理的电子化、自助化发展，逐步实现常态化落户程序电子申请、网络提交、网络审批及移动设备办事流程追踪等功能。全面实施居住证制度，健全以居住证为载体，与居住年限等条件相挂钩的基本公共服务提供机制。推进城镇基本公共服务常住人口全覆盖，以公办学校为主将农业转移人口随迁子女纳入流入地义务教育保障范围，将符合条件的非户籍常住人口纳入住房保障体系。完善财政转移支付、城镇建设用地年度指标与农业转移人口市民化挂钩政策，调整人口流入流出地区教师、医生等编制定额。建设农业转移人口融入城市示范省。

（二）强化资金投入保障

建立健全“三农”财政投入稳定增长机制，优化支出结构，深入推进涉农资金统筹整合。调整土地出让收入使用范围，提高土地出让收入用于农业农村比例。加大政府债券对城乡融合等公益性项目支持力度，提高使用效益。通过以奖代补、政府和社会资本合作、贷款贴息、风险补偿等方式，撬动各类金融工商社会资本参与乡村振兴。鼓励有意向的基金管理机构通过市场化方式设立城乡融合发展基金，引导社会资本培育一批城乡融合典型项目。

（三）深化农业农村产权制度改革

完善农村承包地所有权、承包权、经营权分置制度，进一步放活经营权。深化农村宅基地制度改革试点，加快房地一体的宅基地确权颁证，探索宅基地所有权、资格权、使用权分置实现形式。积极探索实施农村集体经营性建设用地入市制度。允许农村集体在农民自愿前提下，依法把有偿收回的闲置宅基地、废弃的集体公益性建设用地转变为集体经营性建设用地入市。建立土地征收公共利益认定机制，缩小土地征收范围。深化农村集体产权制度改革，完善产权权能，将经营性资产量化到集体经济组织成员，发展壮大新型农村集体经济。

（四）健全乡村金融服务体系

加快完善农村金融服务组织体系，鼓励开发性、政策性金融机构提供长期信贷支持，加大商业银行金融服务覆盖面和信贷渗透率，强化农村中小金融机构支农支小金融服务作用。完善货币政策、财政政策、差异化监管等政策保障体系，充分发挥股票、债券、期货、保险市场等金融市场功能，建立健全多渠道资金供给体系，促进农村资产和金融资源有机结合。完善农村信用体系，优化农村金融服务和产品供给，将金融服务嵌入数字乡村建设，促进形成农村金融完整生态。完善农村产权抵押担保权能实现机制，建立农村产权抵押担保数据库，扩大农村资产抵押担保融资范围，健全农村产权信用风险化解机制。

（五）推进乡村人才振兴

坚持把乡村人力资本开发放在首要位置，加快培养农业生产经营、农村二三产业发展、乡村公共服务、乡村治理和农业农村科技等各类人才，扩大总量、提高质量、优化结构。推动政府、科研院校、培训机构、企业等多元主体发挥各自优势，共同参与乡村人才培养。完善涉农专业高等教育人才培养体系，加快发展面向农村的职业教育。建立健全乡村人才振兴体制机制，完善农村工作干部培养锻炼制度和乡村人才培养制度，建立城市医生、教师、科技、文化等人才定期服务乡村制度，健全鼓励人才向艰苦地区和基层一线流动激励制度，建立县域专业人才统筹使用制度，完善乡村高技能人才职业技能等级制度。坚持“把论文写在大地上”，建立健全乡村人才分级分类评价体系，提高乡村人才服务保障能力。

二、促进城乡公共资源均衡配置

以县域为基本单元推进城乡融合发展，强化县城综合服务能力和乡镇服务农民功能，把乡村建设摆在社会主义现代化建设的重要位置，优化生产生活生态空间，持续改善村容村貌和人居环境，建设美丽宜居乡村。

（一）推进城镇基础设施向农村延伸

以提升各类城镇基础设施建设质量为前提，采用城区扩围、镇区扩量、社区扩面、设施扩容的办法，盘活既有设施，补齐短缺设施，促进基础设施最大程度覆盖全部常住人口。健全城乡基础设施统一规划、统一建设、统一管护机制，推动市政公用设施向郊区乡村和规模较大中心镇延伸，完善乡村水、电、路、气、邮政通信、广播电视、物流等基础设施，提升农房建设质量。开展农村人居环境整治提升行动，推进农村生活垃圾就地分类和资源化利用，以乡镇政府驻地和中心村为重点梯次推进农村生活污水治理，开展村庄清洁和绿化行动，运用电代煤、气代煤、可再生能源等新技术改善农村集中居住社区供暖条件。

（二）提升乡村公共服务水平

推进城乡基本公共服务标准统一、制度并轨，增加农村教育、医疗、养老、文化等服务供给，鼓励社会力量兴办农村公益事业。优化学校、幼儿园网点布局和办学条件，推进县域内城乡义务教育学校教职工编制标准统一和工资收入稳步增长，建立教育联合体，统筹管理教育教学活动，加强教师和信息资源共享。健全城乡医疗卫生服务体系，推进县级医院与乡镇卫生院、村卫生站等组建县域医共体，推进医疗卫生服务体系和服务能力标准化建设，完善村医准入、保障和退出机制。健全统筹城乡的社会保障体系，建立城乡居民基本养老保险待遇确定和基础养老金正常调整机制，健全养老保险转移接续政策，稳步提高居民基本医疗保险和大病保险筹资标准，持续扩大异地就医联网结算范围，推动门诊费用跨省直接结算。探索建立政府、市场参与的多层次养老服务体系，建立健全农村留守儿童和妇女、老年人关爱服务体系，完善困难残疾人分级分类保障政策。强化城乡公共文化服务，全力推进乡、村两级综合性文化服务中心建设，加强基层文化队伍建设，丰富提升公共文化服务产品供给，加快推进公共文化服务云平台建设。

（三）提升乡村治理水平

建立健全党委领导、政府负责、社会协同、公众参与、法治保障、科技支撑的现代乡村社会治理体制。建立以基层党组织为领导、村民自治组织和村务监督组织为基础、集体经济组织和农民合作组织为纽带、其他经济社会组织为补充的村级组织体系，完善村党组织领导乡村治理的体制机制，加强农村基层党组织建设，发挥党员在乡村治理中的先锋模范作用。规范村级组织工作事务，增强村民自治组织能力，丰富村民议事协商形式。积极培育和践行社会主义核心价值观，实施乡风文明培育行动，发挥道德模范引领作用。推进法治乡村和平安乡村建设，健全乡村矛盾纠纷调处化解机制，加大基层小微权力腐败惩治力度，加强农村法律服务供给。支持多方主体参与乡村治理，提升乡镇和村为农服务能力，着力推进农村社区综合服务设施建设，引导管理服务向农村基层延伸，为农民提供“一门式办理”“一站式服务”，构建线上线下相结合的乡村便民服务体系。

三、促进城乡产业协同发展

聚焦农业高质量发展和产业融合，深化农业供给侧结构性改革，积极推动农业“新六产”发展，不断提高农业创新力、竞争力和全要素生产率，实现乡村经济多元化和农业全产业链发展。

（一）提高粮食和重要农产品供给保障能力

积极发展现代农业，加强粮食生产能力建设，提升农业质量效益和整体竞争力。坚决扛牢农业大省责任，深入实施藏粮于地、藏粮于技战略，维护粮食安全。严守耕地红线和永久基本农田控制线，稳定并增加粮食播种面积和产量，合理布局农产品应急保供基地。加强粮食生产功能区、重要农产品生产保护区和特色农产品优势区建设，实施高标准农田建设工程，推进农业灌溉体系现代化改造，年粮食产量稳定在 1 000 亿斤以上。开展种源“卡脖子”技术攻关，提高良种自主可控能力，培育具有国际竞争力的种业龙头企业。有效降低粮食生产、储存、运输、加工环节损耗，开展粮食节约行动。加快农业结构战略性调整，推进农林牧渔循环发展，优化种植业结构，巩固蔬菜产业优势，高水平建设“海上粮仓”，高质量打造现代化海洋牧场。

（二）推动农村一二三产业深度融合

深入开展乡村产业振兴“六大行动”，积极推动农业“新六产”发展，培育一批百亿级以上农村产业融合发展集群。加快推动立体化、机械化、复合式农业全产业链发展，推进不同类型农业产业链延伸整合，提升产业链整体竞争力。推动种养加结合和产业链再造，提高农产品加工业和农业生产性服务业发展水平，壮大休闲农业、乡村旅游、民宿经济等特色产业。充分发挥农村一二三产业融合发展的乘数效应，形成“农业 +”多业态发展，推进农业与旅游、教育、文化、康养等产业深度融合。发挥“互联网 +”带动作用，推进农村电子商务发展。推进智慧农业发展，鼓励农业龙头企业与互联网企业合作，建立产销衔接服务平台。

（三）完善现代农业发展支持体系

壮大农村新型经营主体，发展多种形式适度规模经营，发挥农民合作社纽带作用，支持家庭农场领办合作社。提升农产品加工流通业，完善产品供销体系，促进传统流通网点向现代农资综合服务商转型。加强农产品仓储保鲜和冷链物流设施建设，健全农村产权交易、商贸流通、检验检测认证等平台和智能标准厂房等设施。引导科技成果入乡转化，深化农业科技“展翅”行动。加大农业领域“山东标准”建设，加强绿色食品、有机农产品和地理标志农产品认证管理，培育有影响力的农产品品牌。推进“食安山东”建设，着力提高农产品质量安全水平，基本实现“从农田到餐桌”全过程可追溯管理。深入实施农业“走出去”战略，在全国率先形成农业“内外双循环”格局，提升农业国际竞争力。

（四）搭建城乡产业协同发展平台

加快推动国家、省级城乡融合发展试验区建设，打造城乡产业协同发展先行区。发展县域经济，延长农业产业链条，发展各具特色的现代乡村富民产业。把特色小镇作为城乡要素融合重要载体，打造集聚特色产业的创新创业生态圈。优化提升各类农业园区，引领现代农业高质高效发展。完善小城镇联结城乡的功能，探索创新美丽乡村特色化差异化发展模式，盘活用好乡村资源资产。创建一批城乡融合典型项目，形成示范带动效应。

四、促进城乡居民共同富裕

多途径不断提高农民收入，积极拓展农民就业创业增收空间，推动农民更高质量和更充分就业，实现巩固拓展脱贫攻坚成果同乡村振兴有效衔接，促进城乡居民共同富裕，城乡居民人均可支配收入比逐步下降到1.8倍。

（一）多渠道增加农民收入

完善促进农民工资性收入增长环境，落实农民工与城镇职工平等就业制度。健全农民经营性收入增长机制，积极培育新型农业经营主体，开展家庭农场典型监测和示范家庭农场创建活动，抓好农民合作社规范化提升行动，建立农产品优质优价正向激励机制，提高农产品品质和附加值。在财产性收入方面，提高农民土地增值收益分享比例，推动资源变资产、资金变股金、农民变股东。完善按要素分配政策制度，健全各类生产要素由市场决定报酬的机制，探索通过土地、资本等要素使用权、收益权增加农村居民要素收入。在转移性收入方面，履行好政府再分配调节职能，在统筹整合涉农资金基础上，探索建立普惠性农民补贴长效机制。

（二）运用农业农村资源和现代经营方式促进农民增收

大力发展特色县域经济和乡村特色产业，振兴传统工艺，培育一批家庭工场、手工作坊、乡村车间，增强农民参与融合能力，创新收益分享模式，促进农民增收。加快推广“订单收购 + 分红”“土地流转 + 优先雇佣 + 社会保障”“农民入股 + 保低收益 + 按股分红”等多种利益联结方式，让农民分享加工、销售环节收益。充分利用直播等新媒体平台，鼓励行业协会或龙头企业与合作社、家庭农场、普通农户等组织共同营销，开展农产品销售推介和品牌运作，让农民更多分享产业链增值收益，推动农产品网络零售额突破 400 亿元。鼓励农业产业化龙头企业通过设立风险基金、为农民提供信贷拉保、领办或参办农民合作组织等多种形式，与农民建立稳定的订单和契约关系，拓宽农民收入增长渠道。

（三）强化乡村就业创业服务

发挥社会化服务组织作用，开展农技指导、信用评价、保险推广、市场预测、产品营销等服务，为农民参与产业融合创造良好条件。选择一批农业企业、农民合作社、农产品加工和物流园区等作为基地，为农民就业创业提供技能培训服务。重点扶持一批吸纳就业能力强的产业和企业，推进农村就业示范基地建设，强化产业就业支撑，积极支持农民就地就近转移就业。通过财政补贴、政府购买服务、税收优惠等政策，鼓励和支持返乡下乡人员创业创新，培育形式多样的产业化联合体。实现巩固拓展脱贫攻坚成果同乡村振兴有效衔接，建立完善农村低收入人口和欠发达地区帮扶机制，保持主要帮扶政策和财政投入力度总体稳定，接续推进脱贫地区发展。

五、高质量建设城乡融合发展试验区

发挥部门组织保障作用，推进国家和省级城乡融合发展试验区建设，构建工农互促、城乡互补、全面融合、共同繁荣的新型工农城乡关系，建立城乡融合发展体制机制和政策体系，形成可复制可推广的典型经验。

（一）强化组织领导，全力推动落实

充分发挥城镇化暨城乡融合发展工作领导小组及城乡融合发展试验区专班的作用，明确领导小组办公室和成员单位的职责，制定工作规则，明确工作任务和目标定位，清晰推进举措和实施路径，形成领导小组带领、部门群策群力、统筹有力、联动流畅的工作机制。

（二）加强学习指导，强化监测评价

加强对试验区的业务指导，及时传达和解读国家城乡融合发展的政策精神和内涵，进行宏观把握。通过邀请专家授课、省外考察、省内观摩等多种形式，学习先进地区经验做法，全面深入理解政策形势，提高地方和基层领导干部的专业素质，提高工作成效和试验区创新水平。推动监测评价工作，严格落实季调度、年评价工作制度及动态监测和淘汰机制，破解瓶颈难题，促进各项试验任务落实落地。

（三）紧扣试验任务，勇于改革创新

鼓励各试验区探索创新和实践，围绕共同任务、主要任务和配套任务，在于法有据和守住底线的前提下，大胆突破，先试先行，出台符合地方发展需要的政策规定，完善推进任务和措施，形成一批成功创新典型经验，在全省乃至全国范围推广。

第四节　城乡融合发展典型案例

一、邹平市：做大做强重点镇区，探索“有家有业有温度”城乡融合发展新路径

近年来，邹平市引导农民向镇区集中、产业向镇区聚集、资源向镇区倾斜，将城乡融合的纽带“重点镇驻地”做大做强，探索构建“有家有业有温度”城乡融合发展新模式，近20万名农民就地转移就业，常住人口城镇化率达68.70%，成功入选山东首批城乡融合发展试验区。

（一）农民向镇区转移“有家”

以农村土地“三权分置”改革为契机，深入推进土地流转，邹平土地适度规模经营率达到66%；以棚改工程、美丽宜居乡村建设为抓手，引导边远村向镇街驻地适度集中，配备相应的教育、医养、交通等资源，让农民不花一分钱入住高质量社区，逐步实现设施城镇化、服务社区化、生活市民化。截至2020年，累计规划建设新型农村社区97个、惠及农村群众近10万余人，推动了城乡融合可持续发展。明集镇在镇驻地重点打造占地面积510亩的明湖湿地公园，将近年实施的3个新型农村社区全部安置在公园周边，学校、医院、超市等配套设施齐全，群众工作更加便利，子女教育得到保障，老人医养得到改善，生活品质明显提升。

（二）产业向镇区集中“有业”

充分发挥邹平工业底子好、农业潜力大的优势，走出了一条以产业振兴为引领，工农互动、城乡融合的城镇建设路子。聚力打造更多工业强镇，在政策、资金等方面给予乡镇更多支持，为产业拓展、项目落地提供了有力支撑。2020年，一半以上新增土地计划指标、85%的工业用地、90%的

“标准地”以及20余万 m^2 的标准厂房全部用于支持乡镇产业集群发展，依托乡镇便民服务中心，积极推动行政审批服务事项下沉基层。韩店镇充分发挥西王集团龙头带动作用，培育形成了食品医药、新型材料、钢铁机械三大产业集群，带动周边村民1.6万余人就业致富。同时，邹平市积极向高精尖领域延伸拓展产业链条，围绕世界高端铝业基地“核心区”建设，累计引进德国顺尔茨、瑞典格朗吉斯等高端铝业项目近30个，总投资100余亿元，培育了魏桥轻量化基地、魏桥铝深加工产业园等一批特色产业基地，新增就业岗位5 000个。产业多元化为入住城镇的农民提供了充裕的择业就业岗位，使农民在镇区落户“有家”的同时，就近实现“有业”。

（三）资源向镇区倾斜“有温度”

邹平坚持优质资源向镇区集中，着力让农民享受更好的公共服务。教育水平不断提高，全力推动乡村小规模学校标准化建设，全市40所农村学校、78所幼儿园全部达到省定办学、办园条件。进一步深化乡镇教师管理机制改革，设置农村学校名师岗位78个，高于城区30%，农村学校名师岗位人均每月奖励2 000元，是城区的两倍，有力保证了乡镇教师待遇和优秀教师数量。医疗能力显著增强，全市16处镇（街）卫生院（社区卫生服务中心）、299处卫生室全部达到省规范化建设标准，并纳入3个紧密型医共体共同管理；在省市率先探索医保服务下沉，医保参保率达到97%，邹平被评为省级健康促进示范市。养老服务全面改善，建成辐射所有乡镇的综合性养老服务机构5家、社区嵌入式养老服务综合体20处，60岁以上户籍人口基本养老保险实现应保尽保，成功创建山东省首批医养结合示范先行县、省养老服务创新试验区。

二、诸城市：深化产业生态化转型加快推动城乡要素共生共融

诸城市牢固树立新发展理念，积极探索“全链条协同、合作式经营、多主体共享”的产业转型新路径，加快构建“全生态一体化产业链”，推动

“农业产业化”向“产业生态化”转型跨越。

（一）壮大新型经营主体，助推农业产业化发展

实施“二次创业”计划，引导诸城外贸、得利斯、佳士博等现有龙头企业，增上高端项目，加快转型步伐，增强带动能力。外贸投资15亿元，新建健康食品产业园，引进世界先进的繁育、孵化、饲养等设备，投产达效后年可屠宰肉鸡2亿只，实现销售收入65亿元。实施“域外龙头”招引计划，出台引导工商资本下乡等扶持政策，成功引进仙坛股份亿只肉鸡产业生态、新希望六和200万头生猪种养一体化等大项目，发展起潍坊市级以上龙头企业141家，其中国家级企业4家，获证食品生产企业近600家。

（二）打造农业产业联合体，加快产业上下游抱团发展

围绕打通生产链、物流链、流通链、供应链，推行“产业联盟+龙头企业+生产园区+养殖农户”经营方式，支持龙头企业强强联合，组建产业联合体，推进从种苗、种养到加工、销售全链条升级，打造肉鸡、生猪、食材等产业化联合体，形成“抱团合作、风险共担、收益共享”的新型产业生态。现代高效畜牧业产业集群入选山东省首批“雁阵型”产业集群。

（三）探索创新经营模式，激发产业链效益最大化

鼓励龙头企业下沉农村社区，探索推广肉鸡“拎包入住”、生猪“代养、放养”、按揭农业等模式，缔结企业与农户利益共同体，18万农民在家门口转化为产业工人，90%的农产品实现就地加工转化。“拎包入住”方式是指由企业建设标准化农场，提供种苗、饲料、防疫等“五统一”服务，农户“零投入”拎包入住，一栋标准化鸡舍可实现年纯收入30万元。

（四）深化科技展翅行动，提升产业核心竞争力

加快物联网、大数据等信息技术在农业领域的推广应用，大力发展“互联网+智慧农业”，推进农产品的全程溯源、智能监控、标准管理。搭建农业创新研发平台，建设农林科技孵化器、高品质肉研究中心等平台107

个，培育国家级“星创天地”2 家，省级“农科驿站”23 家。实施新型职业农民培育工程，依托信得大学、惠发商学院、农村社区学院等平台，开展新型经营主体带头人培训，举办各类农业培训班 40 余次，培训农民 1.6 万余人次，培育新型职业农民 2 000 人。

三、金乡县：深挖大蒜生态价值实现农民增收增产

金乡县坚持农业农村优先发展总要求，探索大蒜生态价值实现机制，不断推进城乡产城融合发展。

（一）加大科技研发投入，扩展产业链条

金乡县坚持绿色生态发展理念，加快推进建设生态产品价值实现，成立金乡大蒜研究院和山东省大蒜产业战略联盟，组成以中国农科院、山东农业大学等农业专家为核心的政府科技顾问团，投入研发设备 1 000 余台（套），研发资金 8 000 万元，实现大蒜从调味品到食品、保健品、医药品的全产业链的覆盖，提升大蒜产业附加值。

（二）健全发展服务保障，促进惠企富民

金乡县配套建设集农产品种植采购代销、仓储冷藏、包装加工等功能于一体的凯盛国际农产品物流城，进一步减少交易环节。启动运行数字农展交易服务中心，供采购商通过数字农拍平台进行透明竞拍交易，降低交易成本。在全省率先推行大蒜目标价格保险，以每年种植大蒜的盈亏点为目标价格，保险公司对跌幅部分进行赔付，切实保障了蒜农利益。2020 年，金乡县大蒜平均亩产 1 800 余斤，培育规模以上大蒜加工企业 128 家，农村居民人均可支配收入达到 19 049 元、同比增长 10.7%。

（三）注重产城融合发展，发挥品牌效应

金乡县围绕大蒜品牌，实施了“农工科贸一体化”战略，走出一条工农联动、城乡一体、集成发展的新路子。大量大蒜经营加工企业在城镇的聚集，带动城镇金融、交通、信息等服务业的配套发展，逐渐形成互补共

生的产业结构。同时，在城乡融合的快速推动下，又为大蒜产业集聚、辐射创造良好的发展环境，助推大蒜产业集群升级壮大。在金乡城乡融合的反哺下，大蒜产业的辐射能力不断增强，方圆 2 100 多 km^2 的 5 个建制县中，已形成大蒜专业县 2 个。

第八章 山东省黄河流域地区城镇化发展研究

九曲黄河，奔流不息。实施黄河流域生态保护和高质量发展这一重大国家战略，为地处黄河入海口的山东提供了重大历史机遇。2020 年 1 月 3 日，习近平总书记在中央财经委员会第六次会议上，要求发挥山东半岛城市群龙头作用，推动沿黄地区中心城市及城市群高质量发展。2021 年 10 月 20—22 日，习近平总书记到山东视察，要求山东努力在推动黄河流域生态保护和高质量发展上走在前，为全省推动黄河流域生态保护和高质量发展提供了根本遵循和行动指南。本章聚焦山东省沿黄地区城镇化发展现状、特征和存在的问题，并与沿黄其他省区、省内其他地区进行系统分析比较，找出薄弱点和突破口，提出推动山东省黄河流域城镇化高质量发展的对策建议，为推动国家战略在山东落地实施提供参考依据。

第一节 山东省与沿黄其他省区城镇化发展对比分析

黄河干支流流经青海、四川、甘肃、宁夏、内蒙古、山西、陕西、河南、山东九省区，国土面积约 358.8 万 km^2，2020 年常住人口 4.21 亿人。黄河流域生态类型多样、农牧业基础好、能源资源富集、文化根基深厚、生态环境持续向好、发展水平不断提高。紧扣生态保护和高质量发展两大要义，本节从人口集聚、资源禀赋、经济发展、居民生活水平、城乡建设、城镇体系六个方面评价黄河流域城镇化发展水平和空间分异特征，全方位、立体化对黄河流域城镇化发展进行监测评估。

一、人口集聚

1. 山东常住人口规模占沿黄九省区的 1/4，城镇化水平较高。2020 年，沿黄九省区常住人口为 4.21 亿人，城镇常住人口为 2.51 亿人，分别占全国的 29.83%、27.79%。

山东常住人口为 1.015 亿，占沿黄九省区总人口的 24.10%；常住人口城镇化率为 63.05%，低于内蒙古（67.48%）、宁夏（64.96%），高于沿黄其他省区（见图 8–1）。

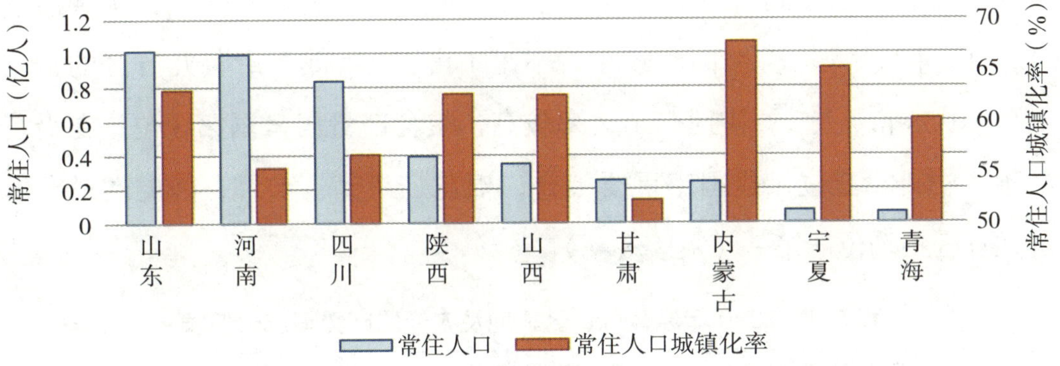

图 8–1 2020 年沿黄九省区常住人口及城镇化率

2. 山东土地城镇化速度快于人口城镇化速度，十年土地增长近七成。2020 年，沿黄九省区城镇建成区面积 17 409.27km^2，较 2010 年增长 68.72%。其中，四川、陕西、青海增长较快，增幅超过一倍；山东居第 4 位，增幅为 67.37%，其余五省增幅均低于 60%。从城镇人口规模来看，沿黄九省区城镇人口 2.51 亿人，较 2010 年增长 45.65%。以建成区变化表征土地城镇化速度，河南、甘肃、内蒙古人口城镇化与土地城镇化速度基本一致；四川、青海、陕西、山东、山西人口城镇化滞后于土地城镇化，其中，四川、青海土地城镇化速度是人口城镇化的 2 倍以上，山东为 1.69 倍（见图 8–2）。

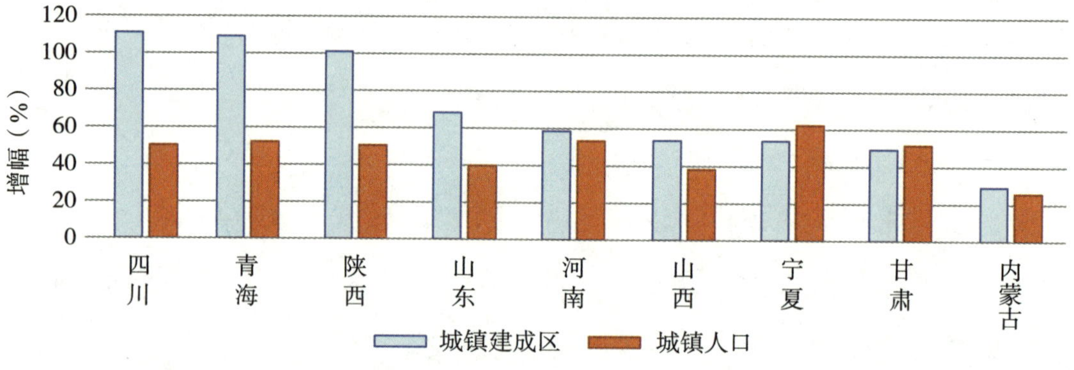

图 8-2　2020 年沿黄九省区城镇建成区变化及城镇人口变化

二、资源禀赋

1. 山东耕地规模较大，粮食产量居于前列。2020 年，山东省耕地面积为 0.97 亿亩，在沿黄九省区中位列第三，低于内蒙古（1.72 亿亩）和河南（1.13 亿亩）。人均耕地面积较小，不足 1 亩 / 人，低于沿黄九省区的平均水平（1.58 亩 / 人）。耕地产出效率较高，粮食产量居全国第 3 位，在沿黄九省区中排第 2 位，是国家重要粮仓；棉花、蔬菜、水果、肉类产量在沿黄九省区中均位居第一（见表 8-1）。

表 8-1　2020 年沿黄九省区耕地及农产品产量情况一览表

核心指标	沿黄九省	山东省	山东占比	山东排名
耕地面积（亿亩）	6.67	0.97	14.54%	3
人均耕地面积（亩 / 人）	1.58	0.95	—	9
粮食产量（万 t）	23 853.30	5 446.80	22.83%	2
棉花产量（万 t）	23.60	18.30	77.54%	1
蔬菜产量（万 t）	26 950.80	8 434.70	31.30%	1
水果产量（万 t）	10 929.10	2 938.90	26.89%	1
肉类产量（万 t）	2 528.61	728.02	28.79%	1

2. 山东水资源相对短缺，农业用水占比较大。黄河水是山东省供水的重要来源，正常年份黄河来水量减少趋势明显，用水量需求压力加大，山东水资源短缺形势将更加严峻。2020 年，山东水资源总量、人均水资源量

分别为 375.3 亿 m^3、370.3m^3/ 人，在沿黄九省区中均排第 7 位。多年平均降水量仅为 680.5mm，多年平均当地水资源总量仅占全国的 1.1%，人均水资源量不足全国的 1/6，仅为世界的 1/24，水资源短缺且时空分布不均是制约山东省高质量发展的“命门”。从用水结构和供水结构来看，山东农业用水占用水总量的 72.0%，在沿黄九省区中排第 3 位，仅低于青海（76.2%）、宁夏（72.8%），农业用水占比较大；山东对地下水供水依赖较强，地下水占总供水量的 42.0%，仅低于四川的 44.6%（见图 8-3 ~ 图 8-5）。

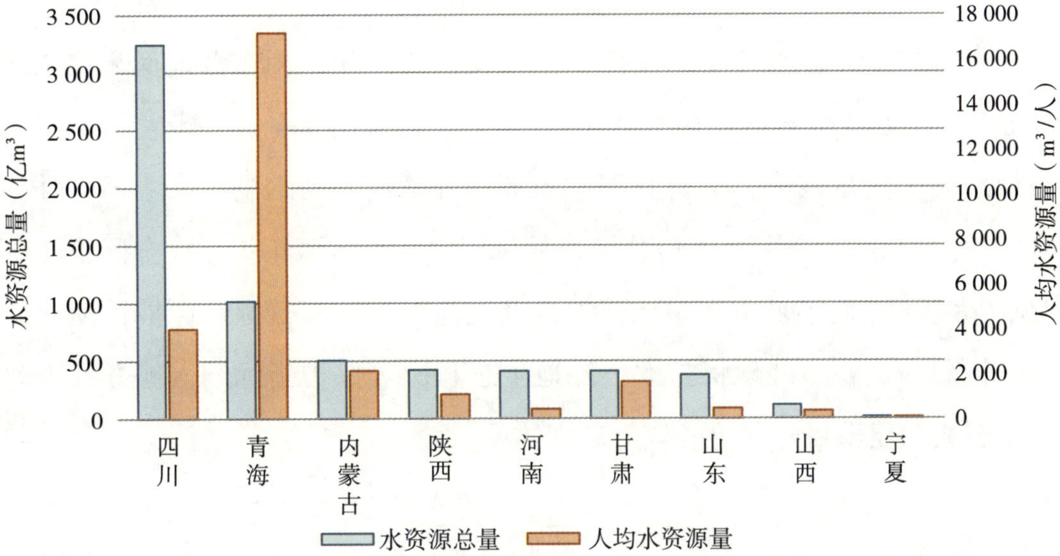

图 8-3　2020 年沿黄九省区水资源情况

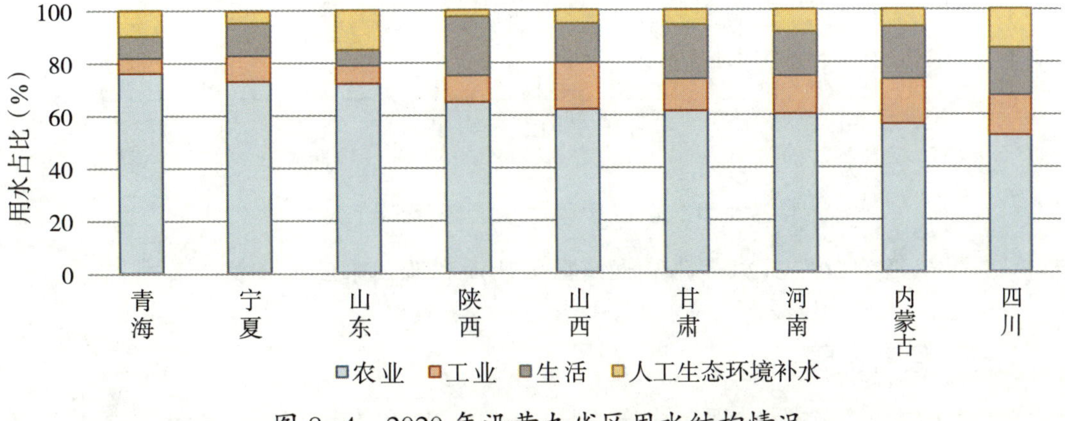

图 8-4　2020 年沿黄九省区用水结构情况

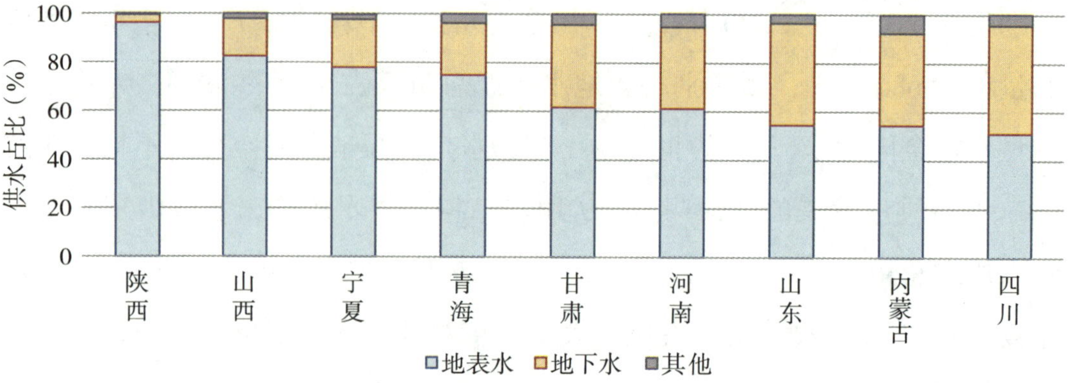

图 8-5　2020 年沿黄九省区供水结构情况

3. 山东湿地资源较少，保护力度较大。2020 年，山东湿地面积仅 0.25 万 km^2，在沿黄九省区中位列第五，与青海（5.1 万 km^2）差距较大；但山东湿地公园数量较多，拥有黄河三角洲、九龙湾、马踏湖、云蒙湖、月亮湾、微山湖等 68 个国家湿地公园，数量居沿黄九省区第 1 位、全国第 2 位（见图 8-6）。近年来山东湿地保护力度逐渐加大，实行湿地保护目标责任制，将湿地面积、湿地保护率、湿地生态状况等保护指标纳入地方各级政府生态文明建设目标评价考核等制度体系。

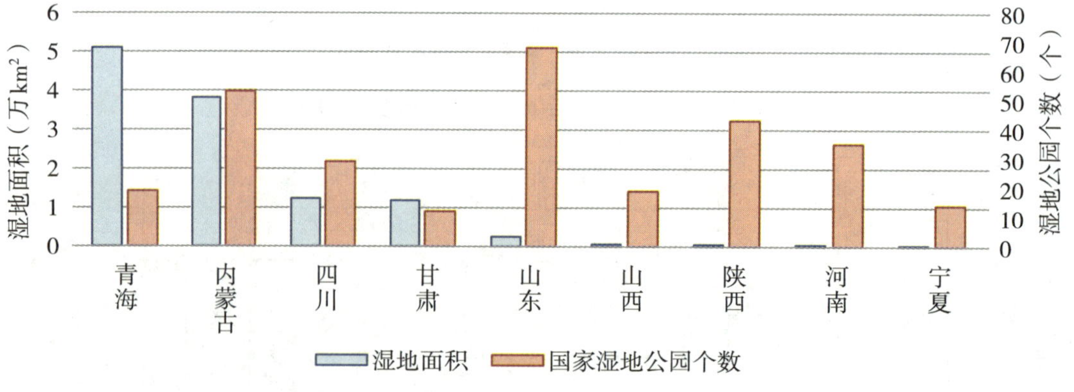

图 8-6　2020 年沿黄九省区湿地面积及国家湿地公园个数

三、经济发展

1. 山东经济实力较强，龙头优势凸显。2020 年，山东 GDP 为 7.3 万亿元，居全国第3位、沿黄地区第1位，占黄河九省区经济总量的28.8%；化工、纺织、造纸、机械、石油装备等行业在全国占有重要地位。从GDP增速来看，山东GDP比上年增长3.6%，在沿黄九省区中居第4位，分别低于甘肃、宁夏、四川0.3、0.3、0.2个百分点。从财政情况来看，山东一般财政预算收入为6 559.9亿元，稳居沿黄九省区第1位，占比为28.3%；比第2位的四川多2 302亿元，经济实力首位度较高。

2. 山东创新实力遥遥领先，新经济新动能加速转换。山东三次产业比重由2019年的7.6∶41.3∶51.1调整为2020年的7.3∶39.1∶53.6，第三产业比重居黄河九省区第2位。山东R&D人员全时当量、规模以上工业企业R&D经费、新产品开发项目数、专利申请数、专利授权数均居黄河九省区第1位，分别是第2位河南的1.8倍、2.0倍、2.7倍、1.9倍和1.9倍，创新实力遥遥领先（见表8-2）。近年来，山东智能制造、物联网、大数据、云计算等一批新增长点快速崛起，“四新”经济加速成长，增加值占GDP比重由2017年的21.7%提高到2020年的30.2%。高新技术产业产值占规模以上工业总产值的45.1%，比2015年提高12.6个百分点。高新技术企业超过1.4万家，是2015年的3.5倍。

表8-2　2020年沿黄九省区创新实力指标情况一览表

沿黄九省区	R&D人员全时当量（人年）	规模以上工业企业R&D经费支出（万元）	新产品开发项目数（项）	专利申请数（件）	专利授权数（件）
山东	255 281	13 656 187	59 946	337 280	238 778
河南	145 464	6 855 770	22 244	178 585	122 809
四川	90 128	4 276 383	22 133	160 036	108 386
陕西	48 809	2 684 020	9 810	99 236	60 524
山西	32 547	1 561 790	6 539	40 302	27 296
内蒙古	18 393	1 293 714	2 527	26 224	17 958
甘肃	8 614	521 334	1 565	30 732	20 991

续表 8-2

沿黄九省区	R&D 人员全时当量（人年）	规模以上工业企业 R&D 经费支出（万元）	新产品开发项目数（项）	专利申请数（件）	专利授权数（件）
宁夏	8 333	453 491	1 777	12 172	7 710
青海	1 557	103 699	308	6 736	4 693

3. 山东外向型经济强劲，是黄河流域最便捷的出海口和对外开放桥头堡。2020 年，全省货物进出口总额为 3 184.5 亿美元，占黄河九省区的比重为 50.5%，遥遥领先于第 2 位的四川（1 169 亿美元）（见图 8-7）。从增长速度来看，全年进出口总额增长 7.5%，高于全国 5.6 个百分点。实际使用外资达到 176.5 亿美元，增长 20.1%，高于全国 15.6 个百分点。增开加密国际货运航线 52 条，“齐鲁号”欧亚班列开行 1 506 列，增长 43%。跨境电商进出口、市场采购贸易出口分别增长 366.2%、84.5%。

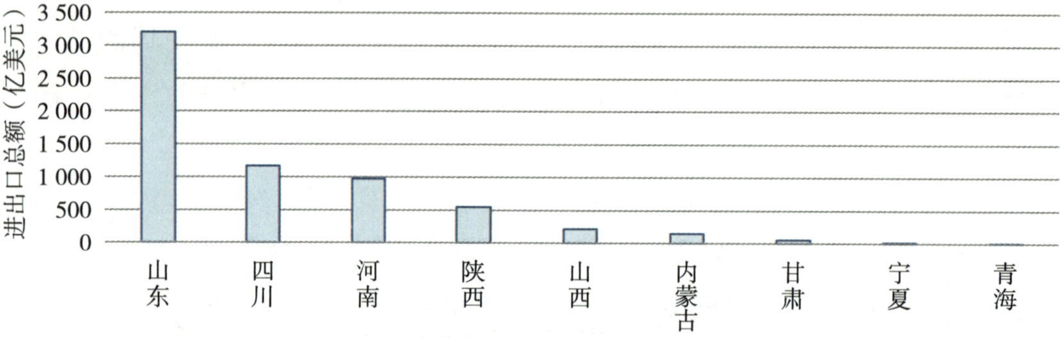

图 8-7　2020 年沿黄九省区进出口总额

四、居民生活水平

1. 山东城乡居民收入水平高，城乡收入差异较小。2020 年，山东居民人均可支配收入为 32 886 元，高于沿黄其他省区。从城乡收入比来看，沿黄九省区介于 2.16 ~ 3.27；山东城镇、农村居民人均可支配收入分别为 43 726 元、18 753 元，城乡收入比为 2.33 : 1，较去年缩小 0.05，城乡差距逐步缩小。

2. 山东城乡居民保险覆盖率较高，城镇失业率较低。2020 年，山东失业、生育、养老、工伤、基本医疗保险覆盖率分别为 14.44%、15.11%、45.21%、17.95%、95.52%，分别在沿黄九省区中居第 1 位、第 1 位、第 4 位、第 3 位和第 5 位。从失业率来看，山东失业率为 3.1%，仅次于青海（2.1%）。具体数据见表 8–3。

表 8–3　2020 年沿黄九省区社会保险参保及失业率情况一览表

指标	沿黄九省区（%）	山东省（%）	山东省排名（位）	与第 1 名差距（个百分点）
养老保险覆盖率	45.51	45.21	4	10.27
工伤保险覆盖率	14.71	17.95	3	0.47
失业保险覆盖率	11.68	14.44	1	—
基本医疗保险覆盖率	99.19	95.52	5	8.63
生育保险覆盖率	12.51	15.11	1	—
失业率	3.3	3.1	8	0.8

五、城乡建设

1. 山东教育医疗资源尚可，城乡资源配置相对均衡。山东普通小学、初中、高中生师比分别为 16.36 : 1、12.24 : 1、11.81 : 1，分别在沿黄九省区中排第 6 位、第 5 位、第 5 位。从城乡教育资源配置来看，山东城镇、乡村地区小学、初中生师比分别相差 2.96、0.17，与沿黄其他省区相比差距相对较小（见表 8–4）。山东医疗资源配置相对较少，每千人口医疗卫生机构床位数为 6.37 张，位列第 8，较第 1 位的四川少 1.4 张。山东城乡每千人口医疗卫生机构床位数差距为 3.32 张（见表 8–5），与沿黄其他省区相比，城乡均衡度位列第三。

表 8-4　2020 年沿黄九省区教育情况一览表

沿黄九省区	普通小学生师比			普通初中生师比			普通高中生师比
	生师比	城镇小学生师比	乡村小学生师比	生师比	城镇初中生师比	乡村初中生师比	
内蒙古	13.13	14.28	7.80	10.87	11.03	8.61	10.82
甘肃	13.32	16.10	9.42	10.76	11.27	8.75	11.21
山西	13.98	16.29	7.90	10.27	10.69	8.00	10.17
四川	16.03	17.14	12.78	12.81	13.17	10.79	13.68
陕西	16.33	17.52	10.66	11.55	11.87	8.38	11.44
山东	16.36	17.07	14.11	12.24	12.26	12.09	11.81
河南	17.42	19.38	14.30	13.87	14.29	12.16	15.18
宁夏	17.52	19.45	13.42	14.15	14.68	11.06	13.84
青海	17.63	18.55	15.99	13.34	13.55	12.48	12.45

表 8-5　2020 年沿黄九省区医疗卫生情况一览表　　单位：张

沿黄九省区	每千人口医疗卫生机构床位数			每千农村人口乡镇卫生院床位数	每千老年人口养老床位数
	合计	城市	农村		
山西	6.41	11.48	4.30	1.21	24.6
内蒙古	6.74	10.64	4.95	1.28	44.2
山东	6.37	8.27	4.95	1.46	28.5
河南	6.71	11.50	4.35	1.29	22.2
四川	7.77	8.72	6.18	2.28	26.4
陕西	6.89	8.35	5.46	1.52	26.2
甘肃	6.87	8.58	5.06	1.45	35.0
青海	6.97	10.47	5.01	1.12	26.4
宁夏	5.73	7.72	4.30	1.03	27.9

2. 山东城市基础设施建设水平总体较高。2020 年，山东城市供水普及率 99.84%、燃气普及率 99.31%、万人拥有公共汽电车辆 15.56 标台、人均城市道路面积 25.64m^2、人均公园绿地面积 17.68m^2，在沿黄九省区中均位

列前三，基础设施建设水平相对较高（见表 8–6）。

表 8–6　2020 年山东省城市基础设施建设情况一览表

设施建设指标	数值	在沿黄九省区中排名	与第 1 名差距
城市供水普及率（%）	99.84	1	—
城市燃气普及率（%）	99.31	1	—
每万人拥有公共汽电车辆（标台）	15.56	1	—
人均城市道路面积（m^2）	25.64	2	1.14
人均公园绿地面积（m^2）	17.68	3	3.34

六、城镇体系

1. 山东城镇体系相对完善，大中小城市发展协调。山东是唯一拥有两个特大城市的沿黄省份，济南、青岛城区人口分别为 588 万人、601 万人；有临沂、烟台、淄博等 10 个城区人口在 100 万 ~ 500 万人的大城市；另外有菏泽、东营等 8 个城区人口在 50 万 ~ 100 万人的中等城市，有 74 个城区人口在 50 万人以下的小城市。沿黄其他省份大城市带动作用不足，仅陕西、河南各有一个特大城市。

2. 济南在黄河下游的龙头城市作用凸显。济南作为山东半岛城市群核心城市、沿黄中心城市、黄河流域唯一沿海省份的省会城市，是环渤海地区与长江三角洲地区融合发展的桥梁纽带，是我国由南向北扩大开放、由东向西梯度发展的战略节点，济南新旧动能转换起步区更是黄河流域唯一支持建设的国家新区，发展势头强劲。根据《2020 年国家中心城市指数报告》，与 2018 年相比，2020 年济南在多个国家中心城市指数排名中争先进位。其中，国家金融中心城市排名上升 5 位、国家贸易中心城市排名上升 7 位、国家医疗中心城市排名上升 4 位、国家信息中心城市排名上升 8 位（见表 8–7）。

表 8-7　2020 年沿黄国家潜在中心城市一览表　　单位：位

功能	城市	2020 年排名	2018 年排名	上升名次
国家潜在重要金融中心	济南	15	20	5
	西安	10	15	5
	郑州	16	16	0
国家潜在重要贸易中心	济南	10	17	7
	西安	20	16	–4
	郑州	8	8	0
国家潜在重要医疗中心	济南	10	14	4
	西安	4	5	1
	郑州	15	11	–4
国家潜在重要信息中心	济南	13	21	8
	西安	11	16	5
	郑州	12	9	–3

第二节　山东省沿黄地区城镇化发展现状分析

黄河是山东省主要客水资源，供水量占全省用水量 30% 以上，流经全省 9 个设区市的 25 个县（市、区），流域设区市人口 5 421.8 万人，占全省总人口的 53.4%。黄河流域生态保护和高质量发展重大国家战略实施两年来，山东全力打造生态保护样板区、长久安澜示范带、绿色低碳发展先行区、对外开放新高地、文化“两创”新标杆，推动黄河流域生态保护和高质量发展取得明显成效。但仍存在水资源制约问题凸显、新动能不足、中心城市带动力不强、区域一体化水平不高等问题。本节从人口与城镇化、资源禀赋、经济发展、居民生活水平、城乡设施建设五个方面对山东省沿黄地区进行特征分析，深入剖析沿黄城市城镇化发展中存在问题，为推动山东省黄河流域生态保护和高质量发展提供决策参考。山东省沿黄地区行政区划见图 8-8 和表 8-8。

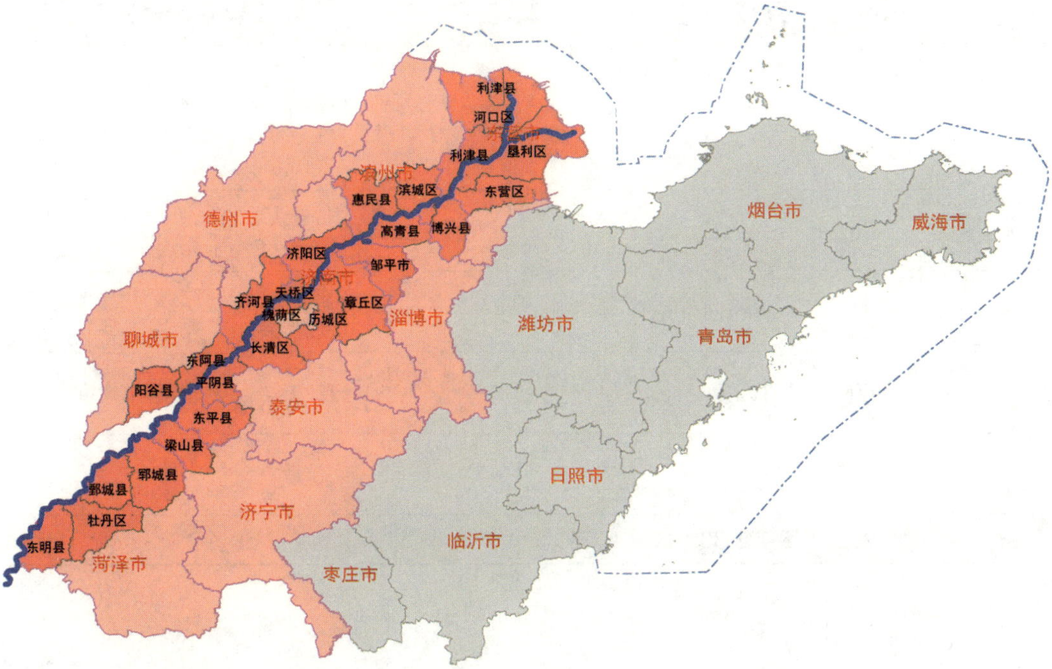

图 8-8　2020 年山东省沿黄地区行政区划

表 8-8　2020 年山东省沿黄地区行政区划一览表

沿黄市	行政区面积（km^2）	七普常住人口（万人）	所辖市、县、区	
			沿黄地区	非沿黄地区
济南	7 998	920.24	平阴县　长清区　槐荫区　天桥区　历城区　章丘区　济阳区	历下区　市中区　莱芜区　钢城区　商河县
淄博	5 965	470.41	高青县	淄川区　张店区　博山区　临淄区　周村区　桓台县　沂源县
东营	8 357	219.35	东营区　河口区　垦利区　利津县	广饶县
济宁	11 311	835.79	梁山县	任城区　曲阜市　兖州区　邹城市　微山县　鱼台县　嘉祥县　泗水县　金乡县　汶上县

续表 8-8

沿黄市	行政区面积（km^2）	七普常住人口（万人）	所辖市、县、区	
			沿黄地区	非沿黄地区
德州	10 327	561.12	齐河县	德城区 乐陵市 禹城市 陵城区 宁津县 庆云县 临邑县 平原县 夏津县 武城县
泰安	7 762	547.22	东平县	岱岳区 泰山区 新泰市 肥城市 宁阳县
聊城	8 717	595.21	东阿县 阳谷县	东昌府区 临清市 冠 县 高唐县 茌平县 莘 县
滨州	9 600	392.86	滨城区 惠民县 博兴县 邹平市	阳信县 无棣县 沾化区
菏泽	12 255	879.59	牡丹区 东明县 鄄城县 郓城县	成武县 巨野县 定陶区 曹 县 单 县
合计	82 292	5 421.80	数量：25 个	数量：50 个

一、人口与城镇化

1. 沿黄地区集聚全省一半人口，城镇化率增长高于全省平均水平。2020 年，沿黄设区市常住总人口 5 421.8 万人，城镇常住人口 3 329.04 万人，分别占全省总量的 53.4% 和 52.1%；常住人口城镇化率为 61.4%，分别低于全省和全国 1.6 个百分点、2.5 个百分点。2010—2020 年，沿黄地区常住人口从 5 164.9 万人增加到 5 421.8 万人，年均增长率为 4.8‰，低于全省平均水平（5.8‰）（见图 8–9）；常住人口城镇化率从 47.8% 提高到 61.4%，年均增加 1.4 个百分点，高于全省平均水平 0.03 个百分点。

2. 常住人口“西多东少中心强”、城镇化率“东高西低”。从各市常住人口分布来看，2020 年，济南、菏泽、济宁常住人口均超过 800 万人，而沿黄东北部的东营、滨州常住人口较少，低于 400 万人，其他沿黄设区市常住人口介于 400 万 ~ 600 万人，常住人口在空间上整体呈现“西多东少中心强”的分布格局（见图 8–10）；从城镇化水平来看，济南、淄博、东营3市常住人口城镇化率高，分别为73.46%、74.27%、71.45%，西南部地区城镇化发展程度较低（见图8-11）。

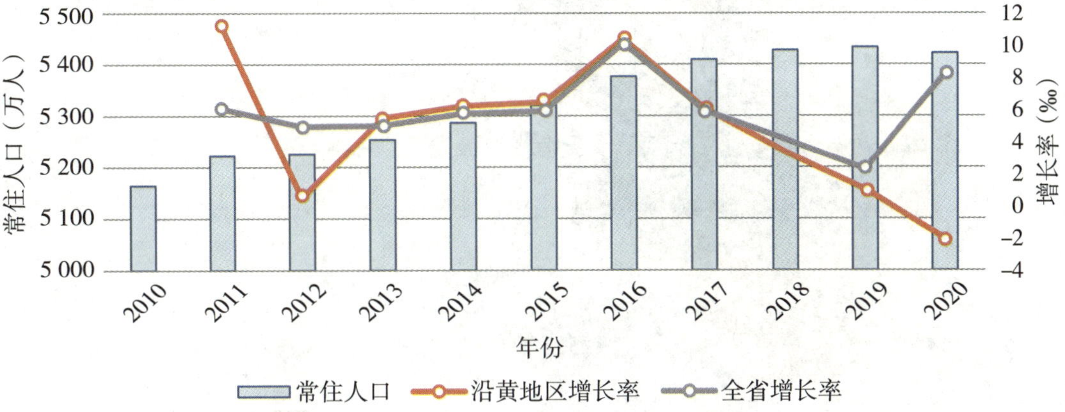

图8-9　2020年山东省沿黄地区常住人口变化

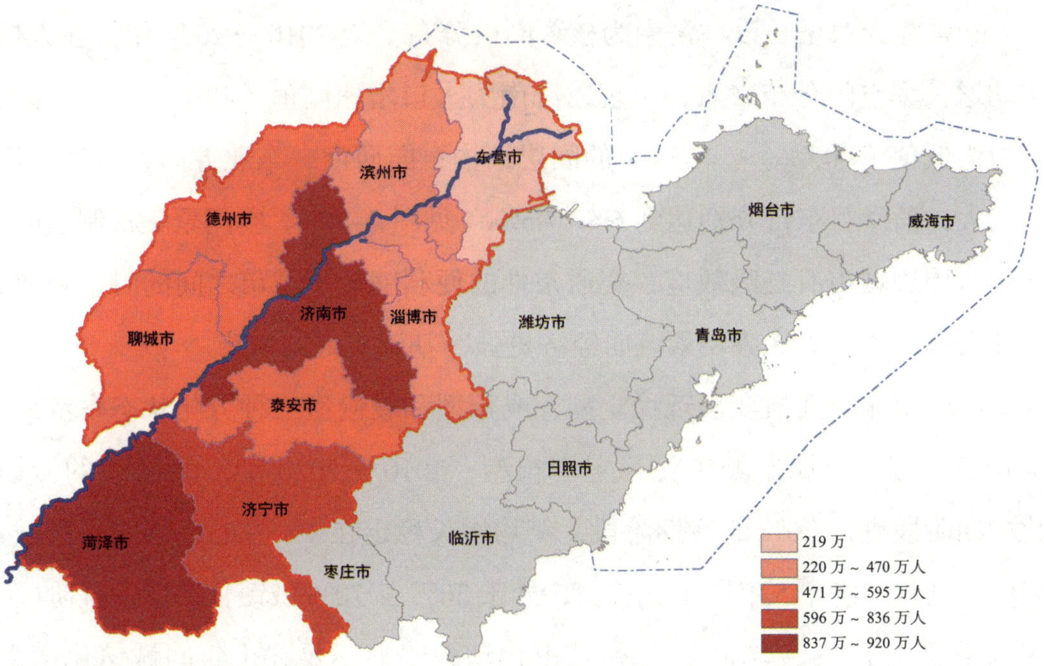

图8-10　2020年山东省沿黄地区七普常住人口空间分布图

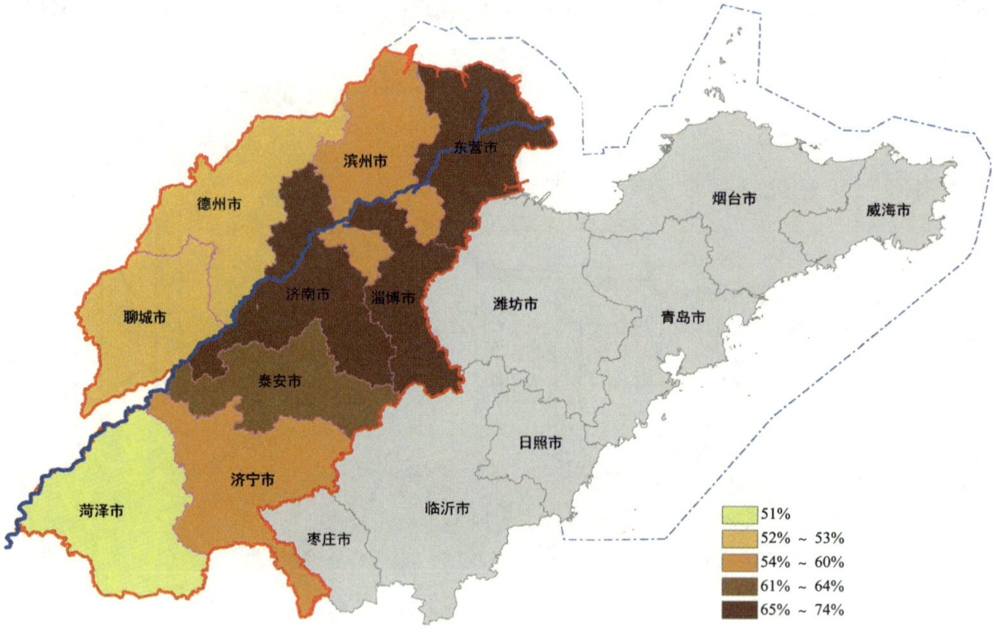

图 8-11 2020 年山东省沿黄地区城镇化率空间分布图

3. 常住人口增长以“济南为核”圈层分布。从 2010—2020 年常住人口年均增长率空间分布来看，呈现以济南为人口增速高值（12.7‰）、相邻设区市为低值（-0.4‰ ~ 4.7‰）的圈层结构；向西南、东北方向人口增速逐步扩大，菏泽、东营分别达到 6‰、7.5‰（见图 8-12）。空间聚集机制表明，济南对周边城市有虹吸效应，交通条件的便利缩短了城市之间的时空距离，加速人口、资金等优势要素流向经济更强、基础更好的城市。

4. 城镇化空间演变呈现稳定型、成长型和缓慢型三种分化状态。济南、淄博、东营 3 市属于城镇化稳定增长型，2010—2020 年，由 60% 的城镇化中期阶段进入 70% 的后期阶段，年均增长稳定在 1% 左右；泰安、聊城、菏泽、滨州、济宁 5 市属于成长型，处于 30% ~ 70% 城镇化快速发展阶段，年均增长在 1.3% ~ 1.7%；德州城镇化动力略显不足，十年间城镇化率由 43.05% 增至 53.3%，年均仅增长 1%（见图 8-13）。

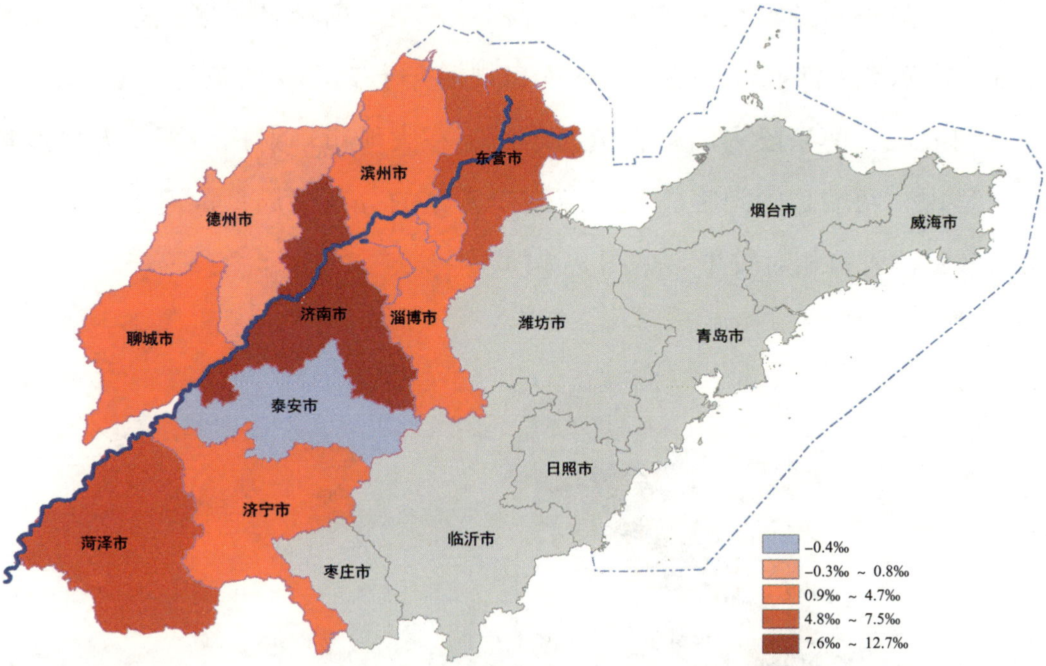

图 8-12　2010—2020 年山东省沿黄地区常住人口年均增长率

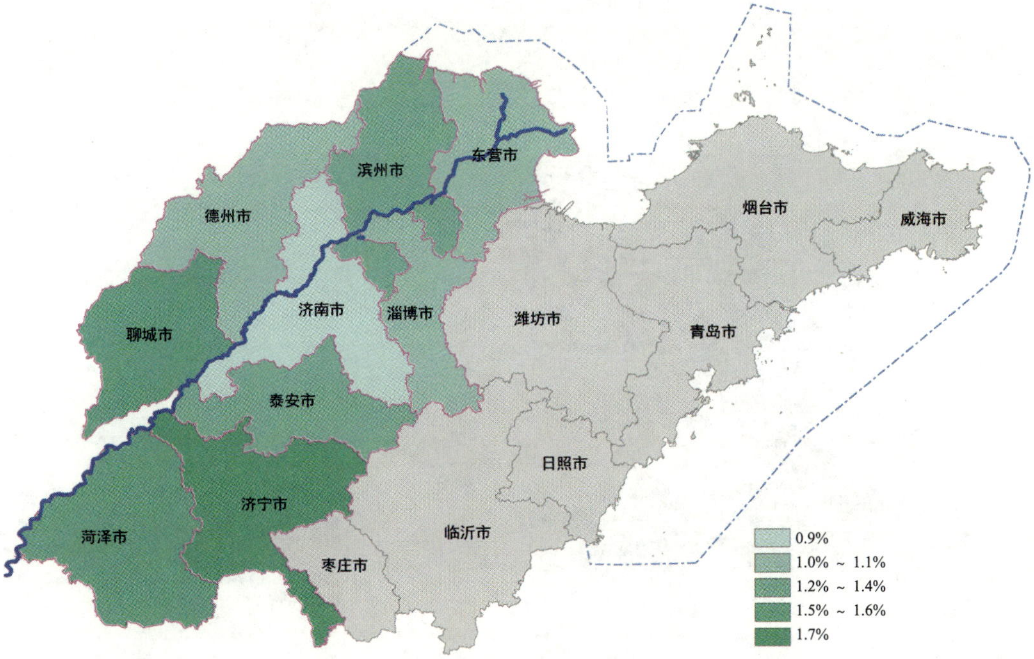

图 8-13　2010—2020 年山东省沿黄地区城镇化率年均增长速度

5. 东明—东平段及南岸县区人口相对密集。菏泽牡丹区、东明等 7 县区处于山东省黄河流域上游，常住人口规模介于 75 万 ~ 150 万人；从东阿、平阴到滨城、博兴段为山东省黄河中游，在大城市辐射作用下，人口聚集程度呈现“两端疏中间密、北岸疏南岸密”的分布格局；黄河下游的东营市县区整体人口相对较少（见图 8-14）。

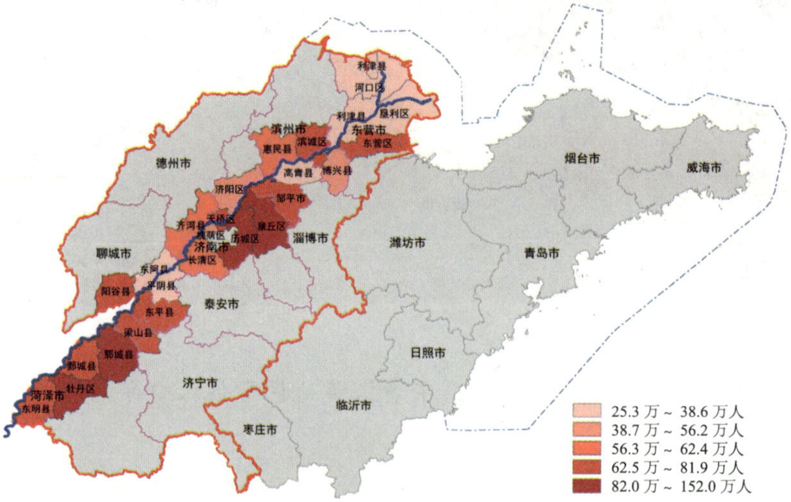

（a）常住人口数量

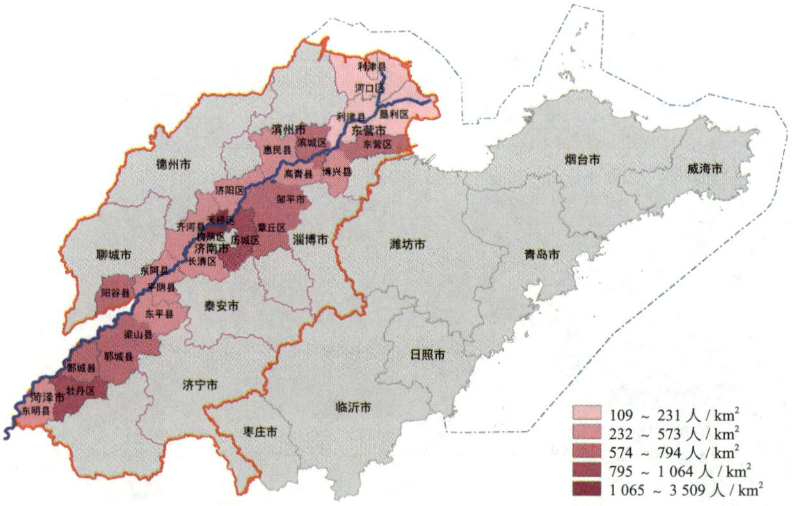

（b）常住人口密度

图 8-14　2010—2020 年山东省沿黄县（市、区）七普常住人口情况

二、资源禀赋

1. 耕地资源丰富，农产品产量高。2020 年，山东沿黄地区土地类型中耕地面积比重最大，为 48.06%；其次是林地，占比 14.12%。以山东 53% 的土地面积、56% 的耕地、61% 的永久基本农田，贡献了全省 69% 的粮食产量、92% 的棉花产量、52% 的肉类产量、21% 的水果产量、20% 的水产品产量和 23% 的油料产量。

2. 水资源相对短缺，成为制约高质量发展的突出瓶颈。2020 年，山东省沿黄地区水资源总量为 153.9 亿 m^3，人均水资源量 284m^3，仅为全省水平的 4/5、不足全国水平 1/7。人均用水量 287m^3、农业用水占比 65.3%，均高于全省平均水平（219m^3、60.2%），践行节约集约用水、调整用水结构、深化引黄灌区农业节水工程建设势在必行。山东对黄河水依赖程度高，引黄水量占全省总水量的 30%、全省平均外调水量的 98.8%。而黄河山东段一级支流中，除大汶河、北大沙河、汇河、锦水河、浪溪河外，其他 6 条河流均为断流状态，区域内数百个湖泊水位明显下降。

三、经济发展

1. 经济总量约占全省一半，经济增长高于全省平均增速。2020 年，沿黄地区经济总量达到 35 443.5 亿元，较上年增长了 3.7%，高于 2.9% 的全省平均增速，占全省比重由 48.1% 上升至 48.5%。经济形势不断向好，化工、纺织、造纸、机械、石油装备等行业在全省占有重要地位。2020 年，沿黄地区财政收入达到 3 019.2 亿元，较上一年增长 1.1%，高于 0.5% 的全省平均增速。但人均 GDP 较低，为 65 372 元 / 人，低于全省平均水平（72 151 元 / 人）。沿黄设区市地区具体经济总量情况如图 8–15、图 8–16 所示。

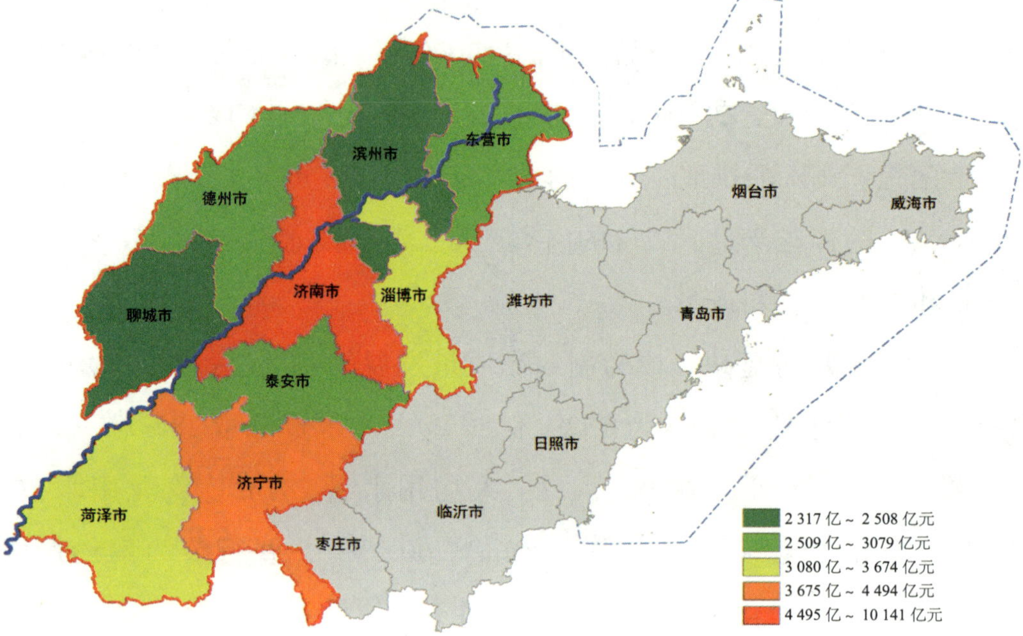

图 8-15 2010—2020 年山东省沿黄设区市 GDP

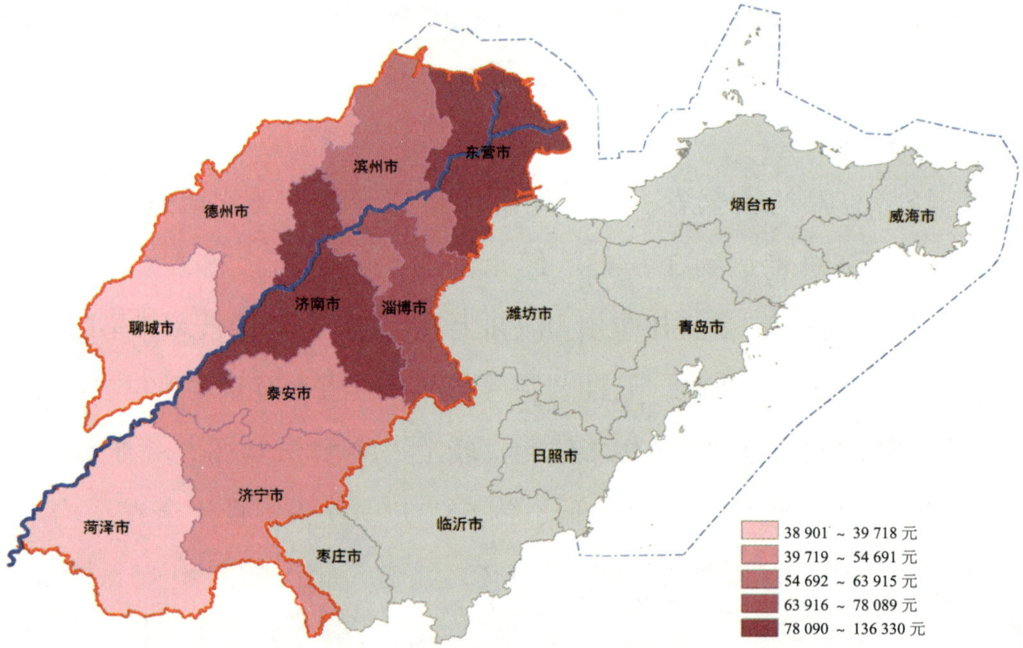

图 8-16 2010—2020 年山东省沿黄设区市人均 GDP

2. 产业结构不断优化，但仍存在“两头偏重”非均衡格局。沿黄地区三次产业比重由 2010 年的 8.7 : 55.0 : 36.2 调整为 2020 年的 7.3 : 39.1 : 53.5，第三产业增加值占比较上年增加 5.5%，高于全省平均水平（4.0%），规模以上工业增加值增长放缓，高新技术产业产值不断增长，沿黄地区产业发展正在走以生态优先绿色发展为导向的高质量发展新路子（见表 8–9）。区域内部发展不均衡，东营、淄博、菏泽等市第二产业占比较大，第二产业分布于沿河呈现“两头偏重”格局（见图 8–17）。

表 8–9 2020 年山东省及沿黄设区市
规模以上工业及高新技术产业情况一览表

单位：%

地区	规模以上工业增加值增速	服务业增加值增速	高新技术产业产值增速	高新技术产业产值占规模以上工业产值的比重
山东省	4.81	4.02	8.90	36.92
沿黄九市	2.15	5.51	8.56	36.22
济南	16.32	7.09	13.40	56.12
淄博	–11.71	3.82	14.40	37.36
东营	–7.13	4.63	4.80	28.15
济宁	–0.84	4.78	11.70	30.37
泰安	4.03	3.56	8.50	36.89
德州	6.71	4.80	9.20	38.10
聊城	5.10	4.64	4.60	31.69
滨州	7.82	4.84	0.50	29.71
菏泽	1.04	6.42	5.90	32.62

3. 创新产出能力略显不足。2020 年，沿黄地区专利申请受理量 17.39 万件、授权量 10.97 万件，分别占全省的 47.07%、45.95%，万人专利申请授权量为 20.23 件，低于全省平均水平（23.51 件）（见图 8–18）。沿黄地区 R&D 经费支出总额为 895 亿元，占全省的 50.25%，R&D 经费支出占 GDP 比重为 2.53%，高于全省 2.44% 的平均水平。

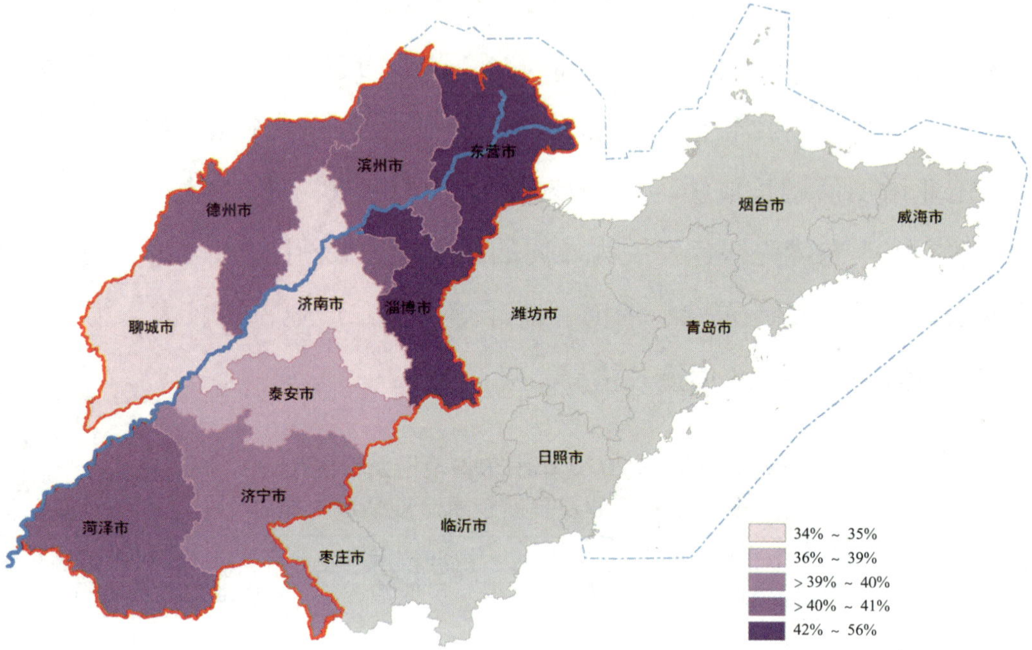

图 8-17　2020 年山东省沿黄设区市第二产业增加值比重分布图

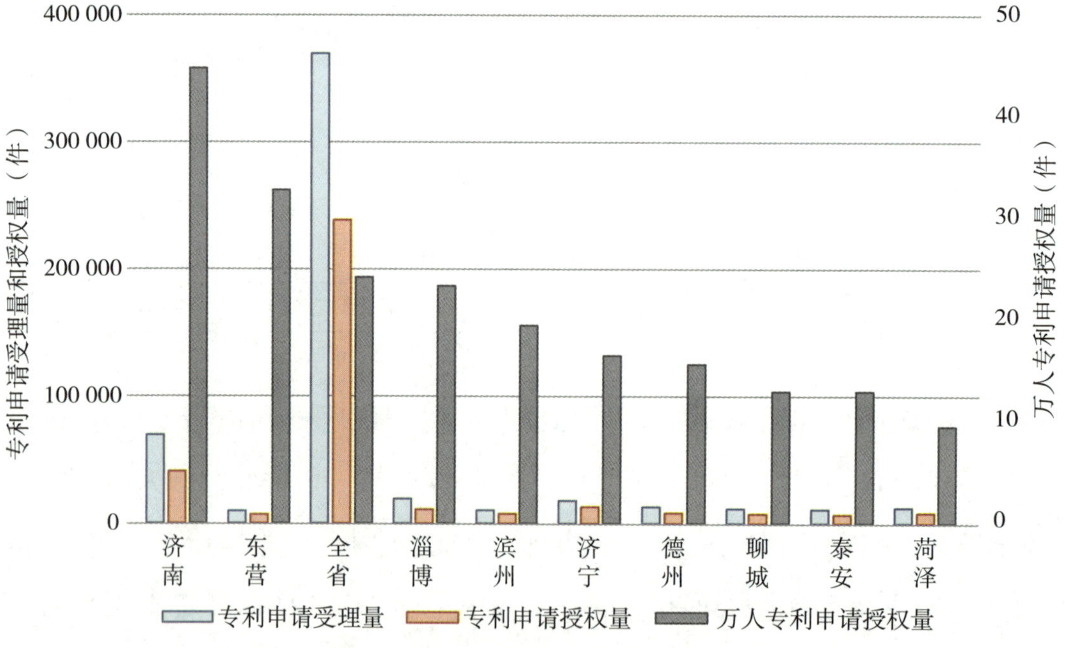

图 8-18　2020 年山东省沿黄设区市专利申请情况

4. 对外开放程度有待提升。山东黄河流域对外开放水平低于省内其他地区，2020 年山东沿黄地区进出口总额为 927.6 亿美元，占全省 29.1%，使用外资占全省 28.7%，对外投资占全省 32.8%。沿黄设区市进出口贸易情况如图 8-19 所示。

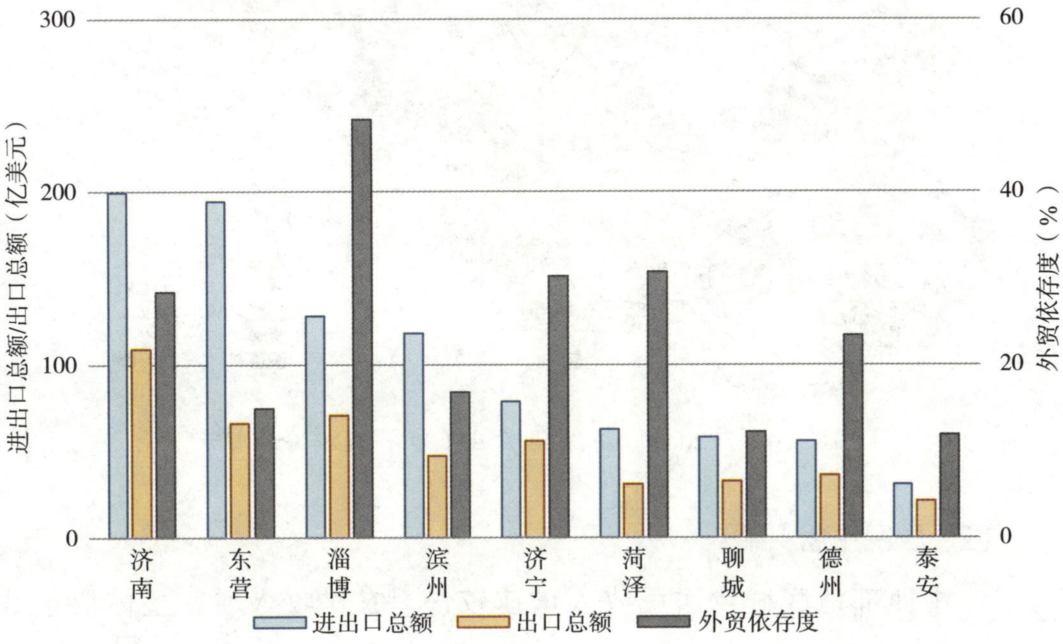

图 8-19 2020 年山东省沿黄设区市进出口贸易情况

5. 沿黄县（市）经济实力和竞争力有待提升。沿黄 14 县（市）经济总量从 2010 年的 2 489.5 亿元增长到 2020 年的 4 121.3 亿元，年均增长 5.2%，低于全省平均增速（10.9%）。在 2020 年全国综合竞争力百强县排名中，山东 10 个县（市）上榜，其中沿黄设区市中仅邹城、桓台、邹平 3 个县（市）上榜，县域经济发展规模偏小。沿黄县市产业形态以重化工、机械、纺织等资源型产业为主，能源原材料产业占比较高，存在产业偏重、竞争力不强等问题。2020 年山东省沿黄县（市）GDP 见图 8-20。

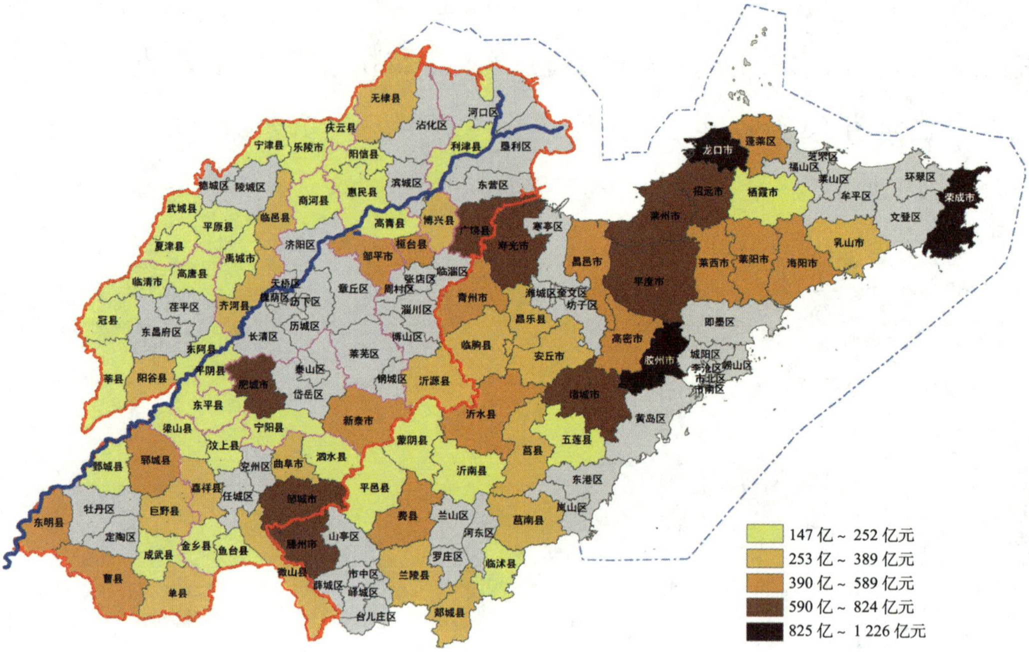

图 8-20　2020 年山东省沿黄县（市）GDP 分布情况

四、居民生活水平

1. 中西部地区城乡居民收入增速较快，农村收入增速整体快于城镇。从城镇、农村人均可支配收入增速来看，中西部地区的菏泽（3.66%、6.57%）、德州（3.71%、6.04%）、济宁（3.31%、5.72%）高于全省平均水平（3.30%、5.50%）。沿黄地区城乡收入比为 2.31∶1，略小于全省平均水平（2.33∶1）（见图 8–21）。从消费情况来看，济南、东营消费能力最强，城镇人均消费支出分别为 34 391 元、31 286 元，农村人均消费支出分别为 12 947 元、14 819 元；菏泽消费水平增长最快，城镇、农村人均消费增速均居全省第 1 位，分别增长 3.34%、6.38%。

2. 沿黄县（市）城乡居民收入稳步提升，城乡收入差距较小。2020 年，沿黄 14 个县（市）城镇居民人均可支配收入均介于 2.5 万 ~ 4.0 万元，农村居民人均可支配收入均介于 1.5 万 ~ 2.2 万元。从城镇居民和农村居民收入增速来看，博兴、东明、东平、鄄城、梁山、齐河、郓城、惠民 8 个县的增速高于全省平均水平（3.3%、5.5%）。从城乡收入比看，各县（市）城乡居民收入比均介于 1.6 ~ 2.2，低于全省平均水平（2.3），其中有 11 个县（市）低于 2.0。

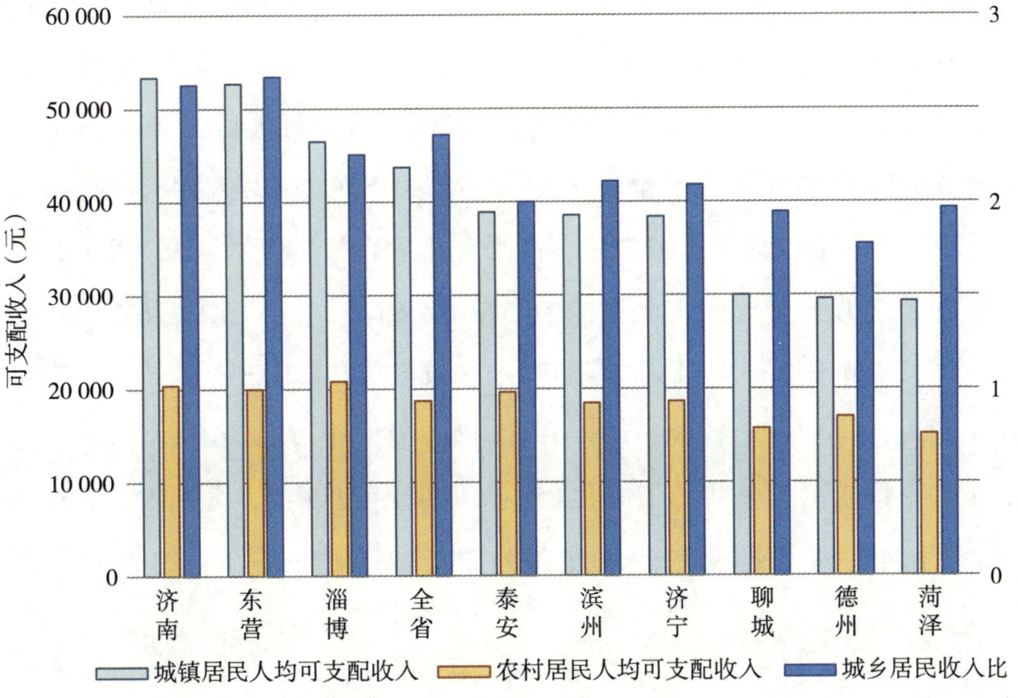

图 8-21　2020 年山东省沿黄设区市城乡居民收入情况

五、城乡设施建设

1. 交通设施较完善，初步建立公铁空海河的综合交通运输体系。山东黄河流域北接京津冀、南连长三角、东承山东半岛、西通中原经济区，位于京沪通道、青岛—拉萨通道、烟台—重庆通道、京港澳通道等国家大通道交汇处。2020 年公路总里程 159 127km，高速公路通车里程 3 952.3km，分别占全省的 53.6%、52.9%。拥有济南遥墙、济宁曲阜、东营胜利、菏泽牡丹 4 处机场，东营港、滨州港 2 处海港以及济宁港 1 处内河港口。从交通网络结构来看，沿黄地区高速公路以济南为中心呈放射状分布，黄河以北地区在东西方向上缺乏高等级交通干线，制约了黄河流域经济发展和城镇发育。

2.市政基础设施有效供给能力提高。2020年，沿黄9市全社会供水综合生产能力975.4万 m^3/d，供水管道总长度3.1万km，分别占全省的52.1%、45.2%，较2016年分别增长9.9%和22.5%；集中供热面积83 915.8万 m^2，占全省的45.9%，较2016年增长52.6%；城市道路长度29 710.5km，占全省的48.5%，较2016年增长19.2%。

3.文化服务设施供给能力有待提升。2020年沿黄地区万人拥有卫生技术人员数为81.1人，高于全省平均水平（80.2人）；万人拥有床位数为63.6张，与全省平均水平（63.7张）持平。小学在校学生数419.9万人，专任教师数25.7万人，分别占全省的56.5%和56.6%，生师比为16.4∶1，与全省平均水平持平（16.4∶1）。普通初中在校学生数210.3万人，专任教师数16.7万人，分别占全省的56.4%和55.1%，生师比为12.6∶1，低于全省12.2∶1的平均水平。公共图书馆共85处、博物馆287处，分别占全省比重为55.2%和49.7%。公共图书馆藏书量为2 652.3万册，占全省的38.0%。

第三节　推进沿黄地区城镇化高质量发展建议

一、加强生态保护和水环境治理，夯实生态本底

加大黄河沿岸生态治理和修复。牢固树立山水林田湖草生命共同体理念，实行最严格的生态环境保护制度，建设以黄河三角洲湿地为主的河口生态保护区，整合优化黄河三角洲国家地质公园、黄河口国家森林公园、黄河口生态国家级海洋特别保护区等自然保护地，高水平建设黄河口国家公园。促进黄河下游河道生态功能提升和入海口生态环境改善，推进生态调水和清水沟、刁口河流路生态补水工程，构筑科学合理、循环互济的水

系，促进黄河与自然保护区之间、自然保护区内部湿地之间水系连通，维护湿地、河流生态系统健康。加强对河流入海口、重点海湾、近岸海域的污染防治，深入开展环境污染综合整治。推进重点区域生态治理工程，实施泰沂山区、大汶河—东平湖生态区、小清河、南四湖、大运河等重点区域生态保护修复治理工程。

实施健康水生态保护工程。加大黄河干流、支流河道及河口地区水生态保护修复力度，开展小流域水土保持治理。统筹实施沿黄防护林、农田防护林、城乡绿网、黄泛平原风沙区水土保持治理等生态修复工程。综合整治流域污染，完善和落实河长制、湖长制，开展黄河流域干支流排污口排查整治专项行动，对合法合规的纳入监管，对违法违规的进行封堵，全面消除城乡黑臭水体，打赢碧水保卫战。推进南四湖、东平湖、大汶河、小清河、徒骇河等重点河湖生态环境综合治理与修复，开展生态护岸改造及底泥清淤疏浚，增强水体环境容量和自净能力，有效控制河道内源污染。完善河湖岸边、农村河沟和近岸海域垃圾打捞处置体系。

推进黄河流域水资源节约集约利用。把水资源作为沿黄地区城市发展最大的刚性约束，合理控制沿黄城市规模，基于“以水定城、以水定地、以水定人、以水定产”的原则，确立沿黄城市生态资源永续发展与合理利用的“三条线”（生态保护红线、环境质量底线、资源消耗上线）。加强灌溉节水技术改造，根据水资源条件调整种植结构，严控高耗水作物种植规模，打造高效节水示范区。推进工业高耗水行业转型，提升用水重复利用率，推进能源、重化工等高耗水行业的节水改造。在南水北调受水区，腾出适量引黄指标用于增加生态流量，保证利津断面生态流量不低于 180 亿 m^3。

二、系统提升防洪减灾能力，着力保障黄河下游长久安澜

强化综合性防洪减灾体系建设。实施黄河下游防洪工程，对高村以上游荡性河道重点河段进行综合整治，开展险工、控导改建加固及新续建工

程建设，维持中水河槽稳定，提高主槽排洪输沙能力，对高村以下重点河段堤河进行改造，确保堤防不决口。开展河口综合治理，实施河口防洪治理提升工程，提高堤防建设标准，稳定现行黄河入海流路，加强刁口河备用流路管理和研究。严格限制自发修建生产堤等无序活动，深化滩区安全建设。实施引黄涵闸病险水闸除险加固工程，消除水闸险情及安全隐患，保障黄河下游防洪安全。加强防洪减灾体系协同，统筹推进大汶河、小清河、洙赵新河、徒骇河、马颊河等水系防洪治理工程，持续提升中小河流防洪减灾能力。实施大中型病险水库水闸除险加固工程。推进沿海防潮堤工程建设，提升防潮减灾能力。

系统提升灾害防御应急救援能力。提高洪水监测预警能力，优化水文站网布局，完善水文监测设施建设，建设水工程调度监测管理系统。建立流域洪水调度体系、洪水管理公共服务体系和灾害预警信息系统，提升山洪灾害防御等基层防汛预报预警能力。建设堤防及重点险工、控导视频监控系统，有序推动水位、冰凌、环境等信息采集，实现黄河山东段等骨干河流运行情况的动态感知。加强应急救援队伍建设，设立水旱灾害防御培训演练基地，强化经费、装备保障，提高专业机动抢险能力。提高防洪减灾技术支撑能力，建设黄河大数据中心，建立覆盖骨干河道干支流的立体化数据采集监测网络，加强与流域管理机构共建共享，构建黄河下游生态环境感知、数据管理和业务应用体系。

三、加快新旧动能转换，推动沿黄经济高质量发展

培育壮大优势产业集群。坚持“腾笼换鸟、凤凰涅槃”思路，培育壮大新动能，以济南新旧动能转换起步区为引领，突出发展生态环保经济，着力增强产业生态构建能力，发挥济南信息技术服务、淄博新型功能材料等国家级新兴产业集群的引领辐射作用，培育沿黄地区新产业、新业态、新模式。改造提升传统动能，推动炼化、铝业、钢铁等整合提

升进入“快车道”，通过优化重组、减量整合、上大压小、上新压旧，实现集聚集约高效发展。聚力打造山东重工绿色智造、滨州高端铝业等重大产业集群。推进能源资源一体化开发利用，引导能源化工产业向精深加工、高端化发展，高水平建设东营临港高端石化产业园、滨州临港化工产业园等园区。

高水平建设济南新旧动能转换起步区。对标雄安新区，突出产城融合，加强规划引领，优化功能分区，形成南北呼应、协同发展态势。严格产业准入标准，优先布局区域性总部、功能性中心，加快引进一批高等院校、科研院所和高新技术企业，重点集聚新智造、新科技、新服务、新消费产业和业态。加强城市设计、建筑设计、景观设计，超前布局市政基础设施和公共服务设施，做好留白增绿文章，预留发展空间，率先打造数字孪生城市。加快建设现代绿色智慧新区，打造全国新旧动能转换新引擎。

四、推动黄河流域跨区域合作，协同提升对外开放水平

构筑黄河流域互联互通国际大通道。以服务沿黄地区参与“一带一路”建设为目标，发挥黄河流域唯一出海口、青岛和烟台门户城市以及优良港口群优势，大力推动与沿线国家和地区的国际运输合作，加快构建黄河流域面向日韩、连接欧亚大陆的国家战略大通道。

打造沿海港口和内陆港联动合作体系。支持青岛港、烟台港、日照港、渤海湾港等与沿黄省区合作建设“内陆港”。由山东港口集团联合黄河流域城市“无水港”和头部物流企业，建立陆海港口发展联盟，打造陆海统筹的港口产业合作体系。健全与黄河流域海关协作机制，深化沿黄区域通关和检验检疫一体化改革，强化与“一带一路”沿线国家海关等口岸执法机构的国际合作，提高口岸通关一体化建设水平。

构建国际物流疏运综合交通网络。建设沿黄达海综合运输大通道。发挥东亚港口联盟作用，推进山东与日韩重要港口自由通航，实施中韩铁路

轮渡计划，支持增开海上洲际直航航线和欧美集装箱班轮航线，增强国际通达、洲际中转能力。积极创建济南国家临空经济区。

五、加快城乡要素流动，促进黄河流域城乡融合发展

推进沿黄城乡融合发展试验区建设。重点推动济青局部片区国家级城乡融合发展试验区建设，加快济南黄河北片区、淄博高青县、东营沿黄片区、滨州市沿黄片区、菏泽市沿黄片区等省级城乡融合发展试验区建设，在城乡人口迁移有序流动、城乡设施一体化发展体制机制建立、城乡产业协同发展平台搭建等方面创新探索城乡融合发展路径，充分释放试验区在沿黄区域的引领示范带动效应。

激活各类要素支持沿黄地区城镇化建设。探索建立沿黄地区城乡人口融合发展新机制，合理引导人口城乡双向流动，把返乡创业和乡村振兴相结合，鼓励外出农民工返乡、高校毕业生下乡、技能人才回乡，带动沿黄农村地区经济发展。激活土地要素，探索存量挖潜与增量优化相结合，推进各类低效用地再开发，盘活农村集体建设用地；落实“人地挂钩”政策，加快农业转移人口市民化进程，保障进城落户农民土地承包权、宅基地使用权、集体收益分配权，鼓励依法自愿有偿转让。优化村庄国土空间布局，提高农村用地集约度，加快沿黄地区工矿废弃地复垦调整，合理利用农村建设用地发展创新功能。加快沿黄滩区土地流转，促进土地适度规模经营。

推动沿黄城镇设施向农村延伸布局。完善沿黄干线公路网络，逐步提升技术等级，覆盖沿黄县市和重点乡镇，逐步改造县乡公路和农村道路，支撑和引导农村居民点聚集与合理发展。结合乡村振兴，加快沿黄县市农村环境基础设施建设，推进美丽宜居乡村建设。加大对黄河滩区农村贫困地区的设施建设支持力度，推动新增资金、新增项目向贫困地区的公路、电网、水利等基础设施和农村饮水安全、教育、医疗等项目的倾斜。

第九章 国土空间规划视角下推进城镇化发展研究

《中共中央 国务院关于建立国土空间规划体系并监督实施的若干意见》中明确，“建立国土空间规划体系并监督实施，将主体功能区规划、土地利用规划、城乡规划等空间规划融合为统一的国土空间规划，实现‘多规合一’，强化国土空间规划对各专项规划的指导约束作用，是党中央、国务院作出的重大部署”。党的十九届五中全会强调，“优化国土空间布局，推进区域协调发展和新型城镇化”。国土空间规划从战略全局的角度，对城乡资源进行统一优化配置和节约高效利用，是实现城乡全面健康发展、促进城乡融合的重要举措。国土空间是城镇化进程的承载空间，然而在快速城镇化的进程中，由于外部发展环境的不确定性，往往会造成国土空间不合理配置，导致对城镇化速度的追求超过对质量内涵的优化提升，从而引发人口和土地要素的“时空失配”。

本章聚焦山东省城镇空间开发利用情况，系统分析人口城镇化和土地城镇化之间的关系，为今后制定科学合理的新型城镇化、城乡融合发展策略提供科学引导与参考依据，对于加快推进以人为核心的新型城镇化发展具有重要意义。

第一节　山东省城镇空间开发利用现状及时空演变

一、城镇空间布局

1. 胶济沿线城镇带基本形成，城镇空间连绵发展。济南、青岛、淄博、潍坊 4 市城镇建设用地占全省的 37%，逐步形成了沿胶济线的多中心带状空间结构。城市辐射范围不断扩大，城市职能由中心城市向各县（市）以及周围的小城镇扩散转移。利用夜间灯光数据对全省的城镇空间进行模拟辅助分析，2010—2020 年，济青发展轴沿线城镇空间拓张迅速，并出现连绵的态势。但是从轴线内部城镇间的互动关系来看，沿线内部一体化程度不高，部分城市布局松散，如位于济青走廊中间的淄博，相对于济南、青岛，其与东营、滨州关系更为紧密。

2020 年山东城镇空间分布见图 9-1，部分年份夜间灯光情况见图 9-2。

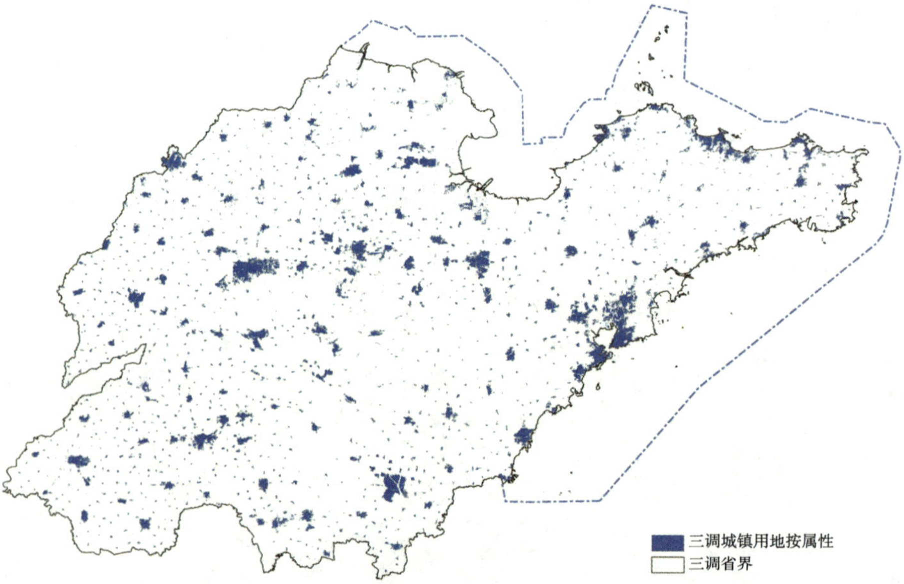

图 9-1　2020 年山东城镇空间分布示意图

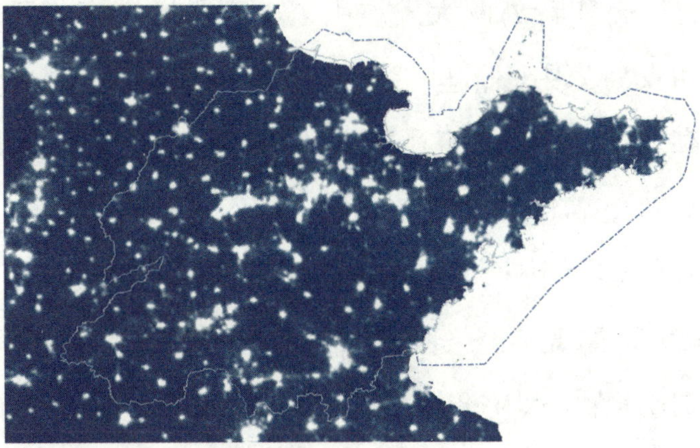

（a）2010 年

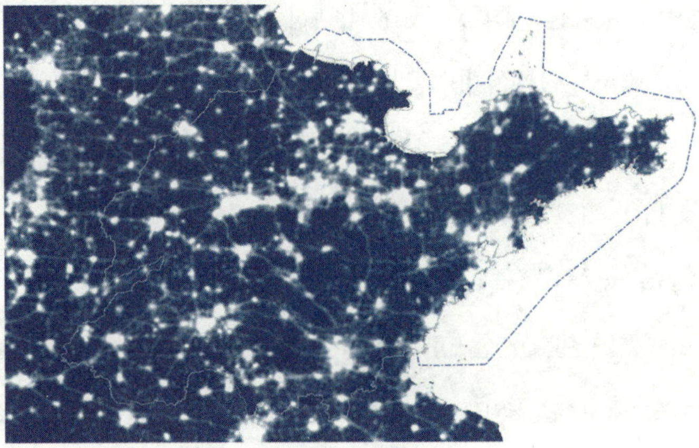

（b）2015 年

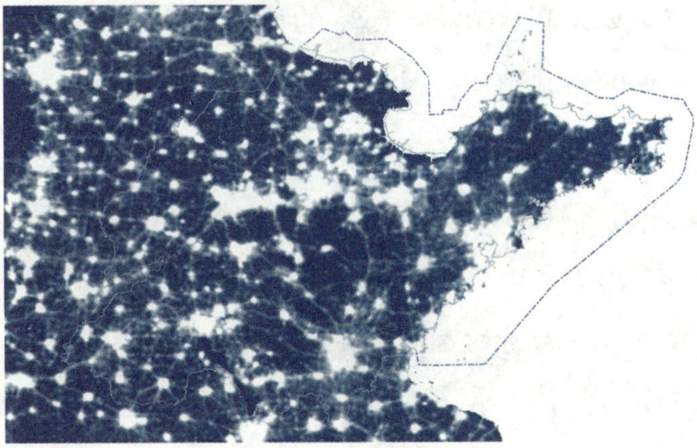

（c）2020 年

图 9-2　山东夜间灯光情况

2. 全省形成济南和青岛两大发展引擎，部分城镇密集区发展较弱。城镇空间以济南和青岛为中心，呈带状向外分布，越靠近中心城区，国土空间开发强度越高。半径 100km 圈层内集中了全省约 37% 的城镇建设用地，国土开发强度为 7%，高于全省平均水平（6%）；半径 150km 圈层内集中了全省约 66% 的城镇建设用地，国土开发强度为 6%。部分城镇密集区发展情况与预期差距较大，如鲁南经济圈的济宁、枣庄中心城区相对分散，集聚能力偏弱，人口与用地在空间协调性上有待提升，城镇空间布局有待优化。

3. 城镇建设表现为城大镇小，两级分化明显。在经济快速发展和人口增长的双重驱动下，全省城市建成区不断扩大，由 2010 年的 3 566km^2 增长至 2020 年的 7 208km^2，10 年间增长 1.02 倍①。特大城市和大城市集聚了大量资源要素，呈现规模膨胀；中小城市集聚产业和人口能力不足，潜力没有得到充分发挥；小城镇数量多、规模小、服务功能弱，镇区用地平均规模不到 2km^2，常住人口在 1 万人以下的乡镇有 531 个，占全省近 50%。

4. 城镇内部绿色生态空间减少，建成区内绿地不足。2015—2020 年，山东建成区绿化覆盖率由 42.3% 减少到 41.7%，2020 年公园绿地面积 705.08km^2，占城镇建设用地的比例为 7.86%，远低于《城市用地分类与规划建设用地标准》要求的 10% ~ 15% 的比例，且分布不均（见图 9–3）。随着城镇人口的增长和城镇空间快速扩张，城镇绿地和坑塘水系等绿色生态空间不断被侵占，公园绿地建设不足，自然生态缺少毛细系统的支撑，自我循环和修复能力下降，失去了有效的生态调蓄作用。

二、城镇空间利用水平

1. 城镇空间利用效率有所下降，集约利用程度有待提升。2020 年，山东人均城镇建设用地面积 140m^2，比全国平均水平高 25m^2。从各市情况来

① 2010 年城市建成区数据来源于《山东统计年鉴 2021》，2020 年城市建成区数据来源于《山东省城市建设统计年报 2020》。

看，山东东北部地区人均城镇用地高于西部、南部地区，最高的区域集中在东营、滨州和威海 3 市，其中，东营最高，为 $274m^2$/ 人；泰安最低，为 $108m^2$/ 人。相较“二调”[①]，全省人均城镇建设用地面积增加 $13m^2$。除济南、淄博、潍坊外，其余 13 市的人均城镇建设用地均有所增加，增加幅度较大的东营、滨州和烟台分别增加 $95m^2$、$52m^2$、$32m^2$，总体呈现“中部地区下降或小幅增加，鲁北和胶东增幅高于鲁南”的规律。东营是全国第二大油田胜利油田的所在地，油田经济的发展，促使社会经济不断发展，导致城镇用地需求不断增加，人均城镇用地快速增长（见图 9-3 ~ 图 9-5）。

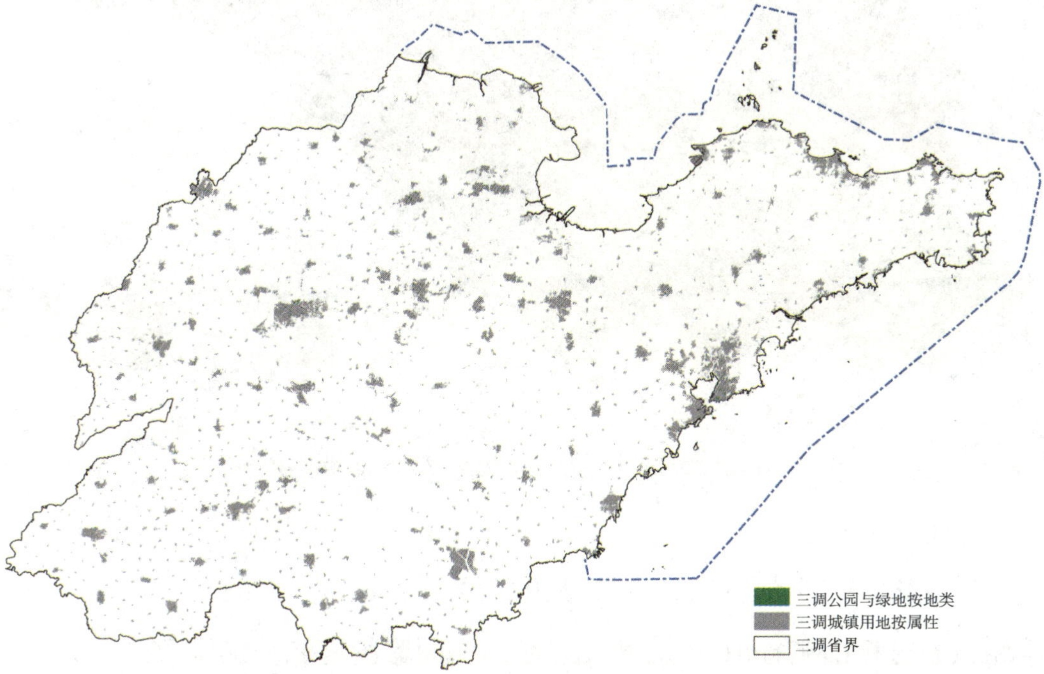

图 9-3　2020 年山东公园绿地分布图

2. 城镇空间开发强度较高，城镇空间呈现外延式扩张。2020 年，山东

① “二调”指第二次全国国土调查。

整体城镇空间开发强度为5.67%，远高于全国平均水平（1.29%），略高于浙江（5.00%）、广东（5.03%）。青岛开发强度最高，为10.71%，济南和淄博超过7%。从城镇空间开发强度与城镇化水平的关系来看，城镇化水平越高，城镇空间开发强度越高，反映了城镇建设用地是城镇化的重要承载空间。

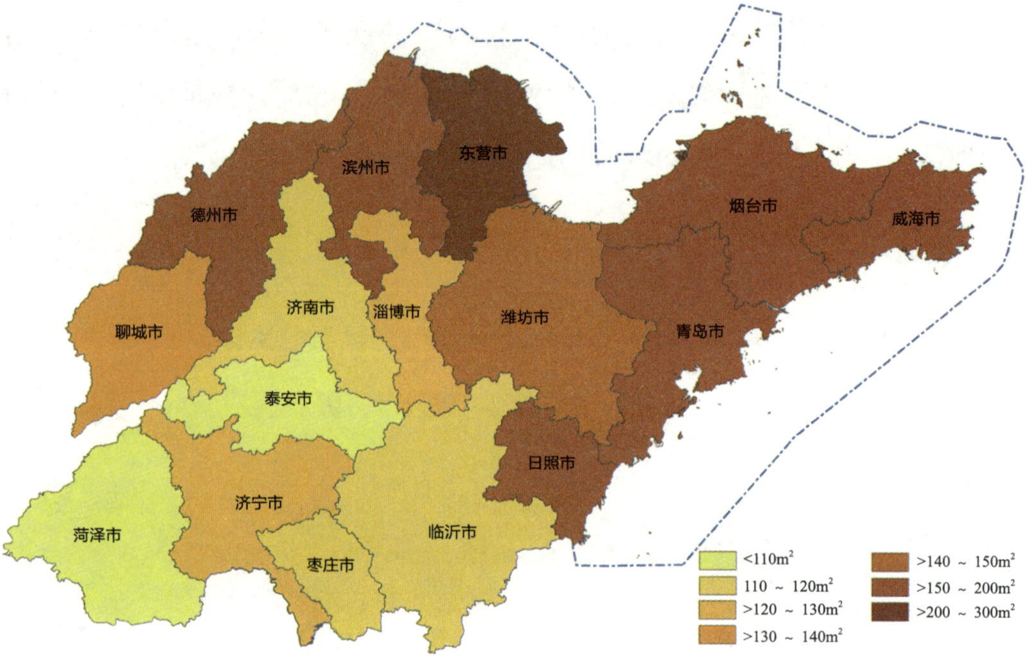

图9-4　2020年16市人均城镇建设用地情况

通过第三方文献资料，选取城镇建设用地面积变化的空间紧凑度与分形维数，分析山东省16市的开发强度。空间紧凑度和分形维数的计算分别见公式（9-1）和公式（9-2）：

$$c=2\sqrt{\pi A}/P \tag{9-1}$$

$$S=2\ln\left(\frac{P}{4}\right)/\ln(A) \tag{9-2}$$

式中，c为空间紧凑度，S为城市斑块的分形维数，A为城镇建设用地斑块总面积，P为城镇建设用地斑块轮廓总周长。c值介于0～1，紧凑度值越大，其形状越具有紧凑性；反之，紧凑性越差。城市建设用地的分形维数，反映的是城市实体地域的形态稳定性，分形维数越大，斑块不规则程度越大，当 $S < 1.5$ 时，表示研究对象稳定性较高，当 $S > 1.5$ 时，表示研究对象图形复杂，稳定性较低。

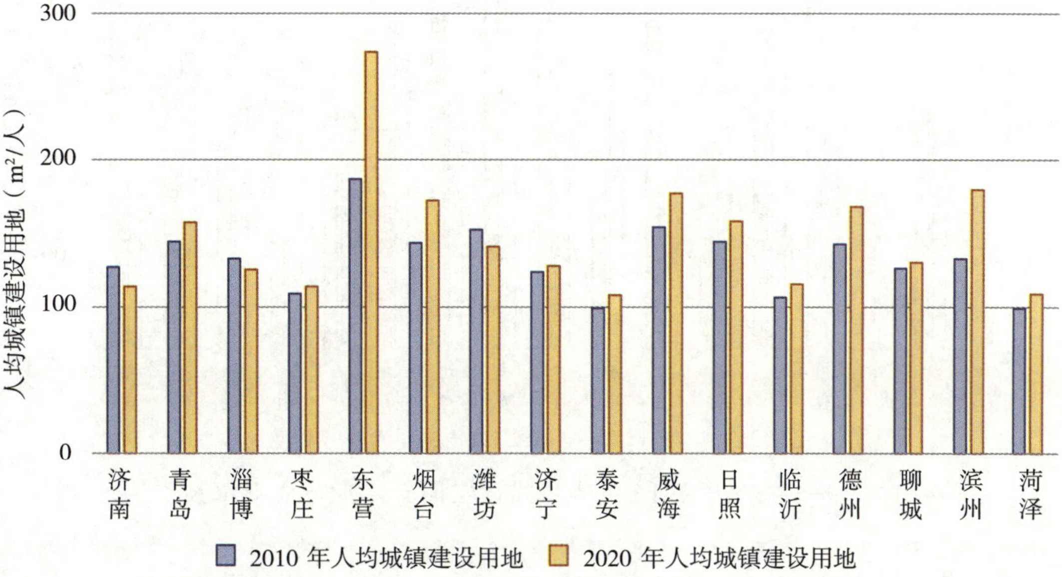

图 9-5　2010 年、2020 年 16 市人均城镇建设用地对比

根据计算结果，山东省城镇空间整体紧凑度较低，分形维数相对较高。其中，日照、枣庄和聊城城镇空间紧凑度相对较高，烟台城镇空间紧凑度最低，为 0.02，城镇空间边界的破碎程度较高。16 市的城市斑块的分形维数均大于 2，稳定性较差，目前城镇空间形态仍以外部扩张为主（见图 9-6）。

3. 城镇空间利用效益一般，地均产出不断提升。山东城镇空间经济效率一般，2020 年全省单位城镇建设用地产出为 815.18 万元 / ha，低于全国平均水平（981.52 万元 / ha）。济南和青岛超过全国平均水平，分别达到 1 315 万元 / ha、1 025 万元 / ha。全省城镇建设用地地均二三产业增加值由 2010 年的 569 万元 / ha 增加至 2020 年的 755 万元 / ha（各市增加值见图 9-7），十年间增幅为33%，城镇空间开发利用效益逐步适应城镇化高质量发展的要求。

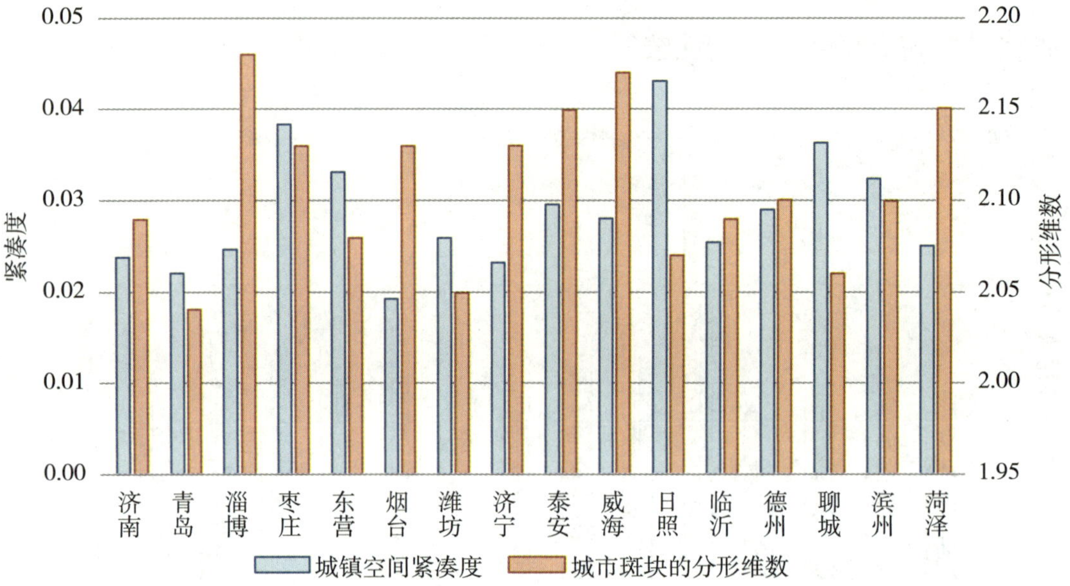

图9-6 2020年16市城镇建设空间紧凑度与分形维数

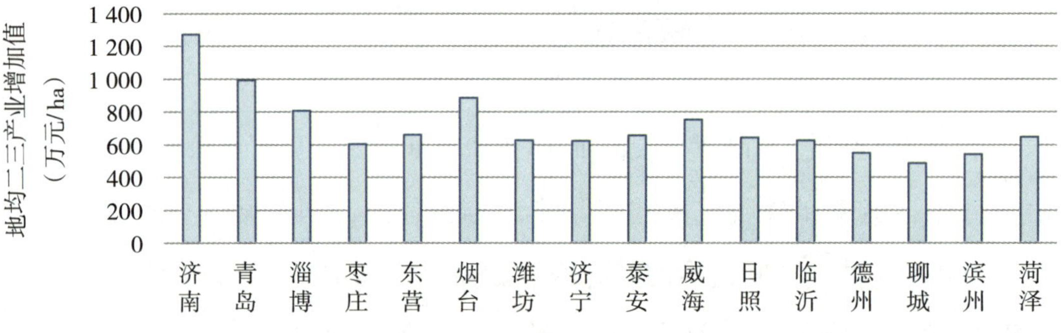

图9-7 2020年16市城镇建设用地地均二三产业增加值

三、山东省城镇空间时空演变

1. 城镇空间不断扩张，新增来源多样。从2010年到2020年山东城镇建设用地面积变化来看，城镇规模持续增长，2020年城镇建设用地面积是2010年的1.44倍（见图9-8），其中，青岛和烟台城镇建设用地增量最多，分别为 382km² 和 269km²（见图 9-9）。

图 9-8　2010—2020 年山东城镇建设用地面积及增长情况

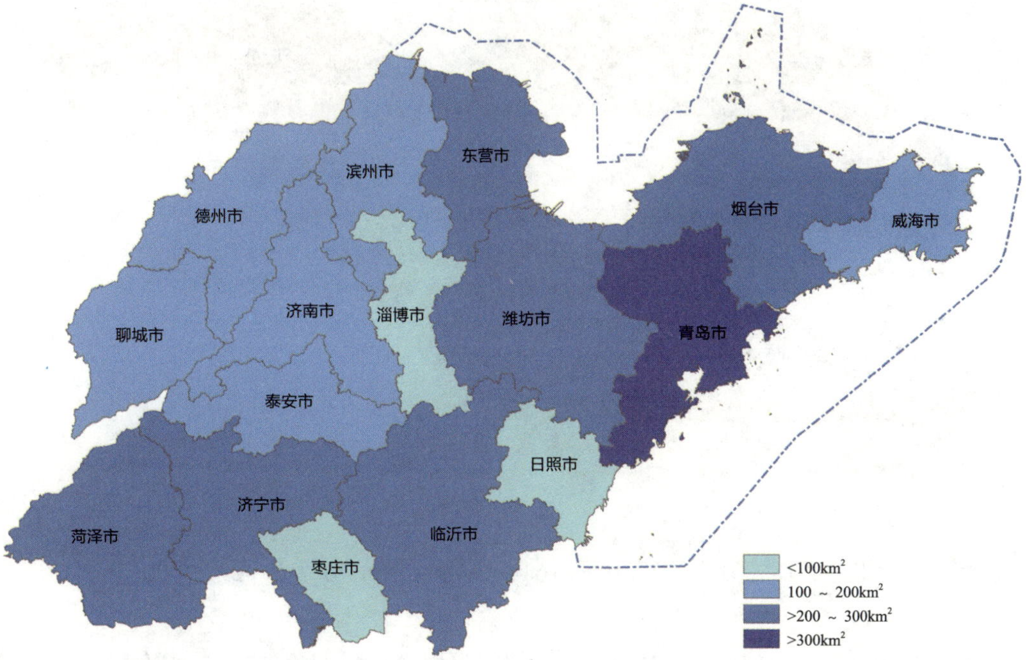

图 9-9　2010—2020 年 16 市新增城镇建设用地面积情况

“二调”以来建设用地实际净增加 4 678km²，建设用地流出 3 849km²、流入 8 527km²。流入的建设用地中来自耕地 3 445km²、园地 383km²、林地 902km²、草地 343km²、农村道路 827km²、水域 1 540km²、其他土地（不含空闲地）998km²，由于零米线调整新增建设用地 88km²。

2. 城镇空间扩张速率有所加快，济南淄博趋于平稳。2010—2020 年全省城镇空间年均增长速率为 4.11%，在空间上整体呈现“中间低四周高”的增长格局。10 市高于全省平均水平，东营、滨州年均增速最快，分别为 7.26% 和 7.08%，威海与全省平均水平相当，其余 5 市增长速率均低于 4%，淄博增速最慢，仅为 1.59%（见图 9-10）。

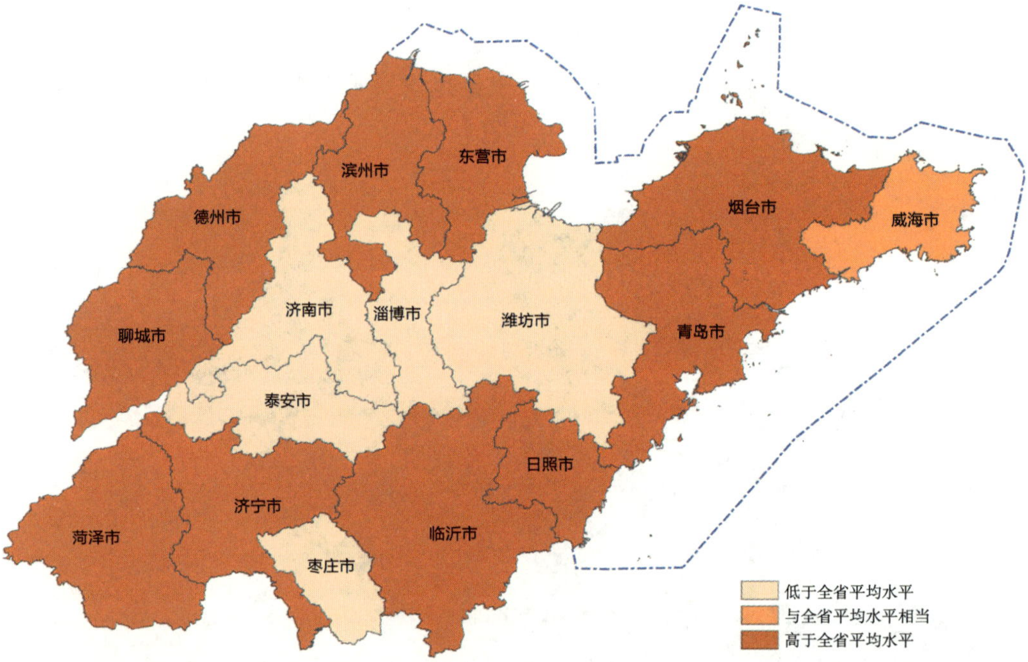

图 9-10　2010—2020 年 16 市城镇空间年均增长速度情况

对比 2010—2015 年、2015—2020 年两个时间段，山东城镇空间年均扩张速率后五年比前五年提高 4.2 个百分点，整体仍处于加速扩张时期。后五年，胶东地区和鲁南地区城镇空间扩张速率增幅较大；济南、淄博扩张速率有所下降，已经进入用地增长平稳期（见图 9-11）。

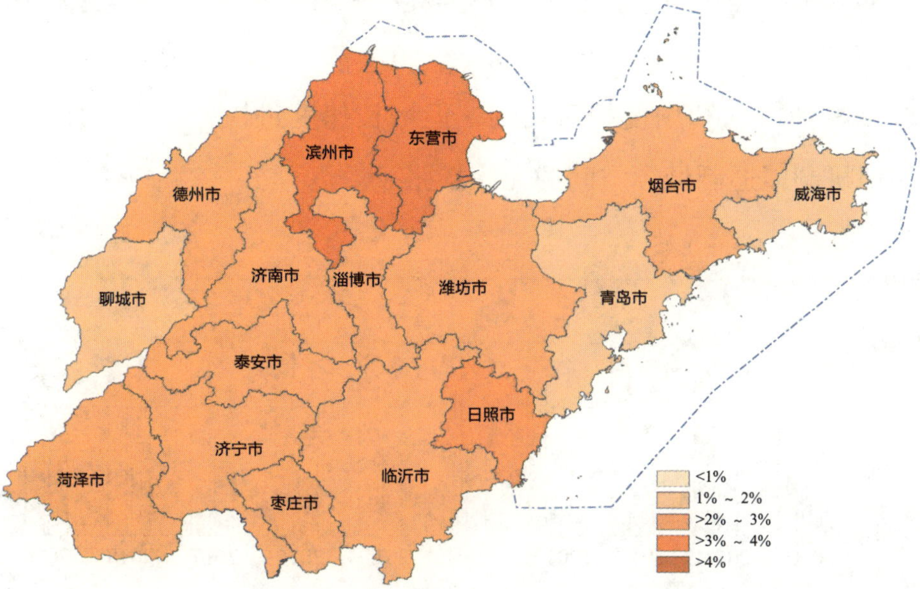

（a）2010—2015 年

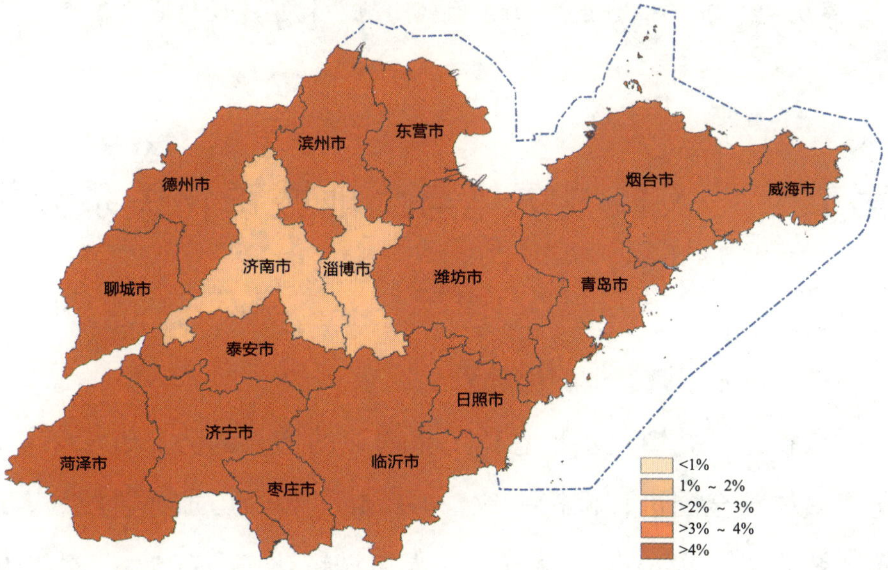

（b）2015—2020 年

图 9-11　16 市城镇空间年均增长速度

3. 土地资源使用粗放，城乡空间配置不均。2010—2020年，山东省城镇建设用地和农村建设用地均有所增长（见图9-12）。乡村人口逐年减少，但乡村地区用地仍在增加，人均农村建设用地面积由2010年的278m^2/人增加至2020年的424m^2/人，年均增长4.3%，农村地区土地利用粗放。城镇空间较乡村地区的利用度相对集约，但增长速度过快，未来应建立相应的节约用地机制以遏制城镇空间的无序扩张。

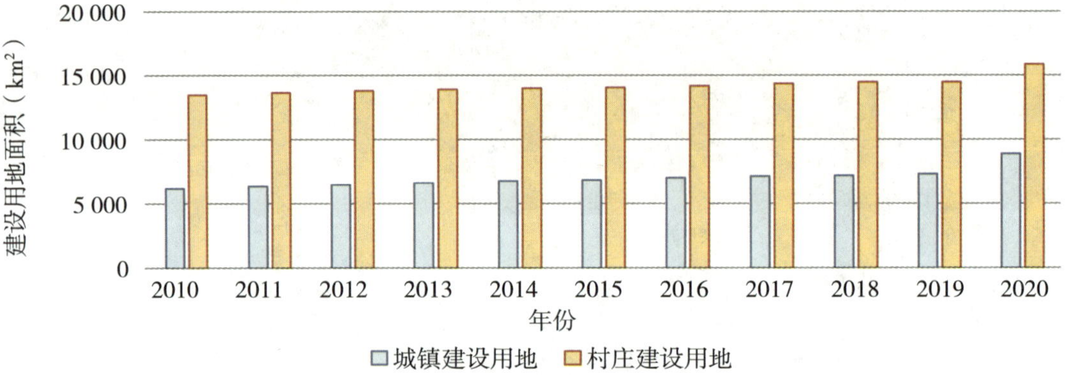

图9-12　2010—2020年山东城镇用地与村庄建设用地面积变化

第二节　人口城镇化与土地城镇化关系分析

一、山东省人口城镇化变化趋势

1. 山东省人口城镇化水平总体上呈明显的增长趋势。近十年来，山东城镇化率整体与全国进程保持一致，城镇化进程经历加速阶段后，逐渐进入提质增效阶段。2020年，全省常住人口城镇化率63.05%，比2010年提高13.29个百分点，16市常住人口城镇化率均超过50%（见图9-13）。城镇化率呈现先快后慢的增长趋势，近3年城镇化率增速有所放缓，已步入创新驱动、生态优先、以人为本、城乡互动的内涵式发展关键期。

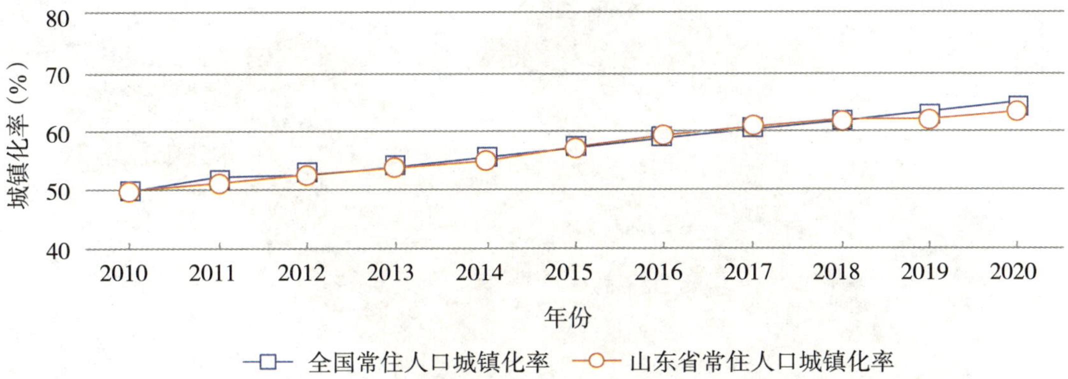

图 9–13　2010—2020 年全国与山东省常住人口城镇化率变化对比

2009 年以来，山东省委、省政府立足基本省情，充分发挥城镇化、工业化的有利发展条件，整合各方资源，先后制定、出台《中共山东省委 山东省人民政府关于大力推进新型城镇化的意见》（鲁发〔2009〕21 号）、《山东省新型城镇化规划（2014—2020 年）》和《加快推进新型城镇化建设行动实施方案（2018—2020 年）》等重要指导文件，并在户籍、土地、财政、住房、公共服务等领域进行了相应的配套改革，山东城市管理更加精细，城市发展迅速，城市功能全面提升，城镇化质量持续改善，成为全国城市实力最均衡的省份之一。

2. 人口城镇化水平空间分异明显。山东经济地域空间分异明显，在某种程度上是我国的典型缩影，城镇化发展亦是如此，整体上呈现出以济南和青岛为中心的圈层式分布。济南都市圈和青岛都市圈紧密圈层范围内的城镇化水平较高，超过全省平均水平；德州、聊城和菏泽较低，分别为 53.30%、52.97%、50.73%（见图 9–14）。城镇化率年均增速整体呈现“西快东慢”的格局，西部的聊城、菏泽仍有较大增长空间。济南、青岛、淄博和东营 4 市城镇化率增速较缓，已步入结构优化、提质增效阶段（见图 9–15）。

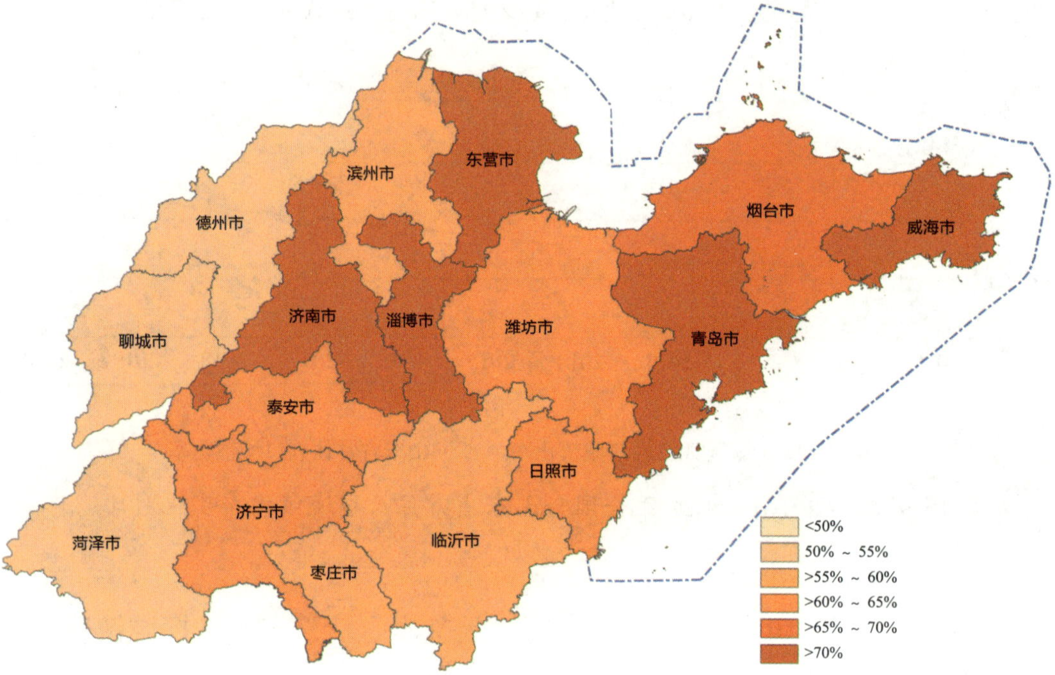

图 9-14 2020 年山东省人口城镇化率空间差异分布

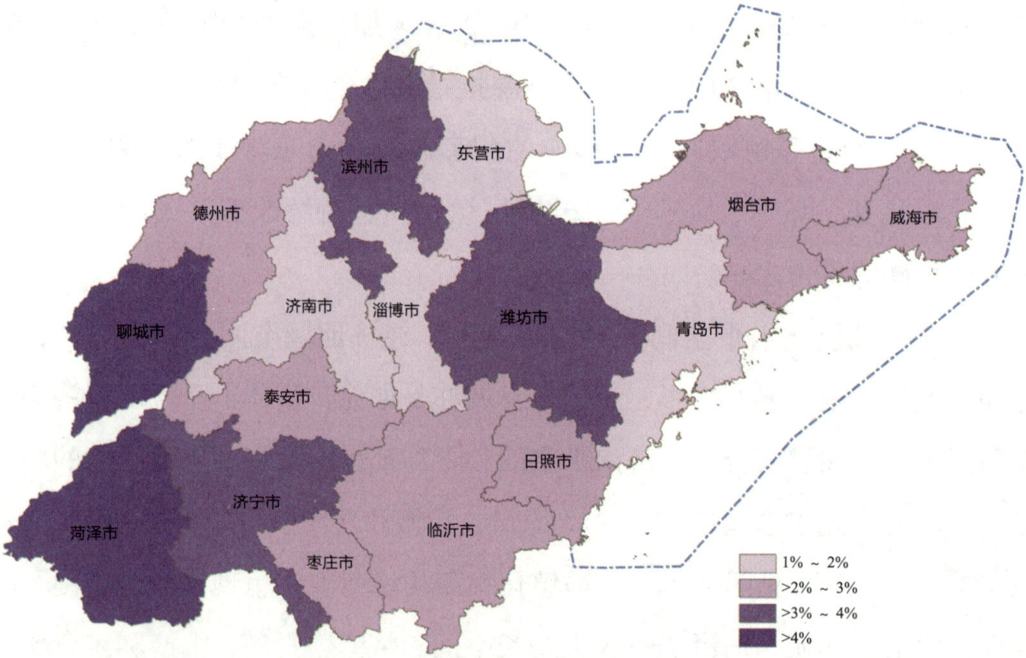

图 9-15 2020 年山东省人口城镇化年均增长率空间差异分布

二、山东省土地城镇化变化趋势

1. 山东省土地城镇化水平不断提升。2010—2020 年，山东城镇建设用地规模逐渐扩大，城镇建设用地在城乡建设用地中的占比不断提高，由 31.54% 提高到 36.02%，土地城镇化率整体呈现增长态势，十年间，土地城镇化水平增加 4.48 个百分点，年均增速为 0.15%（见图 9–16）。

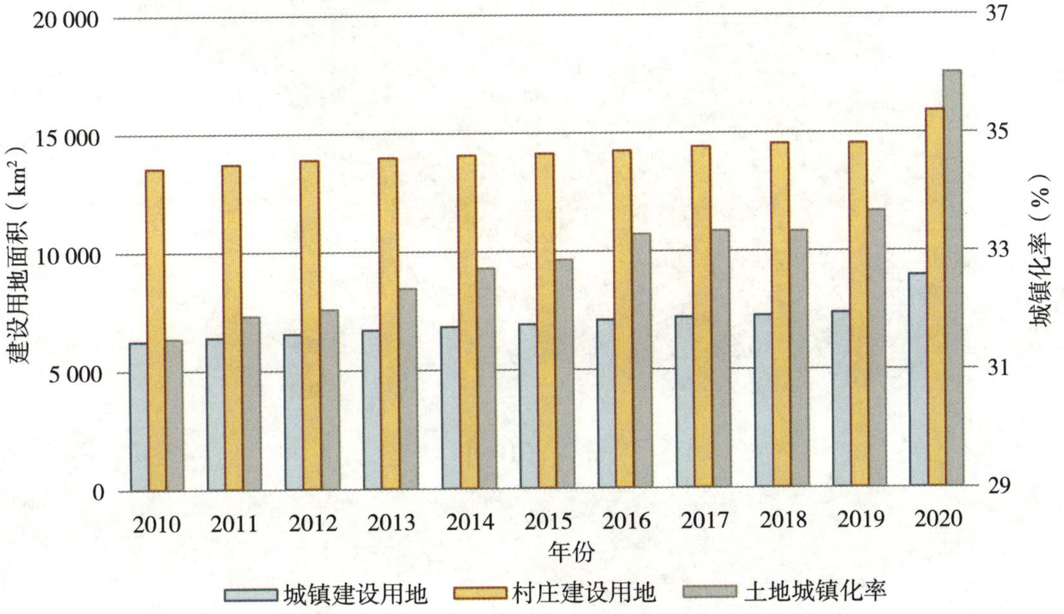

图 9–16　2010—2020 年山东土地城镇化变化情况

2. 土地城镇化水平空间分布不均且差距逐渐扩大。2020 年山东土地城镇化水平分布状况与 2010 年基本一致，整体呈现出“以济南青岛为中心，沿海高内陆低”的格局，土地城镇化水平较高的为青岛、威海、济南和烟台，其中青岛最高（55.34%），威海、济南和烟台均达到 40% 以上。胶东五市依托其独特的港口和海洋资源优势，成为山东省对外开放的主要窗口，土地城镇化迅速发展；鲁南经济圈地区和滨州由于经济基础相对薄弱，发展速度缓慢，土地城镇化程度相对较低，滨州、菏泽、临沂的土地城镇化率分别为 20.56%、20.93% 和 24.55%。从整体发展趋势看，16 市土地城镇化水平差距逐渐扩大，2010 年最高的青岛与最低的菏泽相差 29 个百分点，2020 年最高的青岛与最低的滨州相差 35 个百分点，差异日趋明显（见图 9-17）。

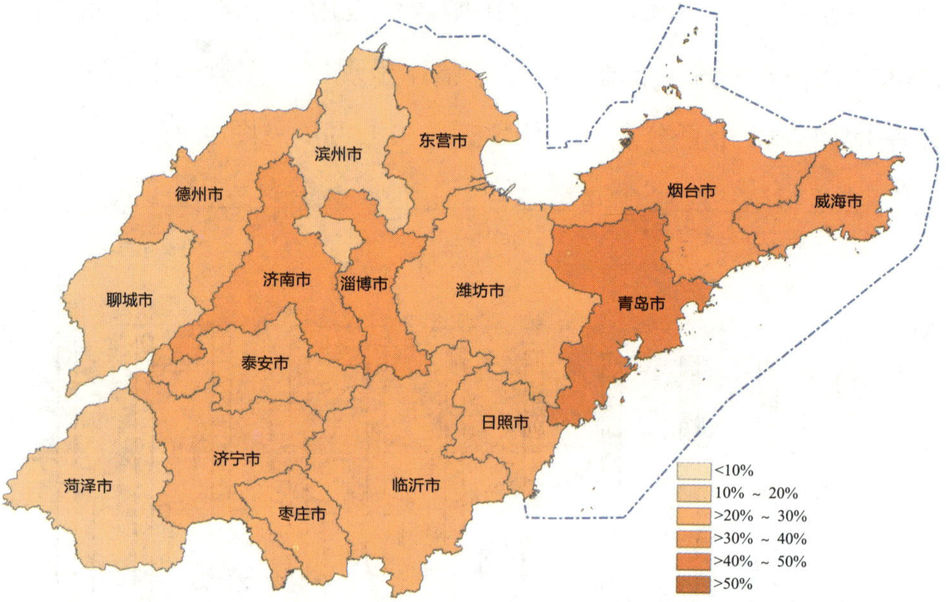

（a）2010 年

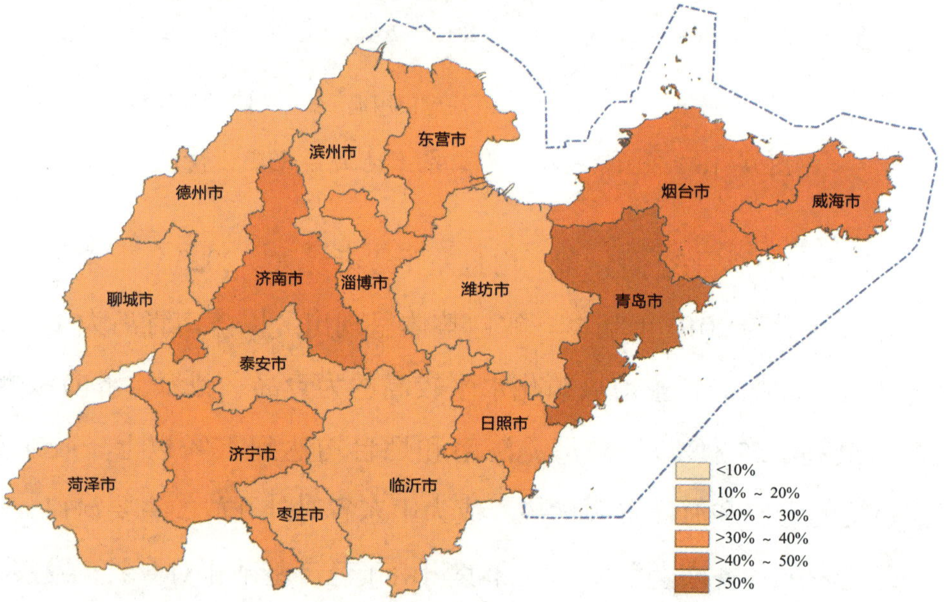

（b）2020 年

图 9-17　16 市土地城镇化率变化情况

3. 经济发展水平与土地城镇化发展整体呈正相关。人均 GDP 水平越高，土地城镇化率越高（见图 9–18）。胶东地区经济发达，各市土地城镇化率均处于省内中上水平；鲁南地区属于经济欠发达地区，土地城镇化率处于省内中下水平；鲁中地区经济和土地城镇化发展水平中等，增速也较为适中。劳动力、生产技术和资金等要素向城镇地区集聚，为城镇化发展进程提供了强大的经济保障和坚实牢固的产业基础，部分耕地、农田等转变成城镇建设用地，促进了土地城镇化进程。

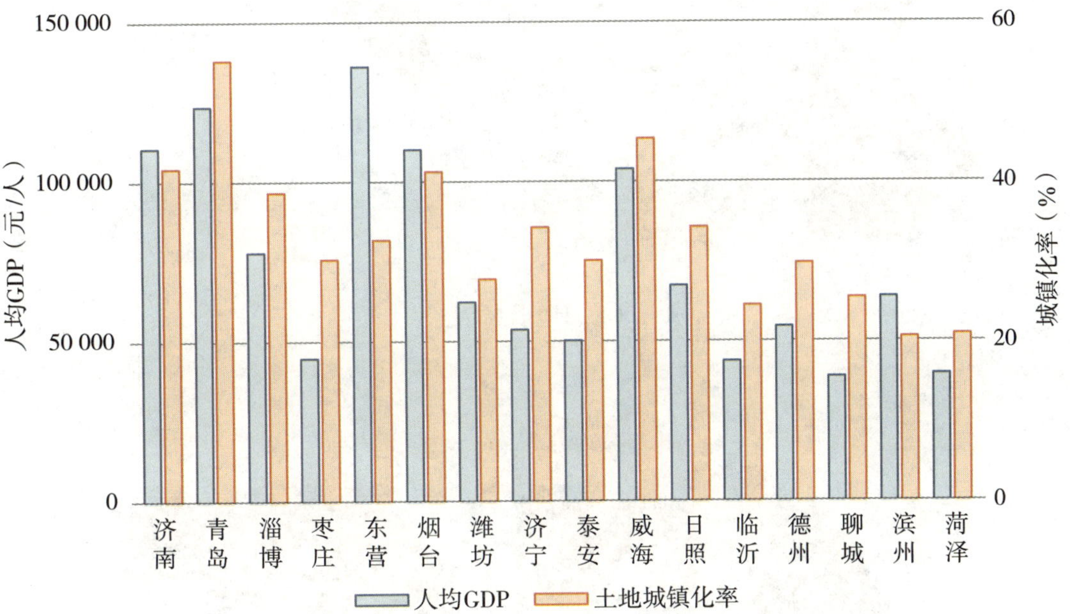

图 9–18　2020 年 16 市土地城镇化率与人均 GDP 关系比较

4. 土地城镇化水平区域差异明显。2010—2020 年，全省土地城镇化率增长幅度为 4.67 个百分点，16 市均有所提升，但各市增幅差异较大，增幅最高的青岛为 11.01 个百分点。土地城镇化率年均增长 0.47 个百分点，增幅最高的德州与最低的淄博相差 2.1 个百分点，增速变化呈现出“中间低、四周高”的态势。增长较快的城市大多集中在鲁西北、鲁西南和胶东地区，其中威海、德州、菏泽超过 3%，青岛、烟台超过 2%。鲁西南经济欠发达地区，在城乡融合发展和精准扶贫的政策持续影响下，发展速度逐渐加快，土地城镇化增速也快于较发达地区，虽增速明显，但仍处于山东省内较为落后的水平（见图 9-19）。

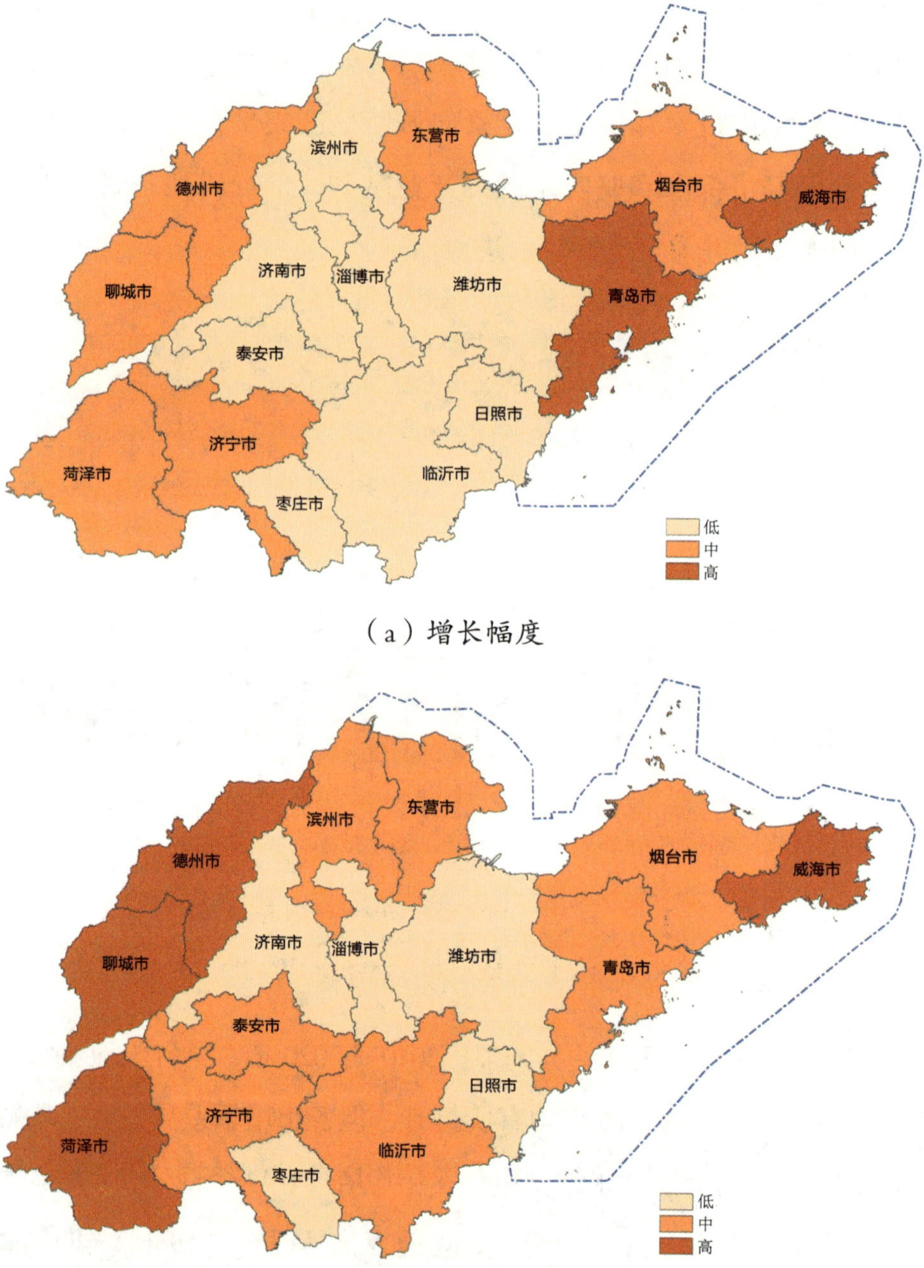

（b）年均增长速率

图 9-19　2010—2020 年 16 市土地城镇化率变化情况

三、土地城镇化与人口城镇化关系分析

1. 人口城镇化滞后于土地城镇化。2010—2020年，山东省城镇建设用地扩张迅速，增幅达43.69%，是城镇人口增幅的1.27倍；全省城镇空间增长弹性系数为1.23，超过合理区间1～1.12，城镇空间的建设速度大大超过吸纳人口的速度。从16市的情况来看，济宁、聊城的城镇空间增长弹性系数分别为1.08、1.09，介于合理值之间，其余14市均超过合理值（见图9-20、表9-1）。“人地钱”挂钩政策的未充分实施和土地开发利用的粗放直接导致了城镇建设用地的外延式扩张，同时，由于城乡教育资源配置的不公平，就业条件和社会保障供给不足，农村地区的人力资源没有得到有效开发，许多农村居民并没有真正实现向城镇迁移，造成土地城镇化与人口城镇化的不匹配。

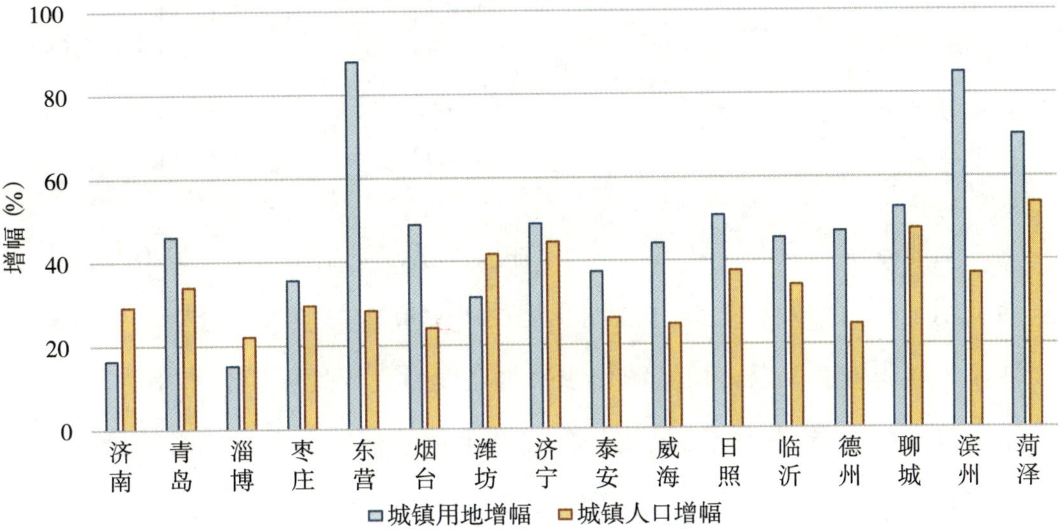

图9-20 2010—2020年16市城镇用地增幅与城镇人口增幅比较

表9-1 2010—2020年16市城镇人口年均增长率、城镇建设用地年均增长率和城镇空间增长弹性系数一览表

地市	城镇人口 年均增长率（%）	城镇建设用地 年均增长率（%）	城镇空间增长 弹性系数
济南	3.33	4.11	0.59
青岛	2.89	1.71	1.30

续表 9-1

地市	城镇人口年均增长率（%）	城镇建设用地年均增长率（%）	城镇空间增长弹性系数
淄博	3.31	4.30	0.71
枣庄	2.25	1.59	1.17
东营	2.93	3.43	2.59
烟台	2.81	7.26	1.86
潍坊	2.43	4.52	0.78
济宁	3.95	3.09	1.08
泰安	4.18	4.53	1.36
威海	2.64	3.60	1.65
日照	2.51	4.15	1.29
临沂	3.61	4.67	1.28
德州	3.32	4.25	1.76
聊城	2.49	4.37	1.09
滨州	4.43	4.82	2.00
菏泽	4.90	6.07	1.24

2. 土地城镇化与人口城镇化呈现正相关关系。根据 2010—2020 年山东省土地利用现状数据及相关统计数据，运用皮尔逊相关系数，分析两变量间的线性相关强弱程度。以人口城镇化水平为自变量，土地城镇化水平为因变量，构建函数模型，确定土地城镇化与人口城镇化的相关关系。二者的函数模型为多项式 $y = 1.776x^2 - 1.764\,4x + 0.719\,6$，拟合度 $R^2 = 0.824\,9$，人口城镇化与土地城镇化存在着较为密切的关系（见图 9–21）。人口变化是一个地区社会经济发展变化最直观的表现，经济的稳步发展必然促进人口城镇化水平的上升，促使作为载体的城镇地区提供更多的住宅用地、工业用地、公共服务与基础设施用地，表现为大量农用地和村庄建设用地向城镇建设用地转化。

3. 土地城镇化与人口城镇化基本协调。土地城镇化或人口城镇化增长速度过快，都将影响城镇化的正常发展。土地城镇化与人口城镇化的协调性是指某个时段内，某一区域在城镇化推进进程中，土地城镇化与人口城镇化的定量匹配关系。为量化研究这种匹配关系，根据已有的研究文献，选用离差系数 C_{PL} 表示土地城镇化与人口城镇化增长速度的协调程度，见公式（9–3）。

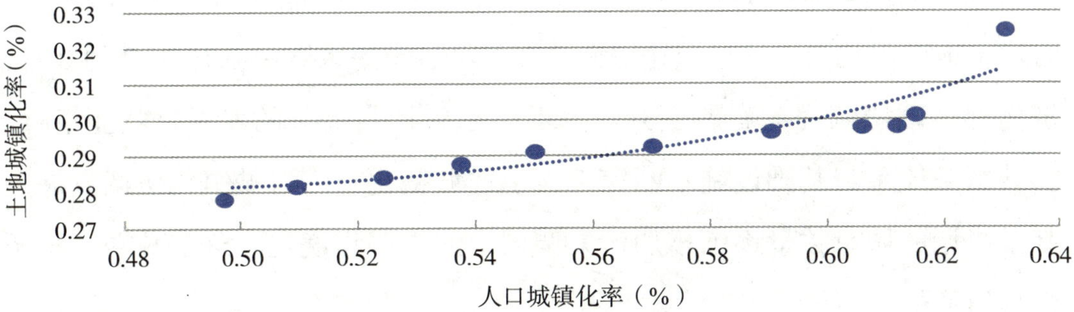

图 9–21　2010—2020 年山东人口城镇化水平与土地城镇化水平函数关系

$$C_{PL}=\frac{S}{|\overline{X}|}=\frac{\sqrt{\dfrac{\left(P-\dfrac{P+L}{2}\right)^2+\left(L-\dfrac{P+L}{2}\right)^2}{2}}}{\left|\dfrac{P+L}{2}\right|}=\left|\frac{P-L}{P+L}\right| \tag{9-3}$$

式中：C_{PL} 表示离差系数，$\overline{X}$ 为平均值，S 为标准差，L 表示土地城镇化平均增长率，P 为人口城镇化平均增长率。结合已有的研究成果，确定人口城镇化与土地城镇化协调性等级评价标准，得到各市土地城镇化与人口城镇化增长速度的协调程度（见表 9–2）。

表 9–2　土地城镇化与人口城镇化协调等级划分一览表

离差系数	协调类型	城市	协调亚类
（0，0.2］	协调发展	东营　烟台　威海　临沂　德州　聊城　菏泽	土地城镇化＞人口城镇化
（0.2，0.4］	基本协调	青岛　枣庄　济宁　泰安　日照　滨州	土地城镇化＞人口城镇化
（0.4，0.6］	轻度失调	济南　潍坊	人口城镇化＞土地城镇化
（0.6，0.8］	中度失调	—	—
＞0.8	重度失调	淄博	人口城镇化＞土地城镇化

十年间，山东土地城镇化与人口城镇化的离差系数为0.46，属于基本协调，整体表现为人口城镇化滞后于土地城镇化。16市中，协调发展的有7个，基本协调的6个，轻度失调的2个，重度失调1个，轻度和重度失调的城市主要集中在山东中部。对比2010—2015年和2015—2020年两个时段土地城镇化与人口城镇化协调情况，全省离差系数由0.46下降到0.22，济南都市圈协调程度有所上升。随着山东省社会经济的发展，就业条件、公共服务体系与基础设施不断完善，土地城镇化与人口城镇化协调发展与基本协调的城市数量逐渐增加，失调城市的失调程度也在逐步减弱，协调性日趋平稳。

第三节　城镇空间开发保护存在问题

一、城镇化空间格局不均衡，核心城市竞争力有待提升

山东正处于城镇格局的加速分化期，以济南和青岛为中心的“双核”带动格局显现，全省城镇化发展空间城大镇小，两级分化较为明显，随着人口流动特征和城镇化推动力的转变，城镇体系格局将长期分化。核心城市综合竞争力不强，济南、青岛在2020年GaWC（全球化与世界级城市研究小组）世界城市排名中分别居中国大陆第17位、第18位，城市科技创新发展指数居全国第19位、第18位，在全国同类城市中排名靠后。城市综合承载能力不强，对高端人才、资金的吸引力不够，山东省内仅济南、青岛入围2020年人才吸引力百强城市，远少于京津冀、长三角、珠三角地区。济南、青岛的大学毕业生留存率分别为53.90%和56.14%，落后于杭州（70.85%）、南京（69.19%）、西安（65.91%）、武汉（58.29%）等同类城市。

二、城镇空间增长较快，集约水平不高

城镇空间集约程度较差，空间形态不稳定。2020 年，山东省城镇建设用地为 89.71 万 ha，2010—2020 年间，年均增加 2.73 万 ha。同时，城镇建设用地粗放浪费较为突出，全省人均城镇空间超过 140m^2/ 人，高于全国平均水平（115m^2/ 人），整体开发强度为 5.67%，为全国平均水平的 4.40 倍。淄博等城市的城镇空间不规则度较大，稳定性较低，城镇空间节约集约水平不高。随着国土空间背景下耕地保护和生态建设力度的加大，山东省城镇化内涵式发展十分必要。

三、城乡要素流动不充分，人地关系不协调

由于人口流动总体上空间流向不均衡且集中度高等特征长期无法改变，导致空间配置不均衡，土地城镇化的增长速率整体上大于人口城镇化。城镇化的过程中，农村建设用地“不减反增”，甚至出现城乡建设用地“双增长”，城乡“两栖占地”、村庄“空心化”等现象普遍。城乡二元分离的城镇化模式导致农村居民“两栖占地”长期存在并不断加剧，如果农村居民选择改变户籍永久迁移，必然失去农村土地使用权以及土地所提供的稳定保障。进城农民不愿放弃农村的耕地和宅基地，形成大量农民“既进城，也离不了村”的“两栖占地”现象。

四、生态保护压力大，发展与保护矛盾突出

新增城镇空间 47% 以上来源于耕地和林地，但土地复垦规模远低于预期，城镇化加剧了建设空间和农业空间、生态空间之间的矛盾。鲁中南低山丘陵地区水土流失严重，鲁西和鲁北滨海地区土壤盐渍化面积超过 1 万 km^2。鲁西南、鲁西北地区存在土壤沙化风险。鲁中、鲁西南地区采煤塌陷地面积超过 750km^2。东营、潍坊、烟台、威海、青岛、日照 6 市受海水入侵面积达 1 560km^2，烟台、威海部分砂质岸线侵蚀明显，鲁北至莱州湾地区化工产业布局过多过散。黄河三角洲生态功能退化，生物多样性降低。

五、城镇风貌特色不突出，人居空间品质仍需提升

城镇风貌特色不突出，空间品质不高，国土空间特色风貌有待塑造。城镇化进程的跨越式发展导致城市风貌遗失，部分城镇面貌同质化严重，自然景观的简单拼凑一定程度上降低了城镇间识别性，过度设计和攀比造成风貌的模糊。城乡历史文化资源缺乏整合和活化利用，部分城镇街巷格局和建筑风格遭到改变，破坏了传统风貌。城镇空间内部人居空间品质不高，存在功能布局不合理、职住不平衡、老城区基础设施老化、服务配套不健全等问题，部分城市的城市公园、街头绿地、活动场地等公共空间配置不足，难以满足人民日益增长的美好生活需要。

第四节　推进城镇空间优化建议

一、以系统思维引导省域城镇网络体系建设

构建“一群两心三圈”区域发展格局。围绕落实黄河流域生态保护和高质量发展战略，充分发挥山东半岛城市群龙头作用，提升济南、青岛两大中心城市能级，做强省会经济圈、提升胶东经济圈、振兴鲁南经济圈，形成高效、集聚、富有活力和竞争力的城镇空间新格局。

增强济青两大中心城市的辐射带动能力。支持济南建设黄河流域中心城市、青岛建设全球海洋中心城市，增强区域引领和辐射带动能力，打造具有强大动能和核心竞争力的高质量增长极，引领山东半岛城市群发展。以济南为中心，大力推动济淄、济泰、济德同城化，联动聊城、滨州、东营等周边城市一体化发展，建设全国数字经济高地、世界级产业基地、国际医养中心和国际文化旅游目的地，打造有较强影响力和竞争力的济南都

市圈。以青岛为中心，协同潍坊、日照等城市联动发展，建设具有全球影响力的海洋科创中心、对外开放枢纽和黄河流域开放门户，打造国际知名的青岛都市圈。

积极培育和发展新生中小城市。加强中小城市公共设施和服务能力建设，强化产业支撑，培育桓台、宁阳等一批综合实力雄厚、布局形态合理、基础设施完善、服务功能健全、人居环境优美、城市治理高效的现代化中小城市，提升中小城市总体规模，打造形成县域城镇化的第一梯队。推进县域城镇化补短板强弱项，充分发挥县城在城乡融合发展中的纽带作用，结合自身特点和发展条件，优化空间结构和功能布局，增强综合承载能力，建设成为农业转移人口就地就近城镇化的主要平台。

因地制宜推动小城镇特色化发展。综合考虑区域发展战略要求和城镇发展现状基础，推动小城镇分类指导和精细化发展，形成差异化协同发展格局。推进大城市周边、都市圈（区）内的镇与中心城市统一规划，合理布局各项功能。完善小城镇综合服务功能，把镇驻地建成服务农民的区域中心。促进特色小镇规范健康发展，聚焦行业细分门类，科学定位特色小镇主导产业，提高质量效益，切实增强核心竞争力。

二、以底线思维推动城镇空间优化

充分发挥国土空间规划的刚性约束作用，全面推进山东“四级三类”国土空间规划编制，统筹划定并严格遵守永久基本农田保护红线、生态保护红线和城镇开发边界“三条控制线”。

严格保护耕地和永久基本农田。落实最严格的耕地保护制度，坚决遏制耕地“非农化”，防止“非粮化”，全面提升耕地质量，发挥农田生态系统的复合功能，实现耕地数量、质量、生态“三位一体”保护。落实上级国土空间规划确定的永久基本农田保护目标任务，以可长期稳定利用的耕地为基础，合理划定永久基本农田，落实到图斑地块并上图入库，管住、建好、守牢永久基本农田。优先在永久基本农田上开展高标准农田建设，提高永久基本农田质量。完善永久基本农田保护补偿机制，强化永久基本农田保护考核，落实地方各级政府保护耕地主体责任。

严守生态保护红线。将生态功能极重要、生态环境极敏感脆弱等重点区域划入生态保护红线。陆域生态保护红线主要分布在泰山、沂蒙山、昆嵛山、崂山、黄河入海口、南四湖、东平湖等区域。海域生态保护红线集中分布在黄河三角洲—莱州湾滨海、胶东半岛滨海、庙岛群岛海域等区域。生态保护红线内，自然保护地核心保护区原则上禁止人为活动，其他区域严格禁止开发性、生产性建设活动，在符合现行法律法规前提下，除国家重大战略项目外，仅允许对生态功能不造成破坏的有限人为活动。

严格管控城镇开发边界。将 80% 以上的城镇建设用地划入城镇开发边界，在城镇开发边界内建设，实行“详细规划 + 规划许可”的管制方式，并加强与水体蓝线、绿地绿线、基础设施黄线、历史文化保护紫线等控制线的协同管控。在不突破规划的城镇建设用地规模前提下，城镇弹性发展区内土地可用于城镇建设用地的布局调整，同时相应核减城镇集中建设区的用地规模。特别用途区原则上禁止任何集中建设行为，实施建设用地总量控制，除市政基础设施、交通基础设施、生态修复工程、必要的配套及游憩设施外，不得新增城镇建设用地。城镇开发边界外不得进行城镇集中建设，不得设立各类开发区。

三、以生态网络优化促进城镇空间绿色发展

筑牢生态安全格局，促进生态空间网络化。坚持绿水青山就是金山银山理念，推进山水林田湖草系统治理，实现生态环境共保共治，打造安全高效的生产空间、舒适宜居的生活空间、山清水秀的生态空间。构建“两屏三带七廊八心”网络化生态保护格局。保护鲁中南山地丘陵、鲁东低山

丘陵两大战略性生态屏障，构筑美丽山东绿色本底（见图 9–22）。保育海岸线、黄河、京杭运河三条生态带，立足历史人文与传统风貌，延续整体山水格局与空间肌理，加大水生态保护力度，凸显蓝绿交织的滨水风光特色。构建马颊河、徒骇河、沂河、沭河、潍河、弥河、大沽河—胶莱河等七条生态廊道，加强生态保护修复。涵养泰山、沂蒙山、昆嵛山、黄河三角洲、南四湖、东平湖、莱州湾、胶州湾八大生态绿心。

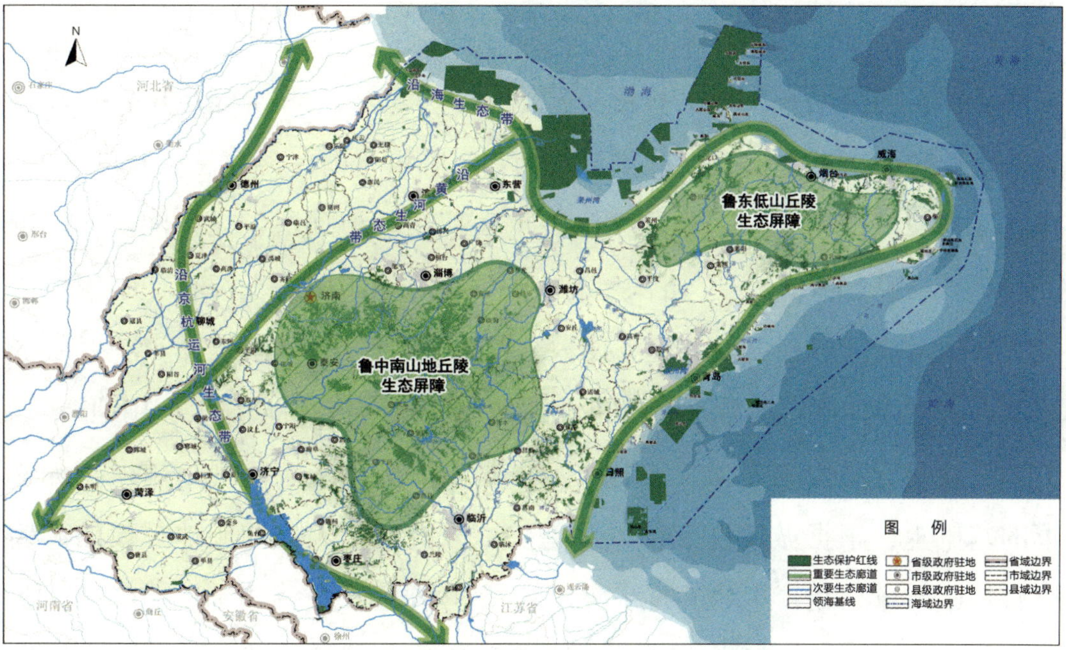

图 9–22　山东省生态空间布局示意图

推动城市生态修复，提升城市宜居品质。统筹城镇与山、水、林、田、湖布局，有计划、有步骤地修复被破坏的水体和山体，积极实施城市生态修复工程。建立城镇绿色开敞空间体系，建设完善城市通风廊道，通过绿网、水网以及绿道网络，连接城镇开敞空间与区域生态空间。通过“织补式绿化”“立体式绿化”等方式，加快推进口袋公园建设，改造城市“微景观”，塑造生态亲民的城市绿化空间。

四、以资源合理配置促进城镇空间均衡发展

强化增量空间精准投放。坚持土地要素跟着项目走，对重大项目用地予以重点保障。对纳入国家重点项目清单、国家军事设施重大项目清单的项目用地，以及纳入省政府重大项目清单的能源、交通、水利、军事设施、产业单独选址项目用地，实行计划指标重点保障，建设用地依法依规批准后，由国家直接配置计划指标。省级统筹指标，优先保障关系社会民生的项目、省政府公布的重大实施类项目、省重点外资项目用地，以及省委、省政府确定支持的重大项目。

合理布局新增长空间。按照资源禀赋、承载能力和功能定位，引导各类新增长空间布局。重点支持德州、烟台、临沂、菏泽四大省级新区发展，打造区域发展战略支点，为国家和省重大战略落地预留发展空间。在中国（山东）自由贸易试验区（济南、青岛、烟台）、中国—上海合作组织地方经贸合作示范区和省级以上经济技术开发区（园区）、高新技术产业开发区等重点区域内，推行“标准地”供地比例由30%扩展到全部工业用地。

引导各类城镇精明增长。各市县在落实上级国土空间规划规模指标要求的基础上，根据城镇发展特点和趋势，分类提出人口和用地规模的调控措施。城市、县城和建制镇的新增人口人均建设用地分别控制在100m^2/人、110m^2/人、120m^2/人以内。村庄居民点和新建农村新型社区人均建设用地符合现行的《山东省建设用地控制标准》和《山东省村庄建设规划编制技术导则（试行）》的有关规定，不宜超过100m^2/人；集聚提升类、特色保护类村庄适当预留新建用地，以建设基础设施和公共服务设施。

五、以存量盘活支撑城镇空间高质量发展

加快批而未供土地消化利用。对因规划调整、产业政策变化等原因造成项目无法继续实施的，由相关市、县（市、区）政府在现行符合国土空间规划（土地利用总体规划、城乡规划）的前提下，依法依规调整规划用

地性质和规划条件；对因规划调整、生态环境保护等原因确实难以开发建设，且土地利用现状未改变的批而未供土地，相关市、县（市、区）政府在符合现行国土空间规划（土地利用总体规划、城乡规划）的前提下，逐级申请报原批准机关批准进行区位调整。对现行土地利用总体规划、城乡规划实施中存在矛盾的地块，按照国土空间规划“一张图”要求，作一致性处理，作为国土空间用途管制的基础。

依法处置闲置土地。统筹处理因政府原因造成的闲置土地，对可以利用的闲置土地，落实责任部门，明确规划条件、落实拆迁补偿方案、完善基础设施配套，促进项目尽早开工建设。对因调整规划或建设条件、军事管制、文物保护及不可抗力等原因，造成土地无法动工建设的，经协商一致，有偿收回土地使用权，或以协议出让方式置换其他价值相当、用途相同的国有建设用地进行开发建设。对因企业原因造成的闲置土地，坚持“以用为先”，采取约谈、信用惩戒等行政、经济、法律综合措施，督促企业限期开发。对未按约定开工建设超过一年的，按规定征缴土地闲置费；对超过两年未开工建设的，无偿收回国有建设用地使用权。

推动城市更新。着力解决“城市病”等突出问题，补齐基础设施和公共服务设施短板，促进城市功能重塑、文化风貌重现、新兴产业重构，提升城市品质。注重历史文化传承，保护城市传统肌理，延续城市文脉。有序推进工业区连片改造升级，盘活旧工业区土地，引入新兴产业，增加公共休憩空间和城市创新空间。加快推进城中村改造、棚户区改造，改善居民生活质量和居住条件，着力构建宜居、宜业、宜游、宜学、宜养的社区生活圈。严格控制大规模拆除，原则上城市更新单元（片区）或项目内拆除建筑面积不应大于现状总建筑面积的 20%。提倡分类审慎处置既有建筑，利用存量资源，对既有建筑推行小规模、渐进式有机更新和微改造。严格控制大规模增建，原则上城市更新单元（片区）或项目内拆建比不应大于 2。

推进农村居民点整治。统筹农民住宅建设、产业发展、公共服务、交通水利基础设施等农业农村建设用地，有序开展农村宅基地、工矿废弃地以及其他低效闲置建设用地整治，强化增减挂钩项目管理，优化农村建设用地布局，鼓励盘活农村闲置资产资源，支持农村新产业新业态发展用地，提升农村建设用地使用效益和节约集约利用水平。鼓励进城落户农民宅基地依法自愿有偿退出，探索进城落户农民宅基地退出激励机制。完善农民闲置宅基地和闲置农房政策，明确退出范围，完善退出资格权、留权不留地、权地同时退出等不同退出方式的补偿机制，探索货币补偿、置换住房、置换社保、置换集中统建的标准厂房、仓储物流和商业用房等多元化宅基地退出补偿方式，探索建立宅基地资格权重获制度。每年不少于盘活乡村建设用地形成存量指标的10%，以及处置相应批而未供和闲置土地形成的“增存挂钩”新增指标的5%，优先保障农村产业用地。

六、以城市设计推动城镇空间风貌提升

塑造齐风鲁韵魅力空间。立足齐鲁大地陆海相拥、平原广袤、山川毓秀、山水林田湖草有机交融的自然本底特征，以“三山三原一岛、两海两河两湖”为重点，加强自然景观整体性、系统性保护，维护自然景观多样性。保护传承优秀传统文化，弘扬齐鲁文化“和而不同”的和合精神，统筹推动齐鲁优秀传统文化挖掘阐发和弘扬传承，讲好“黄河故事”齐鲁篇章。构筑魅力齐鲁景观风貌格局，构建“一环四横五纵”为主体的绿道网络，全景展现齐鲁大地海岱相连、古今相映、城绿相融，自然和人文相得益彰的魅力空间（见图9-23）。

塑造城乡特色风貌体系。以塑造城市特色风貌为目标，结合地形地貌和自然格局，总结提炼城镇风貌特征，打造滨海、平原、山地等不同形态的城镇景观，彰显不同地区的城市特色和魅力。全面开展城市设计，加强重点地区、开敞空间、重要建筑等关键节点风貌塑造，构建显山露水、疏

密有致的城镇空间布局和形态。加强历史文化保护与传承，探索历史空间的当代创新利用，使历史空间与现代生活相融，在留存城镇记忆、彰显地域特色的同时，形成新的城市文化景观。结合城市更新、城市生态修复和功能修补，建设一批适应当地自然地理特征、彰显齐鲁文化元素和人文形象的新建筑，进一步凸显城市文化内涵和时代特色。

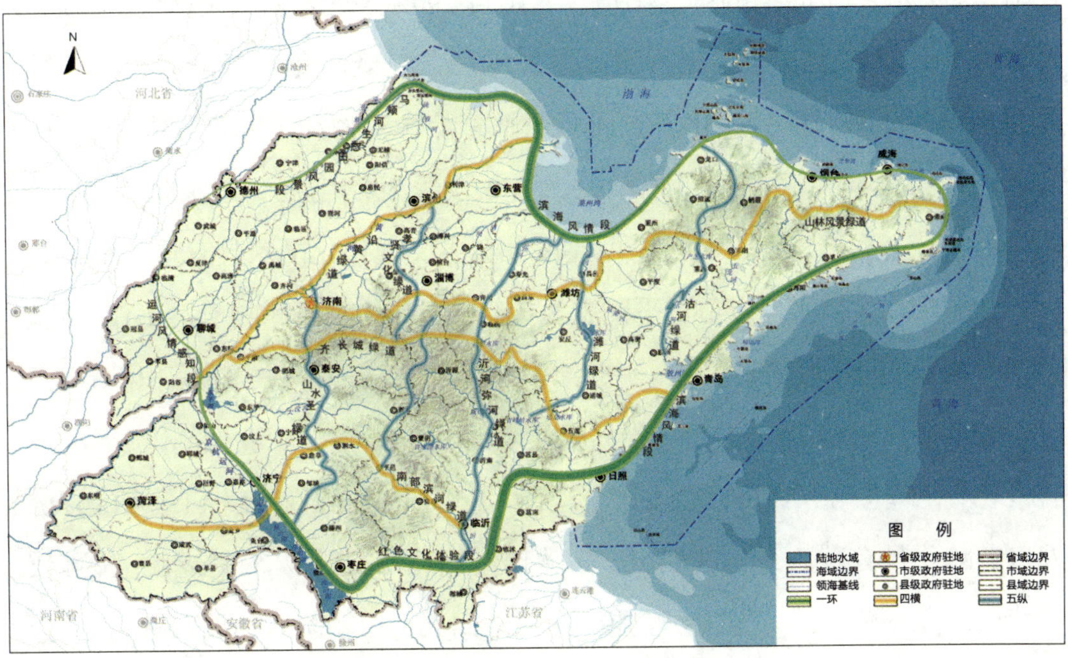

图 9-23　齐鲁绿道网络示意图

第十章 人口老龄化发展研究

人口老龄化是社会发展的重要趋势，是人类文明进步的重要体现，也是我国今后较长一个时期的基本国情。我国自1999年进入老龄化社会后，老年人口规模日益扩大、老龄化程度日益加深。人口老龄化对经济运行全领域、社会建设各环节、社会文化多方面乃至国家综合实力和国际竞争力都具有深远影响。有效应对我国人口老龄化，事关国家发展全局，事关亿万百姓福祉，事关社会和谐稳定，对于全面建设社会主义现代化国家具有重要意义。

党的十八大以来，以习近平同志为核心的党中央高度重视老龄工作，精心谋划、统筹推进老龄事业发展。中共中央、国务院先后印发《国家积极应对人口老龄化中长期规划》《关于加强新时代老龄工作的意见》等，将积极老龄观、健康老龄化理念融入经济社会发展全过程。山东作为全国老年人口最多的省份，人口老龄化具有基数大、进程快、高龄化、“未富先老”及农村老龄问题突出等特点，应对人口老龄化任务较重。在“十四五”启动阶段，深入研究山东人口老龄化现状与发展趋势，可以促使政府审视地区差距，以期为改善养老模式、调整公共服务政策等提供参考，托稳全省经济社会高质量发展的可持续基础。

第一节 人口老龄化发展现状

一、省域层面

1. 老年人口总量大，位居全国第一。2020年，山东常住人口10 152.75

万人，占全国比重7.20%，仅次于广东（12 601.25万人），位居全国第二。其中，65岁及以上老年人口[①]1 536.41万人，占全国老年人口总数的8.06%，高于广东（5.67%）、河南（7.03%）、江苏（7.20%）、四川（7.43%）等人口大省，位居全国第一（见表10–1）。

表10–1　2020年全国人口大省分年龄人口数量一览表　　单位：万人

地区	总人口	0～14岁	15～64岁	65岁及以上
全国	140 977.87	25 338.39	96 575.95	19 063.53
广东	12 601.25	2 374.99	9 144.96	1 081.30
山东	10 152.75	1 906.26	6 710.07	1 536.41
河南	9 936.55	2 298.90	6 297.47	1 340.19
江苏	8 474.80	1 289.19	5 812.95	1 372.65
四川	8 367.49	1 347.11	5 603.62	1 416.76

2. 老年人口比重较大，位居全国前列。2020年，山东65岁及以上老年人口比重（W）为15.13%，即100个人中就有15个老年人，处于中度老龄化阶段，位于辽宁（17.42%）、重庆（17.08%）、四川（16.93%）、上海（16.28%）、江苏（16.20%）、吉林（15.61%）、黑龙江（15.61%）之后，位居全国第八，较全国老年人口比重（13.52%）高出1.61个百分点。老年人口比重分级标准见表10–2。

表10–2　老年人口比重分级标准一览表

老年人口比重等级	老龄化阶段
$W < 7\%$	成长期
$7\% \leqslant W < 14\%$	浅度老龄化
$14\% \leqslant W < 20\%$	中度老龄化
$W \geqslant 20\%$	深度老龄化

注：国际上通常以4%和7%把人口发展模式划分为年轻型、成年型和老年型。基于此，结合山东省老龄化程度发展状况制订该分级标准。

① 如无特殊说明，本章中的老年人口均指65岁及以上人口。

3. 老少比略高于全国水平，人口红利潜力较大。2020 年，全国老少比（65 岁及以上老年人口与 0 ~ 14 岁人口比重）为 75.24%，山东省老少比为 80.60%，较全国高出 5.36 个百分点，低于北京（112.37%）、天津（109.51%）、辽宁（156.56%）、吉林（133.30%）、黑龙江（151.31%）、上海（166.20%）、江苏（106.47%）、重庆（107.36%）、四川（105.17%）等，位居全国第 13。

4. 老年人口抚养比较大，养老负担沉重。2020 年，山东省总抚养比为 51.31%，较全国总抚养比（45.98%）高出 5.33 个百分点，位列全国第 8。其中，山东省老年人口抚养比 22.90%，较全国老年人口抚养比（19.74%）高出 3.16 个百分点，排在重庆（25.48%）、四川（25.28%）、辽宁（24.37%）、江苏（23.61%）之后，位居全国第五（见表 10–3）。

表 10–3　2020 年山东及全国老年人口比重、老少比、老年人口抚养比一览表

指标	山东（%）	全国（%）	山东与全国差值（个百分点）	全国排名（位）
老年人口比重	15.13	13.52	1.61	8
老少比	80.60	75.24	5.36	13
老年人口抚养比	22.90	19.74	3.16	5

二、市域层面

1. 各设区市老年人口数量差异大，近半数设区市老年人口超百万。从各设区市老年人口数量来看，2020 年，65 岁及以上老年人口数量在 100 万人以上的有临沂（155.54 万人）、潍坊（148.36 万人）、青岛（142.98 万人）、济南（129.5 万人）、烟台（128.7 万人）、菏泽（125.36 万人）、济宁（120.55 万人）7 市。其中，临沂老年人口数量最多，较全省平均水平（96.03 万人）多出 59.51 万人，东营老年人口数量最少，为 34.02 万人（见图 10–1）。

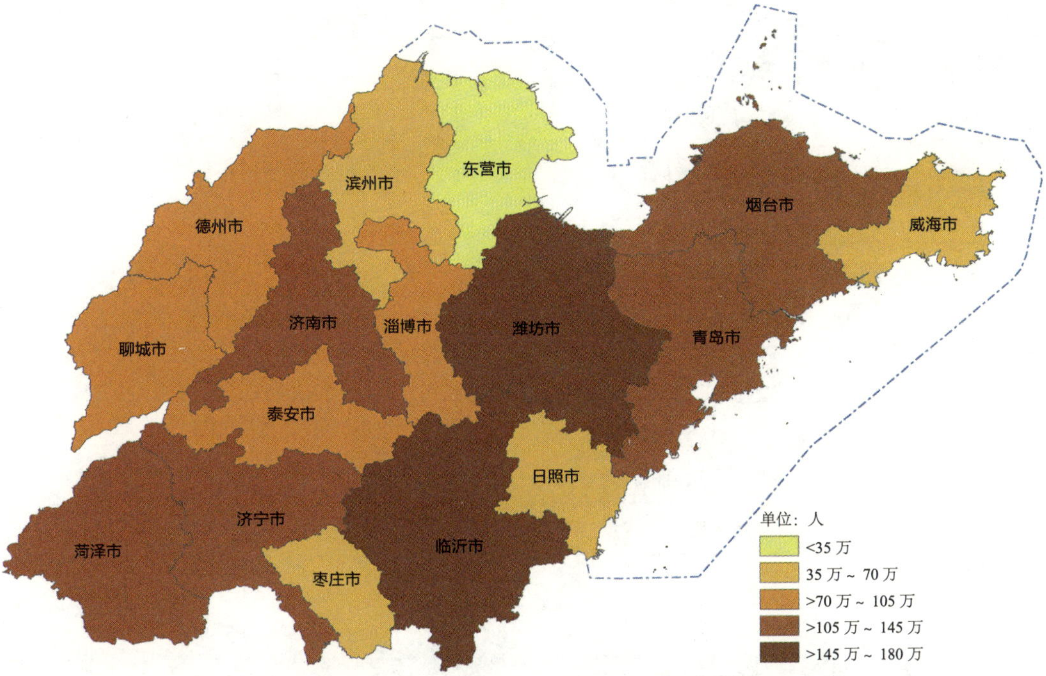

图 10-1　2020 年山东省 16 市老年人口数量分布图

2. 近九成设区市已进入中度老龄化，威海老龄化程度最为严重。2020 年，山东省 16 市中仅有聊城和枣庄老年人口比重未超过 14%，分别为 13.97% 和 13.70%，处于浅度老龄化阶段，其余 14 市老年人口比重均超过 14%，进入中度老龄化。其中，威海老龄化最为严重，老年人口比重为 19.26%，较全省老年人口比重高出 4.13 个百分点，较最低的枣庄高出 5.56 个百分点，即将进入深度老龄化（见表 10-4）。

表 10-4　2020 年山东省 16 市老年人口数量及比重情况一览表

地区	65 岁及以上老年人口（万人）	65 岁及以上老年人口比重（%）
济南	129.50	14.07
青岛	142.98	14.20
淄博	77.60	16.50
枣庄	52.83	13.70

续表 10-4

地区	65 岁及以上老年人口（万人）	65 岁及以上老年人口比重（%）
东营	34.02	15.51
烟台	128.71	18.12
潍坊	148.36	15.81
济宁	120.55	14.42
泰安	85.49	15.62
威海	55.98	19.26
日照	47.58	16.03
临沂	155.54	14.12
德州	85.98	15.32
聊城	83.13	13.97
滨州	62.79	15.98
菏泽	125.36	14.25

3. 老少比“东高西低”，威海烟台年龄结构严重失衡。从各市老少比情况来看，2020 年山东省老少比呈现由东向西逐渐递减的空间分布格局，东部的烟台和威海老少比最为严峻，分别为 149.75% 和 162.97%，高于山东省老少比（80.60%），较高的老年人口和较低的少儿人口比重导致人口年龄结构失衡较严重，人口增长潜力不足，亟待补充新生人口。鲁南地区老少比相对较低，主要包括临沂（60.18%）、枣庄（60.96%）、济宁（69.77%）、菏泽（56.77%）以及聊城（59.50%）（见图 10–2）。以上表明经济发展水平与生育意愿呈负相关，即经济越发达地区，人口受教育程度越高，教育成本越高，生育意愿越低。

4. 各市老年人口抚养比差异较小，济南青岛养老负担最小。2020 年，菏泽（64.90%）和临沂（60.19%）的总抚养比较高，比山东总抚养比（51.31%）分别高出 13.59 个百分点和 8.88 个百分点，青岛（42.06%）和烟台（43.32%）较低。其中威海和烟台的老年抚养比较高，分别为 27.95% 和 25.97%，老年人口比重较高，社会养老负担较大；济南和青岛较低，分别为 20.25% 和

20.17%，拥有丰富的适龄劳动力资源，养老负担较小（见图 10–3）。

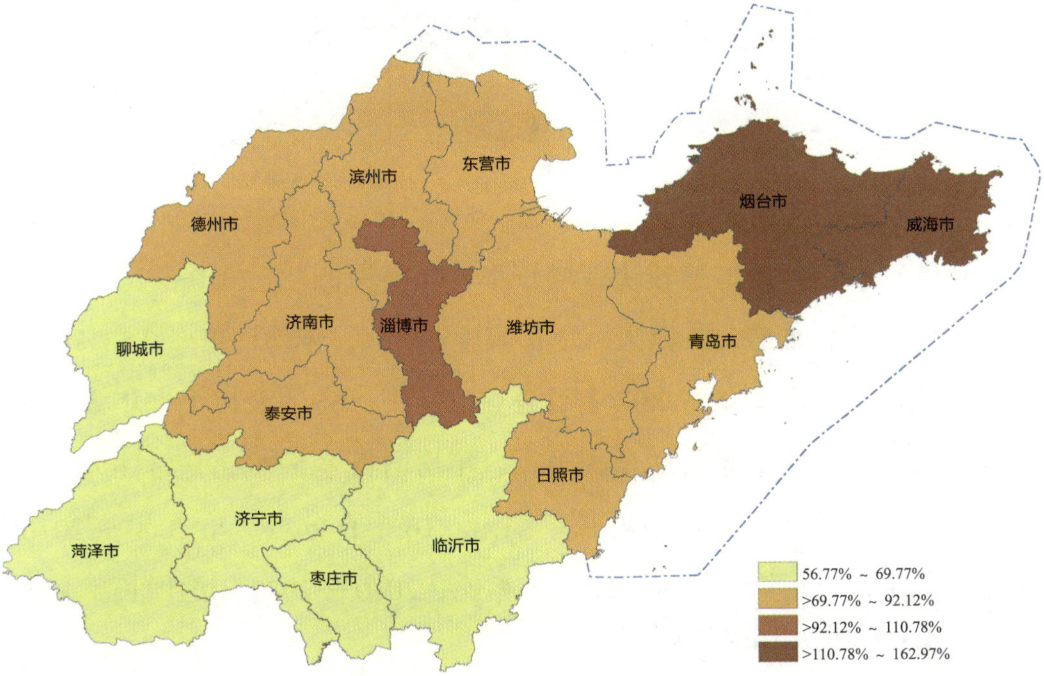

图 10–2　2020 年山东省 16 市老少比情况分布图

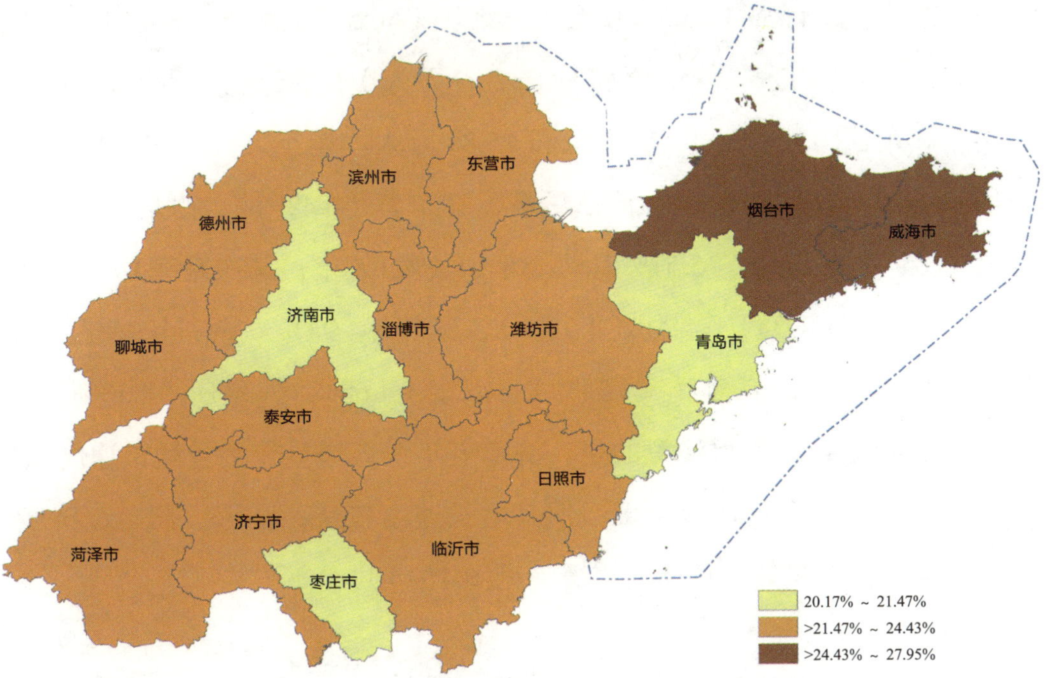

图 10–3　2020 年山东省 16 市老年人口抚养比情况分布图

第二节　人口老龄化发展趋势

一、老龄化发展趋势

1. 老年人口数量增速较快，增长率“北高南低”。2010—2020年，山东省常住人口增加573.44万人，增长幅度5.99%，年均增长率0.58%，较全国常住人口年均增长率高0.07个百分点。其中，65岁及以上老年人口数量增加593.43万人，数量位居全国第一，年均增长率5.0%，是常住人口增速的8.62倍，较全国老年人口增长率高出0.16个百分点。与2000—2010年山东省老年人口年均增长率（2.6%）相比，2010—2020年的增长率翻了近一番，人口老龄化增速较快。

从全省16市来看，10年间老年人口增长数量在50万人以上的有济南（53.94万人）、青岛（53.59万人）、潍坊（56.59万人）、临沂（56.52万人）4市，高于山东平均增长水平（37.09万人）。增长数量不足20万人的有枣庄和东营，分别为17.71万人和15.88万人。老年人口年均增长率呈现组团状分布，鲁西北地区增长率最高，有东营（6.49%）、德州（5.69%）、济南（5.54%）、淄博（5.51%）、滨州（5.5%）5市；其次是东部和中部区域，有烟台（4.89%）、潍坊（4.92%）、泰安（4.97%）等7市；增长率最低的是鲁南地区，有菏泽（4.54%）、济宁（4.68%）、枣庄（4.17%）、临沂（4.62%）4市。值得注意的是，济南老年人口增量较多且增长速度较快；东营和滨州老年人口增量不多，但其增长速度较快；临沂、菏泽、济宁老年人口增量大，但其增长速度较缓（见图10-4）。

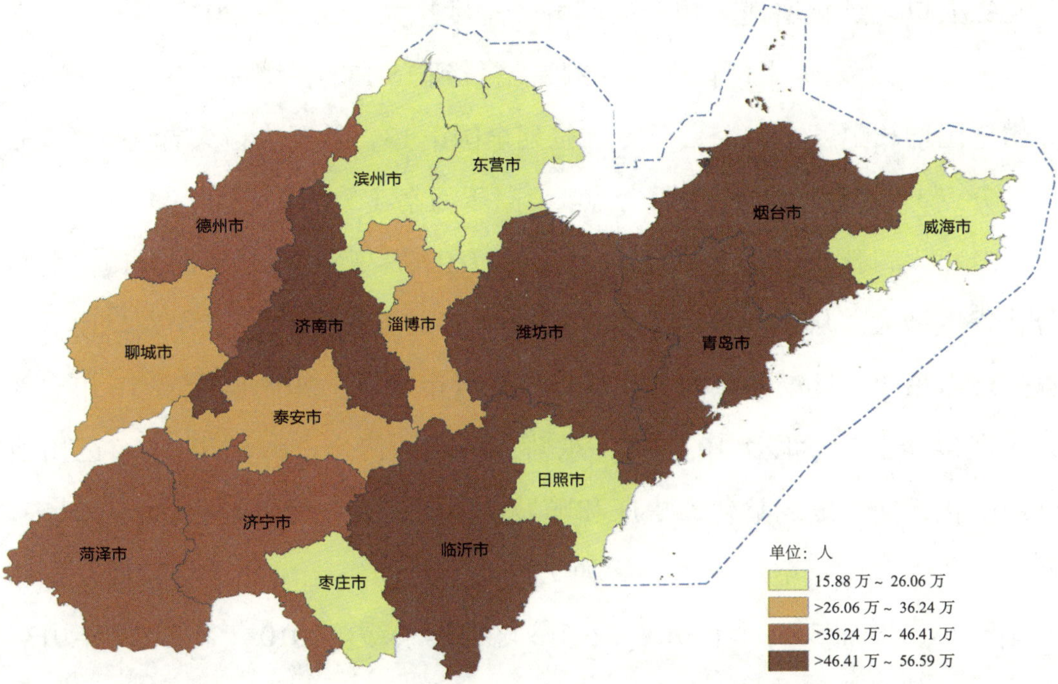

（a）老年人口变化量

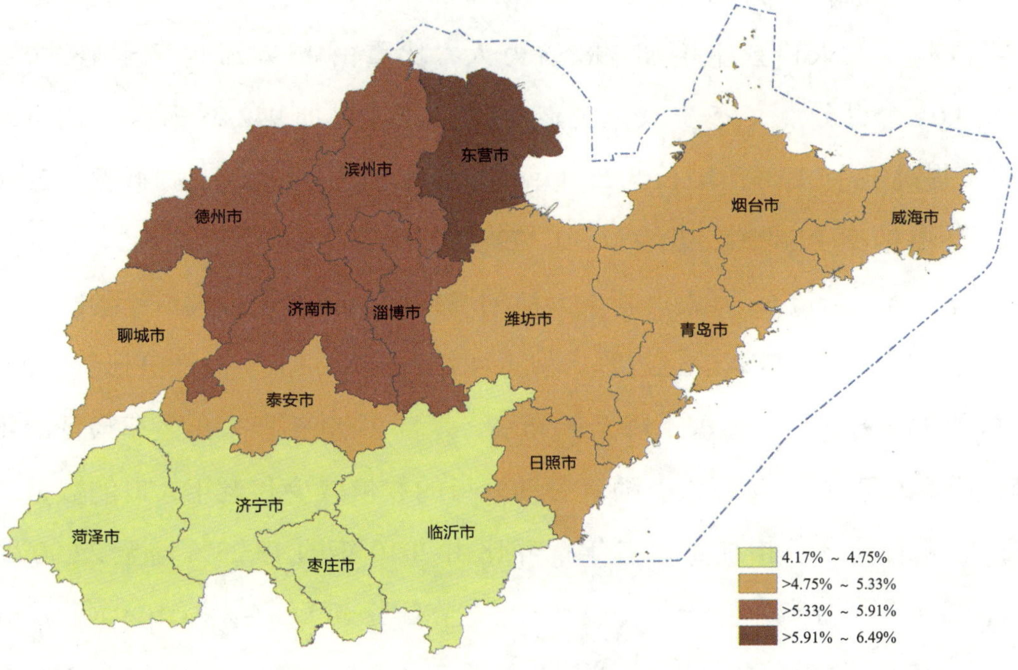

（b）老年人口年均增长率

图 10-4　2010—2020 年山东省 16 市老年人口变化量和年均增长率情况分布图

2. 人口老龄化增速较快，空间分化程度扩大。2010—2020年间，山东省65岁及以上老年人口比重由9.84%增长到15.13%，增加5.29个百分点，高出全国增长幅度0.64个百分点，位列全国第13，低于人口大省江苏（5.31个百分点）和四川（4.45个百分点），高于河南（5.13个百分点）。

老年人口比重变异系数由2010年的0.09提高到2020年的0.10，空间分化程度增大。从空间格局来看，2010—2020年间山东省老年人口比重一直呈现由东向西逐渐递减的分布格局。从各市来看，2010年全省16市全部处于浅度老龄化阶段，10年间，东营、济南、济宁、潍坊等14市已由浅度老龄化迈向中度老龄化，枣庄和聊城也即将进入中度老龄化行列。其中，威海老年人口比重增幅最大，增加7.19个百分点，老龄化进程较快；青岛增幅最小，增加3.94个百分点，老龄化进程较缓。2010年和2020年山东省16市老年人口比重见图10–5。

3. 人口年龄结构稍有优化，养老负担加剧。2010—2020年间，山东省0～14岁少儿人口数量增加398.83万人，比重由15.74%提高至18.78%，增长3.04个百分点；65岁及以上老年人口数量增加942.98万人，比重由9.84%提高至15.13%，增长5.29个百分点。山东积极响应二孩政策，2016年人口出生率17.89‰，出生人口177万人，较2010年提高6.24个千分点，增加新生人口66万人。新生人口的增加优化了山东省人口年龄结构失衡状况，缓解了人口老龄化进程。但近两年在疫情冲击下，经济形势下滑，2020年山东省人口出生率下降至8.56‰，是自2000年以来出生率最低的年份，新生人口仅有87万人。随着劳动人口的数量减少和老年人口的数量增加，山东省养老负担加重，老年抚养比由2010年的13.23%增至22.90%，增加9.67个百分点，低于黑龙江（10.64个百分点）、吉林（10.94个百分点）、辽宁（11.2个百分点）、河北（10.15个百分点）、天津（10.13个百分点）、四川（10.09个百分点），位居全国第7位。

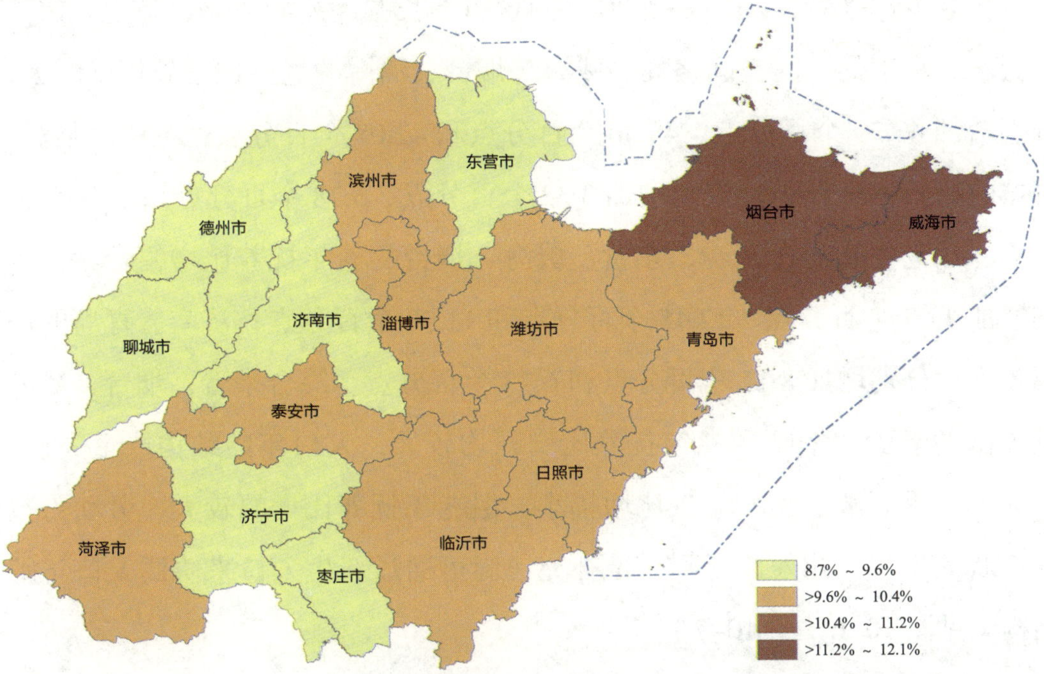

（a）2010 年

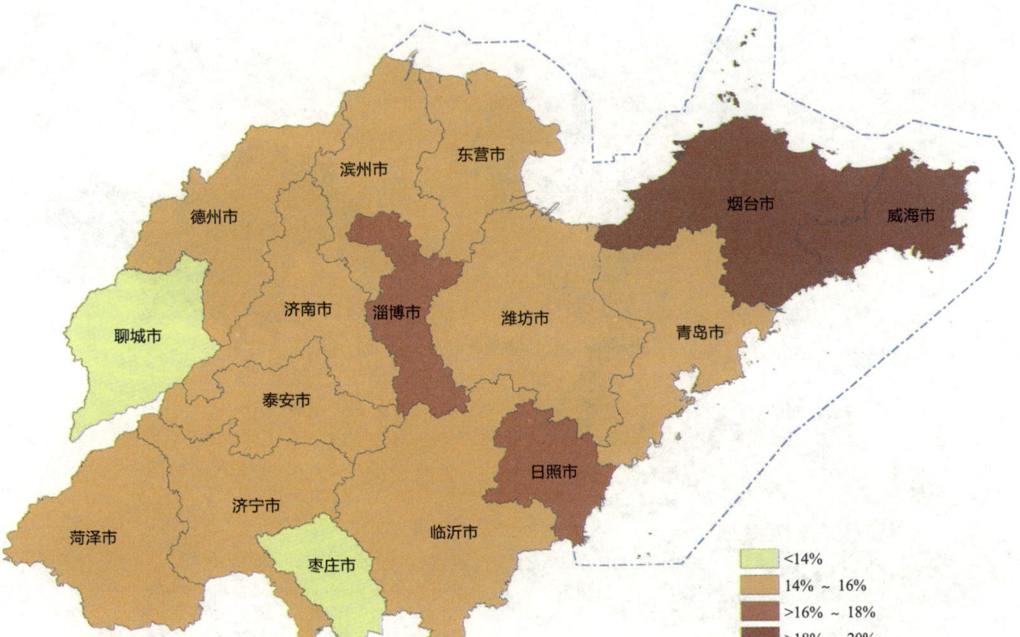

（b）2020 年

图 10-5　2010 年和 2020 年山东省 16 市老年人口比重对比

从老少比来看，2010—2020年间各市增长幅度差异显著，呈现“东高西低、北高南低”的空间格局。威海、烟台、淄博的老少比增长幅度较大，分别增加43.29个百分点、45.36个百分点和42.05个百分点；枣庄、临沂、聊城的增长幅度较小，分别增加3.32个百分点、5.78个百分点和8.12个百分点。从老年抚养比来看，东营、威海、烟台的老年抚养比增幅较大，分别增加11.3个百分点、12.45个百分点和11.58个百分点；济南、青岛的增幅较小，分别增加8.11个百分点和6.73个百分点。综合来看，烟台、威海及淄博的老少比增幅和老年抚养比增幅均较大，人口年龄结构严重失衡，劳动力严重短缺。聊城老少比增幅小，但老年抚养比增幅较大，劳动力数量不断减少，少儿人口得到一定补充，尚可通过新生人口来协调人口年龄结构（见图10–6、图10–7）。

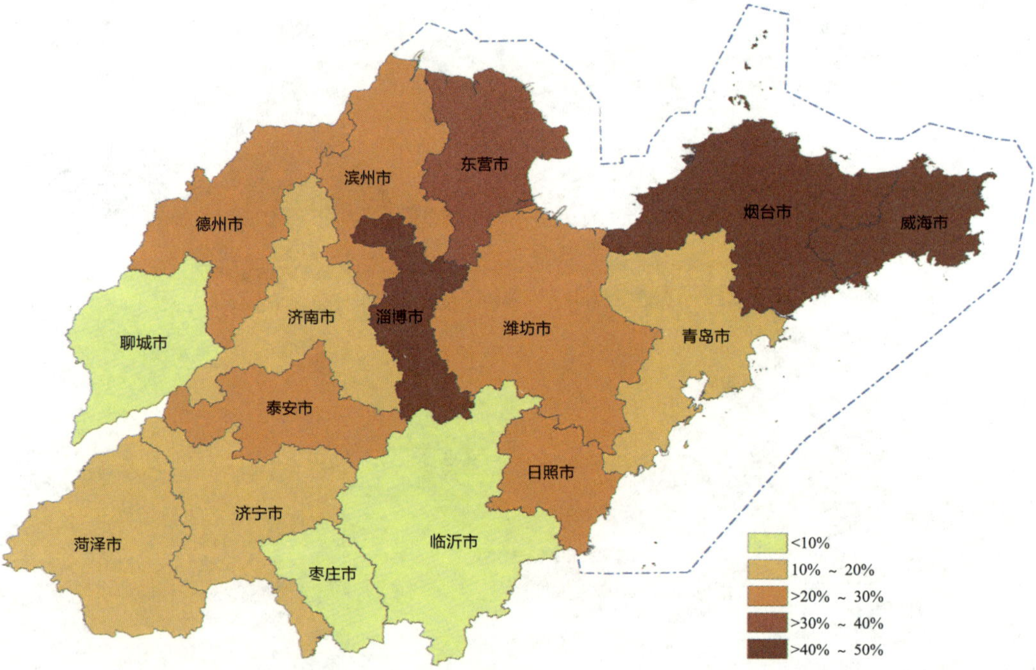

图10–6　2010—2020年山东省16市老少比变化幅度分布图

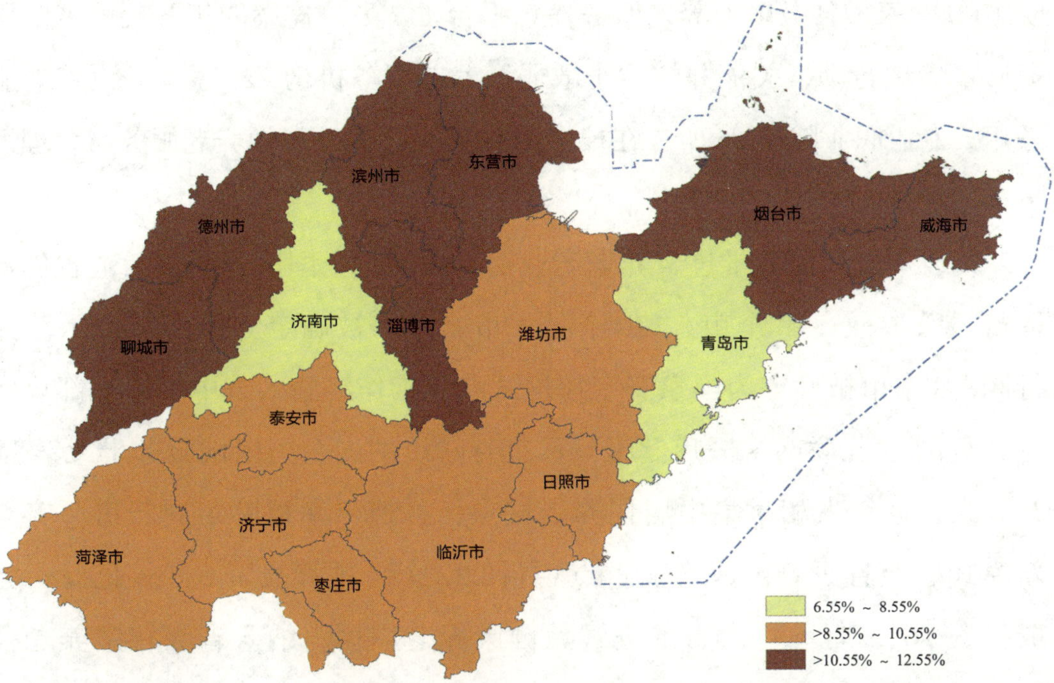

图 10-7　2010—2020 年山东省 16 市老年人口抚养比变化幅度分布图

二、养老服务工作进展

1. 支持政策不断完善，保障能力持续增强。“十三五”期间，山东出台《山东省养老服务条例》等 5 个政策性文件，相关部门出台 40 余个配套文件，发布 27 个省级地方养老服务标准。省财政支出 22 亿元养老服务业专项补助资金，从规划、土地、资金、税费、融资等方面大力扶持养老服务业发展。山东省失能特困老年人集中供养率 58%，有集中供养意愿的特困老年人实现愿进全进。建立经济困难老年人补贴制度，年发放资金 7 亿多元，惠及 66 万余人。长期护理保险参保人数 2 820 万人、定点机构 2 219 家。

2. 服务供给显著增加，服务质量明显提升。2020 年，山东省养老机构 2 373 家、养老床位 39.2 万张，其中护理型床位 17 万张，占比 43%。街道综合性养老服务中心 523 处、社区日间照料中心 3 069 处、农村幸福院 10 026 家，县级以上养老服务信息平台 117 处。连续四年开展养老院服务质量专项行动，关停并转“小散弱”养老服务机构 727 家。开设养老服务相关专业职业院校 66 所，在校生 1.08 万人，累计培训养老服务与管理人员 16 万人次。

3. 改革创新深入推进，养老产业初具规模。全国医养结合示范省创建取得显著成效，12 个市、120 个县（市、区）被确定为医养结合示范先行区，3 个市被确定为国家安宁疗护试点，工作经验入编中央组织部攻坚克难案例；“互联网 + 医疗健康”示范省建设纳入全国区域服务十大案例；开展农村老年人相对集中居住养老试点，打造“幸福院 + 周转房”养老新模式。全省医养健康产业重点项目 222 个，预算投资 3 624 亿元，完成投资 162.9 亿元；大力推进智慧健康养老应用，纳入省级智慧养老社区 200 个，培育国家级智慧健康养老示范基地 7 处、示范企业 10 家、示范街道 22 个。

第三节　人口老龄化面临挑战

一、老龄化进程较快，经济发展相对滞后

山东省历经 23 年完成从老龄化社会（65 岁及以上老年人口比重超过 7%）到老龄社会（65 岁及以上老年人口比重超过 14%）的转换，远快于法国（115 年）、瑞典（85 年）等发达国家。与发达国家进入老龄化社会时人均 GDP 普遍高于 1 万美元不同，山东省 1994 年步入老龄化社会时人均 GDP 仅为 4 441 美元，老龄化进程超前于经济发展，是在物质基础相对薄弱、社会养老体系不健全背景下提前迈入老龄化社会，“未富先老”和“未

备先老”问题突出。此外，山东省人口老龄化存在地区发展不均衡的特点，经济较为发达的东部区域人口老龄化较为严峻，经济较为落后的西部和南部老年人口总量大，但老龄化程度相对不高。

二、老年人口规模庞大，养老服务体系有待完善

山东人口老龄化进程加快，老年人口总量由2010年的942.98万人增加至2020年的1 536.41万人，养老需求大。高龄老人、失能老人和空巢老人等数量持续增长，传统家庭养老模式不能适应家庭核心化和空巢化等趋势，构建和完善多层次、多样化的社会养老体系日趋紧迫。“十三五”规划提出要建立以居家养老为基础，社区养老为依托、机构养老为支撑的多层次养老服务体系，妥善解决老年人的养老问题。现阶段山东省养老服务体系发展相对迟缓，面临家庭养老能力不足、社区养老支持体系不完善、医养结合尚不成熟、老年产业市场化不充分、养老设施数量不足且空间发展不均衡等困境，无法满足数量庞大的老年人口的多元需求和基本保障。

三、后备动力不足，经济发展压力加大

山东人口老龄化加剧，劳动力数量呈下降趋势，15 ~ 64岁人口数量由2010年的7 128.88万人减少至2020年的6 710.07万人。从劳动力成本来看，伴随劳动力数量减少，劳动力资源稀缺性逐渐提高，企业劳动力成本不断攀升，不利于产品出口和外商投资；中小型企业是当前吸纳就业人口的主体，劳动力成本的增加会压缩中小企业生存空间，阻碍了高、低产业搭配的完整产业链条形成，不利于产业的长久发展。从创新驱动方面来看，劳动年龄人口内部高龄化趋势显现，社会活力和创新创造能力不足，同时人口老龄化也不利于消费领域新产品、新技术的应用和推广，不利于经济发展向创新驱动转变。此外，老年人口数量持续增多导致老年人口抚养比上升，养老开支增多，劳动年龄人口的经济负担进一步加重。

第四节　应对人口老龄化建议

一、加大鼓励生育政策力度，改善人口年龄结构

人口生育政策对人口结构的调整是一个长期的作用过程，能够推动人口结构的改善，延缓人口老龄化发展速度。为加大鼓励生育政策力度，提高生育率，增加未来人口劳动力供给，需要着力加强生育政策的配套措施，持续释放生育意愿，提高家庭人口再生产能力。一是树立正确的生育观念、男女平等意识，转变养儿防老的观念。二是对生育二孩三孩家庭实行差异化个税抵扣及经济补贴政策，减轻养育二孩三孩带来的家庭负担。三是保障和完善女性就业权利，减小男女就业差距，解决女性生育的后顾之忧。四是延长妇女生育休假时间且完善父亲生育休假制度。五是保障托育服务供给和兴建托育服务机构，提升入托率，减轻父母照料压力。六是加大教育医疗的财政支持力度，保持房价稳定，降低抚养成本等。

二、发展银发经济，培育壮大经济新动能

随着老年人口数量增加，养老、医疗等“银发行业”具有巨大发展空间，山东应把握机遇，开发老龄市场，推动形成新的增长点。一是完善老龄产业政策，研究制定老龄产业发展的土地、融资、投资、用工、税收等支持政策，建立老龄产业统计指标体系，加强老龄产业发展状况监测。二是做好重点产业培育，培育适老新产品新业态，提升全省老年服装、食品和保健品、康复保健器材等优势产业，创新“互联网+养老”等智慧养老模式，鼓励发展适老智能家居产品。三是促进养老产业融合发展，实施“养老+行业”专项行动，推动养老服务与文化、旅游、餐饮、家政、教育、养生等行业深度融合发展，鼓励“养老+医疗+保险”“养老养生+现代农

业”等多种业态复合发展和新型经营模式探索。

三、完善养老服务体系，满足多样化养老需求

完善社会保障体系。构建覆盖全民、城乡统筹、权责清晰、保障适度、可持续的多层次养老保险制度体系，扩大养老保险覆盖面，适度提高退休人员基本养老金和居民养老保险基础养老金标准。健全巩固覆盖全民的基本医疗保险制度，推进老年人意外伤害保险，发展补充医疗保险，开发商业健康保险。完善长期护理保障制度，加强长期护理保障基金、照护服务机构和服务人员管理。进一步完善最低生活保障制度，实现符合条件的老年人家庭应保尽保。

健全养老服务体系。增强居家社区养老服务，推动养老机构提质增效，提升养老机构服务质量，完善家庭养老的政策支持，健全养老服务体系。新建小区按每百户不少于 $20m^2$ 的标准配建养老服务设施，既有小区按每百户不少于 $15m^2$ 的标准调剂解决，推动专业养老服务向社区和家庭延伸，打造“15 分钟养老服务圈”。着力补齐农村养老服务短板，积极推进城乡社区（村）助老食堂或老年助餐点建设。聚焦失能、失智老年人需求，合理配置护理床位，加大认知障碍照护服务供给，加快发展护理型、医养结合型专业养老机构，完善安全、服务、管理、设施等标准，加强养老机构服务质量监管，提升养老机构服务质量。完善家庭养老的政策支持，鼓励对需要长期照护的失能老年人家庭提供“喘息”服务，支持面向家庭照护成员开展护理技能培训。

四、健全老年健康服务体系，提升老年健康保障水平

健全老年健康服务体系。加强老年健康教育和预防保健，积极开展老年人健康教育和健康促进活动，加强健康生活方式指导及干预，引导老年人树立健康生活理念。提升老年医疗和康复护理服务能力，每个县（市）至少建设 1 所康复医院、护理院和安宁疗护中心，保障二级以上公立综合

性医院设置老年医学科不少于80%，基层医疗机构增加护理、康复床位，开展上门康复护理服务，逐步扩大安宁疗护服务覆盖面。加强老年人心理关爱，鼓励设置心理咨询机构，为老年人特别是空巢、失能等特殊老年人提供心理辅导、情绪纾解等心理健康服务。

推动医养有机融合发展。增强医养结合服务供给，鼓励二级以下、有闲置资源的医疗机构开展养老服务，引导医疗卫生机构、养老服务机构开展多种形式合作，支持养老机构设立医疗机构、诊所、医务室，促进医养康养融合发展。扩大医养结合服务队伍，实施医养结合、老年医学学科紧缺人才培训项目，鼓励社会力量举办医养照护师、健康管理师等培训。提高医养结合智慧化服务水平，加强医养结合信息化建设，实施老龄健康医养结合远程协同服务，发展监看监测设备、智能养老监护设备、服务机器人等。

五、夯实适老“基础桩”，建设老年友好型社区

加快推进城市适老性改造建设。进一步完善涉老设施建设标准体系，增强执行技术标准的自觉性和能力，扩大全省适老化设施覆盖面。普及老年住宅标准，开发老年宜居住宅和养老社区，鼓励建设老少同居社区，促进代际融合。鼓励各地结合城镇老旧小区改造，对老旧小区内人行道、单元口、活动广场、便利店等进行适老化改造，鼓励有条件的加装电梯。建设便捷舒适的无障碍出行环境，加大对城市道路、公共交通工具、信号灯、隔离带等设施设备的适老化改造力度。

解决老年人“数字鸿沟”问题。聚焦老年人日常生活涉及的高频事项，持续推动充分兼顾老年人需要的智慧社会建设，坚持传统服务方式与智能化技术服务创新并行，在保留老年人熟悉的服务方式基础上，紧贴老年人需求特点，加强技术创新，采取线上线下相结合方式，提供更多智能化适老化产品和服务。深入实施智慧助老行动，研究编制一批老年人运用智能技术培训教材，加强对老年人的培训指导。

统计监测数据

表一　全国及31个省（自治区、直辖市）常住人口城镇化率一览表（2010—2021年）

单位：%

地区	2010	2011	2012	2013	2014	2015	2016	2017	2018	2019	2020	2021
全国	49.95	51.83	53.10	54.49	55.75	57.33	58.84	60.24	61.50	62.71	63.89	64.72
北京	85.96	86.20	86.29	86.39	86.50	86.71	86.76	86.93	87.09	87.35	87.55	87.50
天津	79.55	80.43	81.55	82.29	82.55	82.88	83.27	83.57	83.95	84.31	84.70	84.88
河北	44.50	45.59	46.60	48.02	49.36	51.67	53.87	55.74	57.33	58.77	60.07	61.14
山西	48.05	49.79	51.32	52.88	54.30	55.87	57.27	58.59	59.85	61.29	62.53	63.42
内蒙古	55.50	57.04	58.42	59.82	60.97	62.09	63.40	64.60	65.51	66.46	67.48	68.20
辽宁	62.10	64.05	65.65	66.45	67.05	68.05	68.87	69.49	70.26	71.21	72.14	72.81
吉林	53.35	53.40	54.54	55.74	56.81	57.64	58.75	59.71	60.85	61.63	62.64	—
黑龙江	55.66	56.49	56.88	58.04	59.22	60.47	61.09	61.90	63.46	64.62	65.61	65.70
上海	89.30	89.30	89.30	89.60	89.30	88.53	89.00	89.10	89.13	89.22	89.30	—
江苏	60.58	62.01	63.01	64.39	65.70	67.49	68.93	70.18	71.19	72.47	73.44	73.94
浙江	61.62	62.29	62.91	63.94	64.96	66.32	67.72	68.91	70.02	71.58	72.17	72.70
安徽	43.01	44.80	46.30	47.87	49.31	50.97	52.62	54.29	55.65	57.02	58.33	59.40
福建	57.10	58.11	59.32	60.80	61.99	63.22	64.39	65.78	66.98	67.87	68.75	69.70
江西	44.06	45.75	47.39	49.04	50.55	52.30	53.99	55.70	57.34	59.07	60.44	61.46
山东	49.70	50.86	52.03	53.46	54.77	56.97	59.13	60.79	61.46	61.86	63.05	63.94

续表一

地区	2010	2011	2012	2013	2014	2015	2016	2017	2018	2019	2020	2021
河南	38.50	40.47	41.99	43.60	45.05	47.02	48.78	50.56	52.24	54.01	55.43	56.45
湖北	49.70	51.78	53.23	54.51	55.73	57.18	58.57	59.88	61.00	61.83	62.89	64.09
湖南	43.30	44.97	46.22	47.63	48.98	50.79	52.70	54.62	56.09	57.45	58.76	59.71
广东	66.18	66.57	67.15	68.09	68.62	69.51	70.15	70.74	71.81	72.65	74.15	74.63
广西	40.00	41.90	43.48	45.11	46.54	47.99	49.24	50.59	51.82	52.98	54.20	55.08
海南	49.80	50.34	51.02	52.28	53.30	54.91	56.70	58.04	59.13	59.37	60.27	60.97
重庆	53.02	54.98	56.64	58.29	59.74	61.47	63.33	65.00	66.61	68.24	69.46	70.32
四川	40.18	41.85	43.35	44.96	46.51	48.27	50.00	51.78	53.50	55.36	56.73	57.80
贵州	33.81	35.03	36.30	37.89	40.24	42.96	45.56	47.76	49.54	51.48	53.15	54.33
云南	34.70	36.57	38.47	39.99	41.21	42.93	44.64	46.29	47.44	48.67	50.05	51.05
西藏	22.67	22.81	22.87	23.93	26.23	28.87	31.57	33.38	33.80	34.51	35.73	—
陕西	45.76	47.35	49.71	51.57	53.01	54.74	56.39	58.07	59.65	61.28	62.66	63.63
甘肃	36.12	37.25	38.78	40.50	42.28	44.24	46.07	48.12	49.69	50.70	52.23	53.33
青海	44.72	46.53	47.85	49.29	50.84	51.67	53.55	55.45	57.27	58.78	60.08	61.02
宁夏	47.90	50.20	51.15	52.84	54.82	56.98	58.74	60.95	62.15	63.63	64.96	—
新疆	43.01	43.73	44.22	44.94	46.79	48.78	50.42	51.90	54.01	55.51	56.53	57.26

表二　全省及设区市常住人口城镇化率一览表（2010—2020 年）

单位：%

地区	2010	2011	2012	2013	2014	2015	2016	2017	2018	2019	2020
全省	49.70	50.86	52.03	53.46	54.77	56.97	59.13	60.79	61.46	61.86	63.05
济南市	64.47	65.05	65.71	66.00	66.41	67.96	69.46	70.53	72.10	71.21	73.46
青岛市	65.81	66.52	67.14	67.72	68.41	69.99	71.53	72.57	73.67	74.12	76.34
淄博市	63.12	64.01	64.84	65.31	65.71	67.26	69.11	70.26	71.49	72.04	74.27
枣庄市	47.31	48.06	49.40	50.43	51.34	53.46	55.47	57.32	58.88	59.20	59.32
东营市	60.02	60.97	62.08	63.19	64.04	65.54	66.67	67.75	69.04	69.24	71.45
烟台市	55.27	56.07	56.82	57.85	58.55	60.35	62.10	63.66	65.07	65.42	67.31
潍坊市	46.96	47.93	49.75	51.76	53.57	55.80	58.15	59.95	61.80	62.18	64.41
济宁市	42.97	44.01	46.13	48.33	50.25	52.75	55.25	57.12	58.85	59.69	60.09
泰安市	50.35	51.42	52.56	53.76	55.02	57.04	59.06	60.63	61.87	62.01	63.92
威海市	58.21	58.51	59.26	60.32	61.31	63.16	65.00	66.46	67.81	68.72	70.22
日照市	47.08	47.89	49.84	51.31	52.71	54.81	56.86	58.65	60.35	61.00	61.13
临沂市	45.05	47.05	48.90	50.36	51.72	53.82	55.84	57.40	51.54	52.75	55.06
德州市	43.05	44.16	46.24	47.74	49.53	51.73	53.77	55.57	57.01	53.03	53.30
聊城市	36.87	38.20	40.10	42.05	43.95	46.15	48.50	50.34	51.77	52.72	52.97
滨州市	45.71	47.98	49.74	51.20	52.47	54.62	56.83	58.63	57.64	58.23	59.65
菏泽市	35.01	37.80	40.01	41.61	43.06	45.13	47.36	49.05	50.25	50.63	50.73

表三　全省分县区常住人口及城镇化率一览表
（2021 年）

区县	常住人口（万人）	城镇人口（万人）	农村人口（万人）	城镇化率（%）
山东省	10 170.00	6 502.70	3 667.30	63.94
济南市	933.61	692.83	240.78	74.21
历下区	97.27	97.27	0.00	100.00
市中区	91.51	88.15	3.36	96.33
槐荫区	68.80	68.80	0.00	100.00
天桥区	77.71	71.80	5.91	92.40
历城区	160.22	125.91	34.31	78.58
长清区	62.43	36.65	25.78	58.70
章丘区	110.23	68.34	41.89	62.00
济阳区	52.86	20.61	32.25	38.99
莱芜区	98.13	58.90	39.23	60.02
钢城区	28.74	20.12	8.62	70.00
平阴县	32.94	18.23	14.71	55.34
商河县	52.77	18.05	34.72	34.21
青岛市	1 025.67	791.51	234.16	77.17
市南区	48.85	48.85	0.00	100.00
市北区	110.23	110.23	0.00	100.00
西海岸新区（原黄岛区）	196.42	162.69	33.73	82.83
崂山区	51.08	44.37	6.71	86.86
李沧区	75.25	75.25	0.00	100.00
城阳区	114.78	110.95	3.83	96.66
即墨市	136.18	81.47	54.71	59.83
胶州市	102.19	64.45	37.74	63.07
平度市	118.78	53.47	65.31	45.02

续表三

区县	常住人口（万人）	城镇人口（万人）	农村人口（万人）	城镇化率（%）
莱西市	71.91	39.78	32.13	55.32
淄博市	470.88	351.42	119.46	74.63
淄川区	64.74	48.38	16.36	74.73
张店区	127.66	121.54	6.12	95.21
博山区	41.04	32.78	8.26	79.88
临淄区	64.99	44.98	20.01	69.21
周村区	40.68	28.66	12.02	70.46
桓台县	48.99	34.93	14.06	71.30
高青县	31.28	13.63	17.65	43.57
沂源县	51.50	26.52	24.98	51.49
枣庄市	385.31	231.34	153.97	60.04
市中区	61.32	47.90	13.42	78.12
薛城区	59.39	42.19	17.20	71.04
峄城区	36.22	16.30	19.92	45.01
台儿庄区	30.48	14.45	16.03	47.40
山亭区	40.55	16.20	24.35	39.94
滕州市	157.35	94.30	63.05	59.93
东营市	219.50	156.96	62.54	71.51
东营区	93.11	79.97	13.14	85.89
河口区	24.50	19.04	5.46	77.71
垦利区	25.84	16.31	9.53	63.12
利津县	23.84	9.56	14.28	40.10
广饶县	52.21	32.08	20.13	61.44
烟台市	708.28	480.28	228.00	67.81
芝罘区	88.04	88.04	0.00	100.00
福山区	87.16	73.58	13.58	84.42

续表三

区县	常住人口（万人）	城镇人口（万人）	农村人口（万人）	城镇化率（%）
牟平区	46.00	29.87	16.13	64.93
莱山区	47.71	41.36	6.35	86.69
蓬莱市	50.75	28.85	21.90	56.85
龙口市	72.74	51.66	21.08	71.02
莱阳市	79.14	42.78	36.36	54.06
莱州市	81.89	45.12	36.77	55.10
招远市	53.67	31.54	22.13	58.77
栖霞市	43.25	18.04	25.21	41.71
海阳市	57.93	29.44	28.49	50.82
潍坊市	940.00	612.88	327.12	65.20
潍城区	52.29	42.80	9.49	81.85
寒亭区	60.82	42.81	18.01	70.39
坊子区	52.14	30.34	21.80	58.20
奎文区	88.12	88.12	0.00	100.00
青州市	96.22	55.06	41.16	57.23
诸城市	107.64	67.72	39.92	62.91
寿光市	116.68	73.66	43.02	63.13
安丘市	83.83	46.59	37.24	55.57
高密市	87.53	55.07	32.46	62.91
昌邑市	55.97	31.61	24.36	56.47
临朐县	80.51	44.97	35.54	55.85
昌乐县	58.25	34.13	24.12	58.59
济宁市	833.65	510.11	323.54	61.19
任城区	149.57	121.73	27.84	81.39
兖州区	62.87	50.22	12.65	79.88
曲阜市	61.49	33.12	28.37	53.86

续表三

区县	常住人口（万人）	城镇人口（万人）	农村人口（万人）	城镇化率（%）
邹城市	42.14	18.58	23.56	44.09
微山县	63.14	38.38	24.76	60.79
鱼台县	81.62	36.66	44.96	44.92
金乡县	68.28	38.54	29.74	56.44
嘉祥县	53.91	24.13	29.78	44.76
汶上县	72.40	32.48	39.92	44.86
泗水县	62.23	40.18	22.05	64.57
梁山县	116.00	76.09	39.91	65.59
泰安市	543.49	352.25	191.25	64.81
泰山区	84.20	73.31	10.90	87.07
岱岳区	104.84	70.16	34.68	66.92
新泰市	132.55	77.92	54.63	58.79
肥城市	88.53	60.28	28.25	68.09
宁阳县	65.83	34.13	31.70	51.84
东平县	67.54	36.45	31.09	53.96
威海市	291.46	208.16	83.30	71.42
环翠区	118.38	103.75	14.63	87.64
文登区	55.97	33.46	22.51	59.78
荣成市	71.43	45.60	25.83	63.84
乳山市	45.68	25.35	20.33	55.49
日照市	297.17	184.04	113.13	61.93
东港区	117.29	96.25	21.04	82.06
岚山区	37.99	19.48	18.51	51.28
五莲县	44.45	21.93	22.52	49.34
莒县	97.44	46.38	51.06	47.60

续表三

区县	常住人口（万人）	城镇人口（万人）	农村人口（万人）	城镇化率（%）
临沂市	1 101.95	616.76	485.19	55.97
兰山区	195.91	154.22	41.69	78.72
罗庄区	84.29	61.88	22.41	73.41
河东区	92.80	64.89	27.91	69.92
沂南县	79.81	39.31	40.50	49.25
郯城县	87.62	33.01	54.61	37.67
沂水县	95.72	45.91	49.81	47.96
兰陵县	109.28	44.51	64.77	40.73
费县	79.01	38.92	40.09	49.26
平邑县	88.29	42.49	45.80	48.13
莒南县	83.22	34.81	48.41	41.83
蒙阴县	48.01	22.41	25.60	48.68
临沭县	57.99	34.40	23.59	59.32
德州市	560.00	304.64	255.36	54.40
德城区	100.84	85.26	15.58	84.55
陵城区	48.42	22.56	25.86	46.60
乐陵市	55.62	24.61	31.01	44.25
禹城市	48.60	24.77	23.83	50.96
宁津县	47.10	25.76	21.34	54.69
庆云县	31.59	14.59	17.00	46.17
临邑县	47.11	19.46	27.65	41.31
齐河县	57.69	32.18	25.51	55.78
平原县	41.95	17.84	24.11	42.52
夏津县	45.62	18.30	27.32	40.12
武城县	35.46	19.31	16.15	54.45
聊城市	592.79	319.93	272.86	53.97
东昌府区	149.11	103.55	45.56	69.45

续表三

区县	常住人口（万人）	城镇人口（万人）	农村人口（万人）	城镇化率（%）
茌平区	51.48	28.83	22.65	56.00
临清市	79.14	44.18	34.96	55.83
阳谷县	69.57	32.30	37.27	46.43
莘县	92.52	37.28	55.24	40.29
东阿县	34.31	19.32	14.99	56.31
冠县	71.47	30.02	41.45	42.00
高唐县	45.19	24.45	20.74	54.10
滨州市	393.01	236.67	156.34	60.22
滨城区	85.78	65.10	20.68	75.90
沾化区	33.42	17.98	15.44	53.80
邹平市	77.35	53.14	24.21	68.70
惠民县	56.84	20.41	36.43	35.90
阳信县	42.11	18.83	23.28	44.72
无棣县	46.66	28.24	18.42	60.52
博兴县	50.85	32.97	17.88	64.84
菏泽市	873.24	452.95	420.29	51.87
牡丹区	169.72	105.12	64.60	61.94
定陶区	53.39	26.60	26.79	49.82
曹县	137.04	60.55	76.49	44.18
单县	101.36	51.52	49.84	50.83
成武县	58.80	28.62	30.18	48.67
巨野县	91.24	44.84	46.40	49.15
郓城县	112.27	55.17	57.10	49.14
鄄城县	74.17	37.70	36.47	50.83
东明县	75.25	42.83	32.42	56.92

表四　全省及16设区市城镇化主要监测评价数据（2020年）

地市	常住人口（万人）	年末总人口（万人）	城镇人口（万人）	常住人口城镇化率（%）	公安户籍人口（万人）	户籍人口城镇化率（%）	就业人员合计（万人）
全省	10 152.75	10 164.51	6 408.84	63.05	10 172.47	50.38	5 510.00
济南市	920.24	924.16	678.88	73.46	806.73	59.78	468.90
青岛市	1 007.17	1 010.57	771.44	76.34	836.84	63.94	525.63
淄博市	470.41	470.56	349.47	74.27	434.49	63.99	226.80
枣庄市	385.56	385.86	228.91	59.32	426.11	48.67	197.20
东营市	219.35	219.35	156.72	71.45	197.96	58.58	123.96
烟台市	710.21	710.37	478.13	67.31	651.86	55.02	429.07
潍坊市	938.67	939.36	605.05	64.41	919.04	53.76	530.61
济宁市	835.79	836.07	502.39	60.09	894.16	50.29	429.19
泰安市	547.22	547.85	350.21	63.92	570.77	52.96	299.04
威海市	290.65	291.08	204.39	70.22	256.62	60.72	173.30
日照市	296.84	297.17	181.67	61.13	309.02	47.74	166.91
临沂市	1 101.84	1 102.57	607.04	55.06	1 197.01	42.61	621.29
德州市	561.12	561.36	299.22	53.30	597.80	33.49	328.53
聊城市	595.21	595.25	315.32	52.97	648.28	38.64	289.07
滨州市	392.86	393.03	234.43	59.65	397.54	48.68	212.44
菏泽市	879.59	879.90	446.34	50.73	1 028.24	43.22	488.06

续表四

地市	城镇登记失业人数（万人）	城镇登记失业率（%）	GDP（亿元）	第一产业增加值（亿元）	第二产业增加值（亿元）	工业增加值（亿元）	第三产业增加值（亿元）
全省	46.70	3.10	73 129.00	5 363.76	28 612.19	23 110.99	39 153.05
济南市	3.56	2.03	10 140.91	361.66	3 530.67	2 360.48	6 248.58
青岛市	8.71	3.03	12 400.56	425.41	4 361.56	3 268.38	7 613.59
淄博市	2.98	2.34	3 673.54	157.18	1 777.15	1 504.76	1 739.21
枣庄市	2.19	2.33	1 733.25	165.69	704.12	567.36	863.44
东营市	1.44	2.65	2 981.19	156.56	1 678.53	1 615.76	1 146.10
烟台市	4.80	2.50	7 816.42	572.74	3 192.39	2 727.34	4 051.29
潍坊市	3.52	2.48	5 872.17	535.64	2 308.10	1 910.21	3 028.44
济宁市	3.01	2.31	4 494.31	525.61	1 761.68	1 501.97	2 207.01
泰安市	2.26	2.08	2 766.46	299.66	1 080.38	670.77	1 386.42
威海市	1.19	2.39	3 017.79	301.66	1 162.27	993.64	1 553.86
日照市	1.14	2.04	2 006.43	171.33	844.20	679.69	990.90
临沂市	3.37	2.44	4 805.25	440.92	1 756.43	1 431.60	2 607.90
德州市	1.97	2.52	3 078.99	327.01	1 235.87	1 094.96	1 516.11
聊城市	2.54	3.01	2 316.84	333.26	795.59	678.02	1 187.99
滨州市	1.72	2.48	2 508.11	243.15	1 021.56	914.96	1 243.41
菏泽市	2.24	2.80	3 483.11	345.99	1 399.63	1 191.08	1 737.49

续表四

地市	人均 GDP（元）	规模以上工业主营业务收入（亿元）	规模以上工业利润总额（亿元）	社会消费品零售总额（亿元）	一般公共预算收入（亿元）	人均一般公共预算收入（元）
全省	72 151.35	87 160.70	4 431.32	29 248.05	6 559.93	6 461.24
济南市	110 681.00	7 575.34	423.31	4 469.13	906.08	9 846.04
青岛市	123 828.00	9 828.17	571.79	5 203.50	1 253.85	12 449.26
淄博市	78 089.00	4 604.54	222.40	1 134.68	321.54	6 835.25
枣庄市	44 928.00	1 230.83	76.79	897.80	140.76	3 650.78
东营市	136 330.00	7 293.42	52.95	653.40	249.34	11 367.17
烟台市	110 225.00	8 437.09	517.87	2 799.95	610.07	8 589.97
潍坊市	62 524.00	8 987.58	452.81	2 389.77	573.90	6 113.93
济宁市	53 764.00	3 701.61	286.34	2 127.31	411.78	4 926.86
泰安市	50 444.00	2 222.80	113.21	1 022.35	229.19	4 188.17
威海市	104 065.00	2 595.00	256.78	1 166.41	252.39	8 683.57
日照市	67 720.00	4 275.00	213.72	584.78	176.31	5 939.74
临沂市	43 850.00	5 235.77	239.52	2 528.20	349.83	3 175.00
德州市	54 691.00	2 904.89	180.21	1 114.44	208.55	3 716.66
聊城市	38 901.00	3 509.94	133.71	801.04	201.97	3 393.27
滨州市	63 915.00	8 034.38	324.11	717.94	252.79	6 434.74
菏泽市	39 718.00	3 953.42	275.78	1 637.35	237.92	2 704.86

续表四

地市	税收收入（亿元）	一般公共预算支出（亿元）	一般公共服务支出（亿元）	教育支出（亿元）	科学技术支出（亿元）	社会保障和就业支出（亿元）	城乡社区事务支出（亿元）
全省	4 757.62	11 233.52	1 118.07	2 283.84	298.62	1 657.53	1 053.86
济南市	696.62	1 288.44	138.10	213.40	39.65	176.29	281.61
青岛市	898.78	1 584.65	199.39	288.55	46.85	223.00	236.59
淄博市	227.35	522.78	55.46	103.91	10.52	69.16	28.71
枣庄市	105.19	271.01	29.67	62.87	2.64	50.59	12.85
东营市	168.42	311.35	41.97	61.28	5.83	29.09	36.23
烟台市	421.55	845.38	80.21	134.94	29.89	146.46	110.71
潍坊市	426.10	796.12	75.78	188.22	22.51	121.39	59.52
济宁市	301.86	695.69	76.42	159.32	7.83	95.77	56.48
泰安市	165.06	434.79	39.28	87.05	3.52	85.36	27.20
威海市	189.77	350.42	38.97	85.42	7.25	46.88	13.14
日照市	139.07	286.60	26.57	59.54	8.99	44.81	15.70
临沂市	290.16	792.54	71.90	191.06	8.55	129.07	32.64
德州市	154.21	481.20	43.37	82.61	9.37	82.47	25.24
聊城市	144.76	465.99	53.49	96.37	2.05	72.56	21.21
滨州市	181.97	447.51	38.43	68.18	16.69	62.91	73.14
菏泽市	178.96	630.41	54.26	128.40	2.35	128.70	21.52

续表四

地市	公共安全支出（亿元）	万元 GDP 能耗比上年上升或下降（%）	万元 GDP 电耗比上年上升或下降（%）	出口总额（亿美元）	外贸依存度（%）	市政设施固定资产投资（万元）
全省	631.66	–2.41	–1.67	1 890.35	27.81	16 577 607
济南市	67.01	–4.75	–0.45	108.96	12.55	3 438 570
青岛市	95.90	–4.66	–1.07	560.89	47.73	3 079 560
淄博市	34.56	–0.81	–1.20	71.04	22.33	607 538
枣庄市	17.97	–4.75	–1.90	36.43	14.18	361 239
东营市	18.39	–5.32	–3.17	66.32	41.66	723 903
烟台市	47.85	4.53	–2.93	284.23	38.04	733 333
潍坊市	43.05	–6.15	–0.25	175.73	29.92	1 010 128
济宁市	38.08	–1.47	–1.63	56.13	11.24	1 670 993
泰安市	21.08	–1.52	1.73	21.19	7.12	616 646
威海市	19.95	–5.48	–1.98	168.64	49.40	544 352
日照市	16.81	–3.25	1.29	49.65	47.08	225 792
临沂市	40.19	–3.15	–2.96	144.03	22.52	1 316 744
德州市	27.66	4.41	0.54	35.84	11.65	606 151
聊城市	23.60	–1.29	–1.09	32.88	16.08	392 053
滨州市	18.89	–6.69	–3.92	47.37	30.10	542 411
菏泽市	26.45	–2.42	–1.35	31.03	11.49	708 195

续表四

地市	人均城市道路面积（m²）	供水普及率（%）	供水管道长度（km）	燃气普及率（%）	建成区面积（km²）	互联网宽带接入用户数（万户）	公共汽电车（辆）
全省	25.64	99.84	72 336.5	99.31	7 207.06	3 445.62	54 799
济南市	19.70	100.00	6 033.6	100.00	839.73	432.81	7 916
青岛市	19.91	100.00	10 090.2	100.00	953.06	412.94	10 914
淄博市	32.61	100.00	3 685.9	100.00	362.85	155.78	2 514
枣庄市	24.75	100.00	2 982.3	99.86	220.95	124.94	2 861
东营市	28.75	100.00	2 390.3	99.93	212.48	90.58	1 187
烟台市	26.21	99.04	7 523.4	97.25	623.51	266.36	4 339
潍坊市	26.93	99.79	6 529.9	99.54	554.90	293.84	4 422
济宁市	28.11	100.00	3 781.7	98.66	490.42	238.53	4 277
泰安市	26.69	100.00	5 396.3	99.82	341.34	166.24	3 757
威海市	37.02	100.00	4 847.9	100.00	292.71	127.39	2 345
日照市	22.76	99.66	2 338.6	99.42	191.48	96.94	1 190
临沂市	22.08	100.00	5 217.0	98.78	574.40	332.62	2 229
德州市	28.20	98.4	3 962.5	99.09	454.77	168.52	1 308
聊城市	22.99	100.00	2 915.0	97.51	342.86	170.53	1 846
滨州市	31.22	100.00	2 083.5	100.00	314.61	135.47	1 623
菏泽市	23.81	97.65	2 558.5	93.32	436.99	232.14	2 071

续表四

地市	医疗卫生机构数（个）	医院（个）	卫生机构床位数（张）	每千人口医疗卫生机构床位数（张）	卫生机构卫生人员数（人）	卫生技术人员数（人）	执业（助力）医师（人）
全省	84 870	2 640	647 007	6.37	1 029 008	814 248	329 429
济南市	7 514	284	68 831	7.48	126 681	102 172	40 199
青岛市	8 531	357	64 423	6.40	114 244	94 854	39 708
淄博市	4 654	154	33 667	7.16	53 125	43 700	18 154
枣庄市	2 745	82	24 916	6.46	36 335	29 715	11 575
东营市	1 753	70	13 288	6.06	24 185	20 528	8 284
烟台市	5 954	186	43 218	6.09	68 010	53 896	21 640
潍坊市	8 150	232	65 768	7.01	93 723	75 506	30 912
济宁市	7 195	218	54 648	6.54	85 928	66 552	26 051
泰安市	4 573	108	34 030	6.22	54 163	41 328	16 035
威海市	2 562	69	19 365	6.66	30 671	25 053	10 205
日照市	2 468	61	16 345	5.51	26 989	20 805	8 355
临沂市	8 069	221	70 195	6.37	96 476	74 475	28 928
德州市	5 527	120	27 279	4.86	47 161	36 069	16 385
聊城市	6 228	142	34 039	5.72	52 679	41 281	17 082
滨州市	3 079	99	23 025	5.86	35 498	28 877	11 799
菏泽市	5 868	237	53 970	6.14	83 140	59 437	24 117

续表四

地市	注册护士（人）	万人拥有专利申请授权量（件）	专利申请授权量（件）	R&D 经费支出总额（亿元）	R&D 经费支出占 GDP 比重（%）	专利申请受理量（件）	公共图书馆馆藏书量（万册）	公共图书馆数（个）
全省	355 701	23.52	238 778	1 781.04	2.44	369 349	6 975.47	154
济南市	45 727	44.45	40 903	287.28	2.83	69 642	764.43	13
青岛市	42 760	57.29	57 696	325.31	2.62	87 539	840.19	12
淄博市	18 312	22.60	10 633	106.84	2.91	18 990	315.99	9
枣庄市	14 391	16.30	6 284	26.26	1.52	9 600	182.59	7
东营市	9 218	32.11	7 043	78.58	2.64	9 662	323.49	6
烟台市	22 364	21.77	15 461	149.43	1.91	23 980	672.74	14
潍坊市	33 360	24.81	23 290	141.57	2.41	32 629	764.70	12
济宁市	30 130	15.91	13 300	69.86	1.55	17 912	306.87	12
泰安市	18 440	12.29	6 723	68.48	2.48	10 686	196.32	7
威海市	11 032	29.28	8 510	75.54	2.50	13 427	396.86	5
日照市	9 016	16.66	4 944	64.57	3.22	8 017	152.18	5
临沂市	32 990	11.68	12 868	103.71	2.16	20 240	386.03	13
德州市	13 992	14.94	8 385	101.54	3.30	12 972	200.99	12
聊城市	16 858	12.38	7 368	69.39	2.99	11 589	160.69	8
滨州市	12 648	19.10	7 502	85.10	3.39	10 060	185.96	8
菏泽市	24 463	8.95	7 868	27.61	0.79	12 404	197.55	10

续表四

地市	文化（艺术）馆（个）	文化站（个）	博物馆（个）	普通高中学校数（所）	普通高中在校学生数（人）	普通高中专任教师数（人）	普通高中生师比
全省	158	1 821	577	682	1 759 785	148 952	11.81
济南市	13	161	42	59	144 411	11 539	12.52
青岛市	12	138	102	81	144 348	12 650	11.41
淄博市	9	88	66	36	92 147	7 710	11.95
枣庄市	7	62	19	25	69 364	5 321	13.04
东营市	6	40	13	16	42 871	3 866	11.09
烟台市	15	155	37	45	85 481	9 199	9.29
潍坊市	13	118	57	63	173 332	17 762	9.76
济宁市	12	156	49	41	138 912	10 846	12.81
泰安市	7	88	45	40	103 677	8 981	11.54
威海市	6	73	9	17	30 558	3 809	8.02
日照市	5	54	14	17	57 398	4 709	12.19
临沂市	13	160	49	64	204 748	15 645	13.09
德州市	12	133	15	31	111 448	9 043	12.32
聊城市	9	136	17	46	124 179	9 528	13.03
滨州市	8	90	19	38	69 610	6 587	10.57
菏泽市	10	169	21	63	167 301	11 757	14.23

续表四

地市	普通初中学校数（所）	普通初中在校学生数（人）	普通初中专任教师数（人）	普通初中生师比	小学学校数（所）	小学在校学生数（人）	小学专任教师数（人）
全省	3 238	3 727 055	304 476	12.24	9 619	7 432 850	454 285
济南市	261	253 986	23 257	10.92	666	570 113	37 219
青岛市	259	286 078	25 672	11.14	706	603 763	38 366
淄博市	158	163 716	15 629	10.48	294	208 470	16 075
枣庄市	109	169 683	11 555	14.68	504	365 688	22 442
东营市	84	87 462	8 466	10.33	103	118 471	8 406
烟台市	225	209 428	21 099	9.93	289	282 430	19 387
潍坊市	304	320 698	28 310	11.33	726	571 909	40 218
济宁市	286	345 481	26 822	12.88	1 061	645 054	40 773
泰安市	171	203 479	17 452	11.66	504	308 421	20 768
威海市	91	93 359	8 884	10.51	97	127 219	8 248
日照市	85	94 147	8 437	11.16	271	202 218	12 363
临沂市	313	450 455	32 902	13.69	1 325	1 080 114	56 431
德州市	173	202 899	16 415	12.36	680	432 357	28 069
聊城市	216	266 163	18 091	14.71	686	631 026	35 957
滨州市	139	116 514	11 067	10.53	291	267 732	17 150
菏泽市	364	463 507	30 418	15.24	1 416	1 017 865	52 413

续表四

地市	小学生师比	幼儿园数（所）	在园幼儿数（人）	城乡居民收入比	城镇居民人均可支配收入（元）	城镇居民人均消费性支出（元）	城镇居民人均食品烟酒消费性支出（元）	农村居民人均可支配收入（元）
全省	16.36	24 701	3 808 029	2.33	43 726	27 291	7 319	18 753
济南市	15.32	2 204	357 320	2.61	53 329	34 391	8 072	20 432
青岛市	15.74	2 527	344 579	2.36	55 905	35 936	10 025	23 656
淄博市	12.97	744	154 410	2.22	46 415	29 470	7 374	20 891
枣庄市	16.29	761	130 170	1.98	35 098	20 371	6 040	17 690
东营市	14.09	401	91 163	2.63	52 684	31 286	7 506	20 003
烟台市	14.57	957	184 426	2.22	49 434	31 843	9 523	22 305
潍坊市	14.22	1 926	345 874	1.99	43 085	26 466	6 107	21 651
济宁市	15.82	2 297	344 617	2.06	38 368	22 429	6 156	18 653
泰安市	14.85	1 419	202 307	1.98	38 901	22 995	5 572	19 682
威海市	15.42	338	79 799	2.16	50 424	31 252	7 929	23 351
日照市	16.36	693	122 339	2.01	36 752	21 950	6 246	18 274
临沂市	19.14	3 362	481 239	2.48	39 466	18 888	4 958	15 918
德州市	15.40	1 931	228 289	1.74	29 594	17 861	5 041	16 996
聊城市	17.55	1 131	217 188	1.91	30 036	17 695	5 108	15 718
滨州市	15.61	870	158 343	2.09	38 582	24 635	6 608	18 496
菏泽市	19.42	3 140	365 966	1.94	29 365	18 787	5 293	15 107

续表四

地市	农村居民人均消费支出（元）	农村居民食品烟酒消费支出（元）	城镇职工基本养老保险参保人数（万人）	医疗保险参保人数（万人）	失业保险参保人数（万人）	工伤保险参保人数（万人）	生育保险参保人数（万人）
全省	12 660	3 722	3 046.28	9 697.80	1 466.08	1 822.05	1 534.28
济南市	12 947	3 931	437.32	821.15	213.63	278.62	213.10
青岛市	15 138	4 476	477.29	891.03	262.61	302.33	304.40
淄博市	14 946	4 252	181.44	432.89	96.05	128.94	87.62
枣庄市	11 218	3 488	92.94	380.86	46.43	49.04	41.20
东营市	14 819	3 512	65.59	181.85	34.40	68.58	34.38
烟台市	15 407	5 080	276.00	642.24	128.18	151.93	133.25
潍坊市	13 669	3 832	224.01	888.54	114.71	164.09	122.87
济宁市	11 576	3 243	171.63	822.15	87.51	101.62	84.30
泰安市	12 393	3 604	132.78	535.91	66.05	89.53	68.89
威海市	13 807	3 837	133.92	262.99	61.14	63.74	79.26
日照市	9 383	2 826	79.56	283.32	30.19	45.11	35.92
临沂市	9 981	2 875	175.70	1 079.05	74.75	110.52	106.07
德州市	13 109	3 855	101.26	530.24	45.97	65.15	50.60
聊城市	11 073	3 340	90.89	575.69	42.95	63.17	47.39
滨州市	12 321	3 430	89.68	382.99	43.35	56.61	38.52
菏泽市	11 993	3 963	125.86	929.44	44.06	72.57	49.39

续表四

地市	细颗粒物（$PM_{2.5}$）平均浓度（$\mu g/m^3$）	环境空气质量综合指数	城市现状建设用地面积（万 ha）	高速公路里程（km）
全省	46	4.87	65.69	7 473.42
济南市	47	5.39	6.03	737.81
青岛市	32	3.92	8.45	854.82
淄博市	54	5.71	3.56	208.23
枣庄市	55	5.38	2.06	274.88
东营市	46	4.91	2.08	237.25
烟台市	32	3.91	5.91	669.47
潍坊市	50	5.12	5.31	577.35
济宁市	53	5.11	4.43	439.19
泰安市	53	5.60	3.37	475.01
威海市	29	3.50	2.87	235.13
日照市	45	5.00	1.79	222.18
临沂市	57	5.90	5.31	687.27
德州市	53	5.70	4.12	491.63
聊城市	58	6.10	3.19	473.89
滨州市	53	5.80	3.15	366.55
菏泽市	57	5.80	4.06	522.76

表五　县级市城镇化主要监测评价指标数据
（2020 年）

市县	年末常住人口（万人）	常住人口城镇化（%）	公安户籍人口（万人）	户籍人口城镇化（%）	GDP（亿元）	第一产业增加值（亿元）
胶州市	98.78	62.2	87.12	54.33	1 225.9	57.79
平度市	119.13	43.6	138.20	32.38	715.7	113.44
莱西市	72.01	54.1	74.16	41.31	551.9	68.91
滕州市	157.46	59.5	176.31	50.16	753.1	77.96
龙口市	72.99	70.7	63.36	61.83	1 094.0	36.00
莱阳市	79.50	53.5	84.46	43.26	444.0	56.57
莱州市	82.47	54.6	83.48	46.59	674.1	86.75
招远市	54.31	58.3	55.68	44.28	697.6	48.64
栖霞市	43.54	41.2	50.50	33.63	250.2	53.79
海阳市	58.27	50.3	63.18	39.64	420.4	83.75
青州市	96.09	55.6	96.01	48.31	564.8	62.80
诸城市	107.82	63.0	111.84	55.46	652.8	69.44
寿光市	116.34	62.6	111.02	53.88	786.6	106.30
安丘市	84.06	54.6	97.72	44.36	329.8	53.74
高密市	87.74	63.0	89.60	59.38	510.3	48.45
昌邑市	56.45	55.6	58.26	42.80	450.4	49.19
曲阜市	62.20	63.6	65.87	49.57	365.4	27.95
邹城市	116.66	64.8	121.64	52.98	824.1	60.64
新泰市	127.27	59.5	144.70	52.46	522.1	57.71
肥城市	89.41	67.2	97.68	55.36	721.5	56.62
荣成市	71.42	62.8	65.19	57.28	943.2	135.20
乳山市	46.41	54.5	53.61	43.06	280.4	53.82
乐陵市	55.92	37.3	71.82	19.42	242.9	41.39
禹城市	48.80	49.8	54.09	29.90	247.6	45.85
临清市	79.45	54.9	84.06	48.22	238.2	31.20
邹平市	77.45	68.4	74.49	52.23	558.8	30.50

续表五

市县	第二产业增加值（亿元）	第三产业增加值（亿元）	第三产业增加值占 GDP 比重（%）	一般公共预算收入（亿元）	人均一般公共预算收入（元）	一般公共预算支出（亿元）
胶州市	567.80	600.27	48.97	103.16	10 442.76	123.10
平度市	254.62	347.63	48.57	60.96	5 116.83	115.73
莱西市	199.12	283.84	51.43	54.50	7 568.93	81.34
滕州市	339.16	335.93	44.61	55.70	3 537.30	77.65
龙口市	528.20	529.80	48.43	102.11	13 989.97	108.00
莱阳市	177.73	209.69	47.23	24.19	3 042.82	50.57
莱州市	300.19	287.13	42.60	41.20	4 995.71	52.30
招远市	294.62	354.30	50.79	54.75	10 080.52	60.17
栖霞市	55.54	140.86	56.30	14.10	3 238.36	39.46
海阳市	134.39	202.22	48.11	30.20	5 182.67	44.65
青州市	224.36	277.59	49.15	48.07	5 002.70	62.30
诸城市	237.97	345.35	52.91	60.50	5 611.32	80.00
寿光市	326.90	353.30	44.92	93.76	8 059.39	101.30
安丘市	88.86	187.23	56.77	26.00	3 093.20	49.60
高密市	162.83	298.97	58.59	50.50	5 755.69	57.67
昌邑市	187.63	213.58	47.42	32.42	5 743.13	39.97
曲阜市	112.93	224.50	61.44	24.02	3 861.92	45.23
邹城市	394.27	369.21	44.80	80.17	6 872.35	81.78
新泰市	202.34	262.00	50.19	40.92	3 215.42	72.11
肥城市	360.92	303.95	42.13	40.86	4 570.28	60.65
荣成市	299.00	509.00	53.97	63.66	8 913.33	100.00
乳山市	93.10	133.49	47.60	27.90	6 011.92	38.22
乐陵市	82.20	119.31	49.12	13.55	2 423.25	38.65
禹城市	71.90	129.85	52.44	20.96	4 294.96	41.04
临清市	80.04	126.96	53.30	19.08	2 401.42	42.10
邹平市	276.20	252.10	45.11	71.79	9 269.00	110.96

续表五

市县	年末金融机构各项存款余额（亿元）	社会消费品零售总额（亿元）	人均社会消费品零售额（元）	出口总额（万元）	市政设施固定资产投资（万元）	市政设施固定资产投资本年实际到位资金（万元）
胶州市	1 126.93	567.48	59 252.17	5 097 387	155 593	166 649
平度市	922.75	312.78	22 593.24	1 699 548	67 180	77 048
莱西市	608.28	278.93	35 545.14	1 987 984	50 955	51 097
滕州市	881.44	388.38	23 897.94	453 712	83 277	83 477
龙口市	1 074.36	310.00	45 156.38	1 949 367	62 124	62 124
莱阳市	536.49	249.55	29 671.04	718 714	65 786	65 786
莱州市	873.69	273.30	32 146.83	774 447	17 921	17 999
招远市	664.79	235.05	41 922.76	1 052 825	16 916	6 213
栖霞市	321.80	193.60	26 620.78	401 262	8 826	8 826
海阳市	462.02	166.40	26 744.40	828 342	27 615	27 615
青州市	934.23	203.50	22 085.87	776 976	58 757	58 757
诸城市	930.53	229.50	22 984.77	1 011 598	58 416	68 085
寿光市	1 288.92	333.90	26 037.63	1 693 861	177 018	177 018
安丘市	582.65	104.77	12 326.70	634 355	66 217	70 518
高密市	678.23	152.60	17 642.95	1 248 000	37 994	876
昌邑市	526.50	209.85	35 320.94	529 900	30 161	35 579
曲阜市	425.40	209.41	32 497.31	338 642	79 600	79 600
邹城市	937.35	305.80	26 686.00	194 366	41 199	15 507
新泰市	835.40	210.70	24 819.12	197 336	38 415	38 415
肥城市	739.21	186.40	34 460.96	241 543	30 085	25 824
荣成市	981.56	285.20	40 001.93	1 937 286	104 575	91 136
乳山市	471.68	310.27	28 353.26	541 544	24 671	8 394
乐陵市	314.12	148.20	14 961.92	227 383	61 000	62 756
禹城市	314.17	95.48	18 628.53	286 248	59 806	59 806
临清市	469.14	90.87	11 970.74	405 323	43 902	47 436
邹平市	709.97	124.50	16 074.66	521 580	38 349	26 870

续表五

市县	市政设施固定资产投资占GDP比重（%）	道路面积（万 m^2）	人均城市道路面积（m^2）	用水人口（万人）	用（供）水普及率（%）	供水综合生产能力（万 m^3/d）
胶州市	1.27	1 161.20	18.57	62.52	100.00	19.70
平度市	0.94	1 349.60	27.23	49.57	100.00	15.80
莱西市	0.92	844.80	24.73	34.16	100.00	12.40
滕州市	1.11	995.30	21.56	46.17	100.00	24.00
龙口市	0.57	945.30	31.88	29.65	100.00	8.00
莱阳市	1.48	512.70	16.93	30.00	99.08	12.40
莱州市	0.27	798.00	19.95	40.00	100.00	10.50
招远市	0.24	471.80	23.58	20.01	100.00	8.10
栖霞市	0.35	271.20	14.90	17.35	95.33	3.70
海阳市	0.66	464.10	20.22	22.89	99.74	11.40
青州市	1.04	1 094.20	29.07	37.64	100.00	18.30
诸城市	0.89	1 230.90	25.04	48.20	98.07	23.00
寿光市	2.25	988.10	19.55	50.54	100.00	20.00
安丘市	2.01	1 626.40	33.48	48.57	100.00	29.50
高密市	0.74	909.20	30.85	29.47	100.00	44.60
昌邑市	0.67	492.60	24.45	20.15	100.00	13.50
曲阜市	2.18	582.00	26.54	21.93	100.00	9.90
邹城市	0.50	672.40	18.76	35.85	100.00	14.50
新泰市	0.74	1 428.60	25.47	56.10	100.00	17.50
肥城市	0.42	749.10	24.47	30.61	100.00	7.20
荣成市	1.11	1 370.10	31.05	44.13	100.00	18.20
乳山市	0.88	700.30	30.67	22.83	100.00	12.80
乐陵市	2.51	789.00	30.11	26.20	100.00	6.50
禹城市	2.42	528.60	26.56	19.56	98.29	12.00
临清市	1.84	988.60	30.31	32.62	100.00	15.00
邹平市	0.69	1 202.90	39.26	30.64	100.00	36.00

续表五

市县	供水管道长度（km）	建成区供水管道密度（km/km²）	供水总量（万 m³）	人均日生活用水量（L）	排水管道长度（km）	建成区排水管道密度
胶州市	616.40	7.25	4 845.40	122.44	783.10	9.21
平度市	694.00	9.37	4 025.60	125.11	765.00	10.88
莱西市	572.90	13.59	2 870.10	141.18	755.80	19.13
滕州市	1 133.00	15.28	4 862.00	130.67	605.80	6.96
龙口市	396.00	7.29	1 597.60	75.49	588.00	11.12
莱阳市	363.30	8.28	2 247.50	108.13	356.10	8.24
莱州市	743.80	5.52	2 249.80	94.06	349.40	6.47
招远市	512.00	14.39	2 114.00	117.17	452.80	12.73
栖霞市	152.50	8.42	745.80	71.85	147.00	7.09
海阳市	474.00	13.30	1 149.30	82.50	395.70	11.49
青州市	818.60	15.11	3 726.10	105.56	846.50	11.31
诸城市	371.20	6.98	7 305.00	135.71	763.60	14.35
寿光市	788.70	5.98	8 886.00	81.97	893.80	12.01
安丘市	525.80	8.13	4 417.00	83.60	977.20	11.48
高密市	807.00	13.75	7 704.80	143.21	666.60	12.12
昌邑市	122.80	3.72	3 822.00	99.66	335.10	10.16
曲阜市	425.00	15.74	3 062.60	131.10	323.90	11.99
邹城市	479.70	9.63	3 502.00	121.21	361.50	7.45
新泰市	667.10	9.55	2 963.50	102.89	626.80	8.97
肥城市	295.60	6.07	2 268.90	122.50	304.20	6.19
荣成市	1 069.20	18.16	2 667.20	81.20	1 343.10	19.78
乳山市	609.30	16.51	1 827.50	104.52	824.70	22.32
乐陵市	108.80	3.28	790.30	53.05	291.90	8.42
禹城市	385.40	10.20	2 287.70	89.70	280.70	7.43
临清市	301.00	5.73	3 046.00	78.34	390.00	12.42
邹平市	146.40	2.44	6 201.80	72.77	528.30	5.84

续表五

市县	（天然气）用气人口（万人）	燃气普及率（%）	建成区面积（km^2）	普通中学在校学生数（人）	普通中学专任教师数（人）	小学在校学生数（人）
胶州市	46.30	100.00	85.05	51 092	4 281	64 120
平度市	38.43	100.00	70.34	65 675	6 510	67 208
莱西市	25.45	100.00	39.51	41 733	3 952	31 456
滕州市	46.17	100.00	64.22	85 570	6 115	135 583
龙口市	28.10	100.00	46.62	31 843	3 147	36 548
莱阳市	27.10	97.92	43.19	33 627	3 493	29 833
莱州市	21.19	97.70	54.00	34 871	3 880	27 420
招远市	18.71	100.00	35.58	23 768	2 669	19 477
栖霞市	12.65	95.05	17.10	16 974	2 687	13 173
海阳市	18.76	99.69	34.44	25 919	2 873	20 888
青州市	36.79	100.00	53.50	37 881	4 478	55 754
诸城市	40.10	98.07	53.20	65 611	6 074	56 889
寿光市	48.86	100.00	47.03	58 272	5 662	70 276
安丘市	35.26	100.00	63.92	55 343	4 264	46 627
高密市	29.22	100.00	54.99	52 263	4 691	55 799
昌邑市	18.15	100.00	32.97	27 172	1 396	29 398
曲阜市	21.83	99.54	27.00	28 598	3 266	32 842
邹城市	34.88	99.69	48.50	50 988	4 816	78 663
新泰市	42.74	100.00	69.88	81 756	6 647	83 073
肥城市	30.10	100.00	48.66	49 856	4 442	47 578
荣成市	39.00	100.00	58.88	28 467	3 134	26 638
乳山市	22.83	100.00	36.54	14 934	1 826	11 481
乐陵市	15.20	100.00	33.00	36 076	2 854	47 014
禹城市	19.56	99.70	37.79	26 172	2 422	33 550
临清市	21.00	91.97	31.40	50 677	3 055	87 577
邹平市	28.88	100.00	59.00	36 966	3 286	49 066

续表五

市县	小学专任教师数（人）	城镇居民人均可支配收入（元）	城乡居民储蓄存款余额（万元）	城乡居民人均储蓄存款余额（元）	农村居民人均可支配收入（元）	污水排放量（万 m^3）
胶州市	4 232	50 606.58	6 136 600.00	62 122.65	24 025.90	4 361
平度市	4 764	47 309.81	6 648 600.00	55 807.37	22 812.02	3 623
莱西市	2 458	47 800.27	3 922 097.00	54 465.78	23 299.88	2 583
滕州市	8 762	38 687.13	6 520 017.00	41 406.19	18 807.44	4 133
龙口市	2 416	53 283.89	6 918 474.00	94 789.20	25 476.84	1 358
莱阳市	2 026	37 994.92	4 172 314.00	52 482.86	18 963.42	1 821
莱州市	2 327	48 620.37	7 136 681.00	86 535.85	24 021.06	1 680
招远市	1 337	49 989.92	4 635 625.00	85 350.66	24 590.88	1 797
栖霞市	1 671	36 006.52	2 793 961.00	64 169.24	18 087.11	620
海阳市	2 056	47 665.57	3 846 764.00	66 014.95	21 664.49	977
青州市	3 916	41 867.00	7 387 451.00	76 881.98	21 899.00	3 171
诸城市	4 266	44 028.00	6 679 414.00	61 950.94	23 211.00	6 368
寿光市	4 788	44 750.00	7 857 530.00	67 541.46	23 900.00	7 585
安丘市	4 035	37 669.00	4 482 344.00	53 326.13	20 351.00	3 754
高密市	3 961	42 450.00	5 135 542.00	58 531.83	21 013.00	6 995
昌邑市	2 018	39 641.00	4 217 000.00	74 703.14	21 857.00	3 440
曲阜市	2 874	33 724.90	3 196 375.00	51 391.06	18 240.22	2 871
邹城市	5 135	40 261.10	5 263 300.00	45 118.16	19 714.29	3 277
新泰市	5 350	40 105.59	6 436 372.00	50 572.66	19 625.76	2 693
肥城市	3 598	40 854.41	5 379 656.00	60 167.38	20 595.17	1 929
荣成市	1 752	48 564.74	6 602 210.00	92 440.61	25 462.72	2 246
乳山市	928	42 372.33	3 844 605.00	82 843.94	19 809.09	1 606
乐陵市	3 052	29 687.94	2 413 870.50	43 169.12	17 159.16	672
禹城市	2 091	30 034.51	2 272 769.00	46 571.80	17 292.99	1 945
临清市	3 968	29 017.36	3 989 176.00	50 208.06	15 501.73	2 897
邹平市	2 973	39 195.00	4 357 591.00	56 262.04	21 319.00	5 279

续表五

市县	污水处理厂处理量（万 m^3）	污水处理厂集中处理率（%）	生活垃圾清运量（万 t）	生活垃圾无害化处理量（万 t）	生活垃圾无害化处理率（%）	建成区绿化覆盖面积（ha）
胶州市	4 291	98.40	33.17	33.17	100	3 808.50
平度市	3 543	97.79	38.13	38.13	100	3 024.60
莱西市	2 532	98.03	25.97	25.97	100	1 760.20
滕州市	4 054	98.09	13.73	13.73	100	2 450.90
龙口市	1 321	97.28	11.29	11.29	100	2 024.40
莱阳市	1 784	97.97	8.62	8.62	100	1 759.10
莱州市	1 638	97.50	13.15	13.15	100	2 203.40
招远市	1 761	98.00	7.64	7.64	100	1 164.50
栖霞市	606	97.74	7.99	7.99	100	625.00
海阳市	956	97.90	14.85	14.85	100	1 469.40
青州市	3 123	98.47	16.03	16.03	100	2 192.10
诸城市	6 267	98.41	14.36	14.36	100	2 385.00
寿光市	7 470	98.49	18.82	18.82	100	2 031.30
安丘市	3 698	98.50	14.14	14.14	100	2 695.60
高密市	6 890	98.50	13.65	13.65	100	2 168.00
昌邑市	3 379	98.22	6.56	6.56	100	1 291.10
曲阜市	2 814	98.00	6.31	6.31	100	1 127.80
邹城市	3 211	98.00	11.55	11.55	100	1 953.60
新泰市	2 639	98.00	27.25	27.25	100	3 136.00
肥城市	1 891	98.00	9.60	9.60	100	2 068.40
荣成市	2 201	98.00	18.62	18.62	100	2 706.00
乳山市	1 574	98.00	8.31	8.31	100	1 668.20
乐陵市	661	98.40	8.00	8.00	100	1 342.40
禹城市	1 906	98.00	8.50	8.50	100	1 500.20
临清市	2 845	98.20	8.42	8.42	100	1 162.40
邹平市	5 173	97.99	10.94	10.94	100	2 329.90

续表五

市县	建成区绿化覆盖率（%）	公园绿地面积（ha）	人均公园绿地面积（m^2）	城市建设用地面积（km^2）
胶州市	44.78	791.60	12.66	85.05
平度市	43.00	663.90	13.39	70.34
莱西市	44.55	491.70	14.39	38.70
滕州市	38.16	670.50	14.52	59.32
龙口市	43.42	557.80	18.81	45.12
莱阳市	40.73	504.20	16.65	43.19
莱州市	40.80	631.00	15.77	49.35
招远市	32.73	429.20	21.45	34.03
栖霞市	36.55	215.00	11.81	16.72
海阳市	42.66	401.00	17.47	34.42
青州市	40.97	577.50	15.34	52.46
诸城市	44.83	1 169.50	23.79	53.16
寿光市	43.19	943.30	18.66	46.88
安丘市	42.17	985.80	20.30	63.92
高密市	39.43	518.70	17.60	52.47
昌邑市	39.16	391.60	19.43	20.46
曲阜市	41.77	378.70	17.27	27.00
邹城市	40.28	513.80	14.33	48.49
新泰市	44.88	1 037.00	18.48	69.88
肥城市	42.51	553.20	18.07	48.66
荣成市	45.96	1 145.70	25.96	58.88
乳山市	45.65	432.70	18.95	36.54
乐陵市	40.68	343.60	13.11	32.60
禹城市	39.70	225.40	11.33	36.86
临清市	37.02	450.20	13.80	31.40
邹平市	39.49	554.80	18.11	58.90

表六　县城镇化主要监测评价指标数据
（2020 年）

市县	年末常住人口（万人）	常住人口城镇化率（%）	公安户籍人口（万人）	户籍人口城镇化（%）	GDP（亿元）	第一产业增加值（亿元）
平阴县	32.31	53.6	37.20	39.74	233.3	34.20
商河县	52.73	33.6	64.20	29.71	179.9	48.10
桓台县	48.95	71.0	50.37	66.58	588.5	13.82
高青县	31.31	42.5	36.87	25.22	181.5	36.34
沂源县	51.51	51.1	57.39	37.53	269.7	38.53
利津县	23.82	40.1	30.96	27.15	240.3	34.87
广饶县	52.17	61.4	53.39	48.30	620.8	47.05
临朐县	80.63	55.0	92.89	44.28	321.8	39.10
昌乐县	58.38	57.5	63.93	44.94	330.3	48.00
微山县	61.34	52.9	73.32	46.04	388.8	57.85
鱼台县	42.00	43.1	48.19	36.09	186.5	49.77
金乡县	63.41	60.3	68.34	52.26	218.4	67.74
嘉祥县	70.01	42.7	93.43	40.45	288.0	36.10
汶上县	68.75	55.9	82.44	44.40	225.6	39.29
泗水县	54.29	43.8	64.65	36.19	185.7	51.75
梁山县	73.07	42.3	84.60	36.02	240.5	57.08
宁阳县	66.85	51.0	82.89	44.38	251.8	57.51
东平县	68.74	53.1	80.91	42.14	216.9	51.05
五莲县	44.36	48.4	50.88	35.63	197.3	25.46
莒县	97.33	46.5	116.87	36.68	385.7	45.77
沂南县	80.64	48.5	98.64	40.46	232.9	47.56
郯城县	88.52	36.9	104.54	29.51	320.9	35.90
沂水县	96.76	45.5	119.44	32.32	444.1	46.72
兰陵县	110.44	40.1	145.91	31.36	280.5	68.98
费县	79.84	48.5	92.40	41.64	408.4	40.65
平邑县	89.23	47.5	112.08	38.35	244.9	44.96

续表六

市县	第二产业增加值（亿元）	第三产业增加值（亿元）	第三产业增加值占 GDP 比重（%）	一般公共预算收入（亿元）	人均一般公共预算收入（元）	一般公共预算支出（亿元）
平阴县	130.40	68.70	29.45	24.29	7 519.87	36.89
商河县	51.90	80.00	44.46	15.02	2 848.17	50.60
桓台县	325.97	248.73	42.26	33.07	6 755.59	44.08
高青县	70.21	74.92	41.28	15.38	4 912.82	32.87
沂源县	105.67	125.48	46.53	19.62	3 808.48	39.91
利津县	112.25	93.23	38.79	18.01	7 561.94	29.92
广饶县	371.55	202.21	32.57	43.62	8 360.03	50.18
临朐县	126.80	155.90	48.44	21.01	2 605.68	43.81
昌乐县	118.20	164.20	49.71	26.10	4 470.72	34.55
微山县	132.00	198.99	51.18	26.69	4 351.01	42.69
鱼台县	53.19	83.57	44.80	11.05	2 630.89	28.86
金乡县	54.73	95.92	43.92	16.45	2 594.05	41.92
嘉祥县	80.25	103.83	36.05	16.69	2 383.78	48.29
汶上县	85.93	100.33	44.48	15.53	2 258.76	38.01
泗水县	47.84	86.14	46.38	10.03	1 847.50	36.31
梁山县	82.00	101.47	42.18	20.01	2 738.53	44.05
宁阳县	88.52	105.72	41.99	13.17	1 970.02	42.27
东平县	69.41	96.41	44.45	13.09	1 903.84	41.39
五莲县	73.98	97.82	49.59	14.07	3 171.26	38.87
莒县	142.19	197.78	51.27	23.85	2 450.71	63.70
沂南县	80.83	104.53	44.88	16.41	2 035.00	49.30
郯城县	84.10	201.00	62.63	15.03	1 698.01	41.40
沂水县	168.76	228.66	51.48	21.80	2 253.07	52.20
兰陵县	60.77	150.74	53.74	18.40	1 666.08	54.81
费县	214.47	153.32	37.54	25.57	3 202.64	47.70
平邑县	74.69	125.20	51.13	12.86	1 441.26	46.52

续表六

市县	年末金融机构各项存款余额（亿元）	社会消费品零售总额（亿元）	人均社会消费品零售额（元）	出口总额（万元）	市政设施固定资产投资（万元）	市政设施固定资产投资本年实际到位资金（万元）
平阴县	276.63	74.59	32 193.84	521 140	47 822	47 822
商河县	251.68	55.20	19 478.31	97 163	41 460	40 238
桓台县	505.37	113.78	49 229.72	498 354	9 893	5 080
高青县	213.06	61.40	16 798.55	226 755	12 089	12 089
沂源县	347.19	110.93	20 291.78	309 415	68 749	69 527
利津县	230.11	26.84	8 934.75	94 449	16 880	16 880
广饶县	678.04	205.10	30 539.53	2 083 786	48 472	49 252
临朐县	577.39	135.90	15 404.27	408 453	56 245	56 245
昌乐县	452.27	132.80	20 972.22	605 528	28 593	20 333
微山县	287.69	117.70	18 464.63	139 600	36 625	8 125
鱼台县	214.65	106.74	23 509.96	78 134	52 516	51 556
金乡县	327.25	130.10	20 348.75	497 643	72 136	18 700
嘉祥县	469.26	135.71	15 354.24	250 400	7 849	1 098
汶上县	367.92	143.46	18 888.89	130 500	18 140	7 320
泗水县	259.88	108.38	19 629.56	85 816	15 776	1 690
梁山县	471.43	140.76	15 484.26	119 900	84 495	8 401
宁阳县	371.92	123.90	24 981.23	158 000	3 577	3 194
东平县	369.96	113.90	22 966.51	59 000	26 352	22 672
五莲县	342.27	51.22	21 994.00	267 699	7 120	7 578
莒县	647.99	130.25	21 751.25	319 965	37 197	31 727
沂南县	487.72	108.06	9 477.51	291 046	31 358	31 358
郯城县	368.56	121.10	13 437.68	818 702	8 070	8 070
沂水县	617.63	175.20	17 258.75	766 468	58 108	58 108
兰陵县	475.07	126.70	9 440.47	250 056	38 968	43 968
费县	431.05	159.40	20 325.44	886 922	4 124	1 170
平邑县	391.27	187.00	19 073.54	328 214	13 123	11 653

续表六

市县	市政设施固定资产投资占GDP比重（%）	道路面积（万 m^2）	人均城市道路面积（m^2）	用水人口（万人）	供水普及率（%）	供水综合生产能力（万 m^3/d）
平阴县	2.05	210.2	14.02	15.00	100.00	5.2
商河县	2.30	317.6	29.33	10.83	100.00	4.0
桓台县	0.17	359.0	27.30	13.15	100.00	5.0
高青县	0.67	274.8	27.90	9.85	100.00	5.0
沂源县	2.55	514.2	34.33	14.98	100.00	4.4
利津县	0.70	286.5	33.86	8.46	100.00	19.0
广饶县	0.78	371.2	22.88	16.22	100.00	9.5
临朐县	1.75	672.5	23.37	28.40	100.00	14.0
昌乐县	0.87	599.8	22.25	25.36	100.00	17.8
微山县	0.94	412.6	24.93	15.83	100.00	3.9
鱼台县	2.82	300.2	26.64	10.85	100.00	8.0
金乡县	3.30	467.2	23.44	19.93	100.00	4.7
嘉祥县	0.27	333.2	20.53	16.16	100.00	6.6
汶上县	0.80	254.3	15.54	16.37	100.00	6.7
泗水县	0.85	288.5	16.93	16.90	100.00	5.6
梁山县	3.51	328.5	19.95	16.01	100.00	4.3
宁阳县	0.14	381.4	25.32	14.61	100.00	5.7
东平县	1.22	517.4	24.21	19.92	100.00	6.1
五莲县	0.36	397.6	25.92	15.34	100.00	5.7
莒县	0.96	511.5	22.02	22.79	98.11	18.0
沂南县	1.35	430.0	24.93	16.47	100.00	6.7
郯城县	0.25	521.4	21.13	20.51	100.00	8.9
沂水县	1.31	668.4	18.30	29.22	100.00	20.2
兰陵县	1.39	756.2	15.04	47.78	100.00	18.7
费县	0.10	307.9	12.14	22.10	100.00	8.3
平邑县	0.54	455.8	16.42	22.75	100.00	8.7

续表六

市县	供水管道长度（km）	建成区供水管道密度（km/km²）	供水总量（万 m³）	人均日生活用水量（L）	排水管道长度（km）	建成区排水管道密度（km/km²）
平阴县	180.0	7.73	1 309.0	96.26	151.2	6.50
商河县	304.0	13.33	795.3	134.91	185.3	8.13
桓台县	222.0	9.19	1 624.0	276.70	200.6	9.55
高青县	171.4	9.64	575.0	91.36	255.8	14.39
沂源县	234.0	7.42	1 404.1	98.21	292.6	9.28
利津县	267.5	6.99	2 033.7	153.65	343.7	14.15
广饶县	197.4	5.66	1 745.9	93.47	275.9	7.90
临朐县	203.5	7.53	5 045.4	146.12	497.6	9.05
昌乐县	249.1	7.35	5 115.4	104.26	527.1	9.76
微山县	130.4	5.55	1 219.0	112.90	358.4	9.91
鱼台县	120.0	6.79	1 257.7	158.63	109.9	5.91
金乡县	544.0	18.18	1 522.0	104.48	350.2	12.87
嘉祥县	104.2	4.68	1 537.3	130.11	302.9	13.17
汶上县	313.0	10.95	1 741.0	104.10	195.3	7.07
泗水县	131.1	9.23	1 242.7	88.57	350.2	14.88
梁山县	138.0	8.40	1 278.0	102.97	356.6	13.33
宁阳县	272.9	13.69	1 710.0	113.04	282.4	12.01
东平县	364.5	10.45	1 304.2	83.13	337.2	7.88
五莲县	213.6	9.04	1 023.9	102.41	462.8	19.59
莒县	268.0	6.21	3 496.0	137.05	495.9	11.22
沂南县	222.3	5.95	2 050.6	135.51	425.4	11.59
郯城县	198.4	7.01	1 894.3	136.20	286.7	9.62
沂水县	410.0	7.11	3 976.4	92.70	569.1	8.95
兰陵县	301.0	6.40	3 305.4	125.25	238.2	5.29
费县	350.3	9.86	1 499.1	87.29	230.6	6.26
平邑县	276.0	9.00	2 159.5	102.34	396.0	11.92

续表六

市县	用气人口（万人）	燃气普及率（%）	建成区面积（km^2）	普通中学在校学生数（人）	普通中学专任教师数（人）	小学在校学生数（人）
平阴县	14.04	100.00	23.28	16 939	1 595	18 974
商河县	9.75	100.00	22.80	29 289	2 203	40 592
桓台县	12.92	100.00	21.00	26 818	2 717	20 212
高青县	9.24	100.00	17.78	19 738	1 833	14 377
沂源县	13.02	100.00	31.52	29 180	2 916	20 162
利津县	7.12	99.53	24.30	15 183	1 847	9 788
广饶县	15.90	99.88	34.90	30 925	2 972	27 069
临朐县	19.80	96.59	37.00	39 195	3 944	58 455
昌乐县	24.60	100.00	32.44	48 338	3 960	37 453
微山县	13.54	91.24	25.60	28 648	2 671	40 346
鱼台县	6.80	97.87	16.98	22 048	1 911	30 958
金乡县	18.16	98.65	25.74	42 051	3 176	49 197
嘉祥县	14.32	99.94	20.98	69 195	4 769	87 232
汶上县	9.21	99.02	25.98	35 939	2 808	56 946
泗水县	15.60	99.18	21.11	31 487	2 131	41 665
梁山县	11.60	97.87	25.71	50 415	3 195	77 755
宁阳县	13.37	97.28	23.52	38 435	3 278	39 534
东平县	21.28	100.00	37.64	39 862	3 431	41 753
五莲县	13.60	97.78	23.62	22 342	2 470	24 549
莒县	18.07	98.49	43.16	57 228	4 166	79 286
沂南县	11.10	99.83	35.47	49 349	3 512	64 595
郯城县	16.21	98.70	29.00	49 851	3 668	88 978
沂水县	25.50	100.00	48.38	50 829	4 155	73 901
兰陵县	29.10	97.95	45.00	93 049	5 839	131 119
费县	23.53	100.00	36.00	44 235	3 535	77 581
平邑县	19.95	93.69	33.22	43 629	3 387	78 151

续表六

市县	专任教师数（人）	城镇居民人均可支配收入（元）	城乡居民储蓄存款余额（万元）	城乡居民人均储蓄存款余额（元）	农村居民人均可支配收入（元）	污水排放量（万 m^3）
平阴县	1 474	31 706	1 865 718	57 749.29	16 929	1 224
商河县	2 392	30 933	1 939 784	36 786.34	17 046	764
桓台县	1 233	44 946	2 830 139	57 819.42	22 462	1 236
高青县	1 404	35 241	1 629 951	52 053.48	17 760	489
沂源县	2 073	42 446	2 461 899	47 798.48	20 172	1 230
利津县	978	41 663	1 405 034	58 988.20	19 762	1 975
广饶县	1 858	47 356	3 897 933	74 709.97	23 071	1 650
临朐县	3 036	37 422	4 275 162	53 021.06	19 867	4 541
昌乐县	2991	38 852	3 276 044	56 115.96	20 756	4 365
微山县	3 048	34 398	2 277 160	37 122.30	18 235	1 090
鱼台县	1 968	32 887	1 664 788	39 636.86	17 702	1 070
金乡县	3 592	34 906	2 734 187	43 116.19	19 049	1 338
嘉祥县	5 112	33 265	3 806 512	54 367.16	17 918	1 340
汶上县	3 336	33 264	2 854 900	41 523.16	18 013	1 480
泗水县	3 035	27 815	2 112 621	38 913.99	14 525	1 112
梁山县	3 719	32 722	4 045 600	55 367.38	17 484	1 270
宁阳县	3 181	38 434	2 941 882	44 005.90	18 704	1 710
东平县	2 468	33 829	3 028 700	44 061.19	18 175	1 269
五莲县	1 879	30 347	2 626 700	59 213.26	17 858	1 019
莒县	4 388	30 254	5 029 346	51 675.68	17 569	3 371
沂南县	3 373	38 504	3 955 077	49 046.70	15 326	1 675
郯城县	5 052	39 162	3 119 271	35 239.79	15 851	1 705
沂水县	4 486	39 964	4 914 617	50 793.40	16 436	3 376
兰陵县	6 528	36 053	3 726 130	33 739.23	16 308	2 938
费县	3 653	39 915	3 370 172	42 211.41	15 618	1 202
平邑县	4 917	38 816	3 124 853	35 021.14	15 716	2 090

续表六

市县	污水处理厂处理量（万 m^3）	污水处理厂集中处理率（%）	生活垃圾清运量（万 t）	生活垃圾无害化处理量（万 t）	生活垃圾无害化处理率（%）	建成区绿化覆盖面积（ha）
平阴县	1 200	98.00	6.25	6.25	100	863.6
商河县	752	98.48	3.27	3.27	100	891.9
桓台县	1 215	98.30	4.99	4.99	100	834.0
高青县	481	98.31	5.16	5.16	100	821.2
沂源县	1 208	98.23	4.69	4.69	100	1 263.1
利津县	1 932	97.82	2.50	2.50	100	950.8
广饶县	1 625	98.51	7.21	7.21	100	1 569.8
临朐县	4 471	98.45	9.26	9.26	100	1 488.3
昌乐县	4 299	98.49	10.22	10.22	100	1 329.5
微山县	1 063	97.52	5.10	5.10	100	1 018.0
鱼台县	1 050	98.13	5.18	5.18	100	694.7
金乡县	1 305	97.53	8.47	8.47	100	1 038.7
嘉祥县	1 308	97.63	9.28	9.28	100	883.5
汶上县	1 443	97.50	6.27	6.27	100	1 012.1
泗水县	1 084	97.52	5.48	5.48	100	892.7
梁山县	1 238	97.52	6.57	6.57	100	937.8
宁阳县	1 663	97.25	4.64	4.64	100	936.3
东平县	1 234	97.27	7.00	7.00	100	1 518.4
五莲县	992	97.36	5.46	5.46	100	910.8
莒县	3 292	97.64	8.14	8.14	100	1 847.3
沂南县	1 626	97.10	6.49	6.49	100	1 564.9
郯城县	1 657	97.19	8.15	8.15	100	1 218.1
沂水县	3 309	98.00	13.19	13.19	100	2 082.1
兰陵县	2 881	98.06	15.46	15.46	100	1 760.0
费县	1 178	97.99	5.50	5.50	100	1 516.0
平邑县	1 986	95.01	7.10	7.10	100	1 411.9

续表六

市县	建成区绿化覆盖率（%）	公园绿地面积（ha）	人均公园绿地面积（m^2）	城市建设用地面积（km^2）	本年征用土地面积（km^2）
平阴县	37.10	214.8	14.32	21.48	3.12
商河县	39.12	253.2	23.38	21.39	1.05
桓台县	39.71	347.1	26.39	20.44	0.21
高青县	46.19	216.1	21.93	17.75	—
沂源县	40.07	301.3	20.11	31.50	1.87
利津县	39.13	210.3	24.85	19.88	2.53
广饶县	44.98	283.8	17.50	34.68	1.37
临朐县	40.22	567.3	19.71	36.98	2.89
昌乐县	40.98	428.5	15.89	32.44	2.66
微山县	39.77	265.4	16.03	25.60	—
鱼台县	37.96	139.3	12.36	16.98	0.92
金乡县	38.23	335.8	16.85	25.74	1.12
嘉祥县	38.41	264.7	16.31	20.98	2.88
汶上县	36.62	330.0	20.16	25.98	—
泗水县	40.58	339.4	19.92	21.11	0.46
梁山县	36.48	416.3	25.28	22.90	1.25
宁阳县	39.81	214.4	14.24	21.29	—
东平县	40.34	406.8	19.04	35.17	0.95
五莲县	38.56	265.4	17.30	22.62	0.57
莒县	42.80	462.0	19.89	41.42	1.35
沂南县	44.12	312.8	18.13	35.47	1.20
郯城县	42.00	402.6	16.31	22.53	2.16
沂水县	43.04	597.1	16.35	47.34	2.43
兰陵县	39.11	688.0	13.68	45.00	—
费县	42.11	401.2	15.82	35.94	1.53
平邑县	42.50	403.0	14.52	33.22	1.11

续表六

市县	年末常住人口（万人）	常住人口城镇化（%）	公安户籍人口（万人）	户籍人口城镇化（%）	GDP（亿元）	第一产业增加值（亿元）
莒南县	84.10	41.1	106.79	33.74	296.6	50.20
蒙阴县	48.53	46.0	58.33	34.75	175.4	36.45
临沭县	58.60	58.5	68.26	45.75	204.8	27.12
宁津县	47.33	55.7	49.03	38.64	240.2	23.20
庆云县	31.81	46.9	34.59	30.49	165.5	12.30
临邑县	47.34	37.8	55.35	17.53	274.7	30.02
齐河县	57.64	55.0	64.19	33.59	345.5	43.10
平原县	41.91	41.3	47.36	23.02	238.4	44.67
夏津县	45.81	39.5	54.67	24.65	198.8	25.64
武城县	35.37	54.4	39.95	34.15	180.1	17.88
阳谷县	70.01	45.5	83.21	33.42	282.7	59.48
莘县	93.04	39.4	112.00	31.44	224.0	70.09
东阿县	34.61	55.3	41.33	32.21	147.2	19.85
冠县	71.94	41.0	87.24	32.33	214.5	53.66
高唐县	45.52	53.0	51.33	34.99	151.2	25.21
惠民县	57.00	33.8	65.20	29.23	197.4	46.73
阳信县	42.15	44.4	47.15	37.47	223.4	31.12
无棣县	43.23	60.2	49.06	51.68	334.9	40.82
博兴县	50.81	64.7	50.53	55.10	373.4	25.00
曹县	138.43	43.0	170.54	34.62	463.8	48.38
单县	102.66	49.7	127.45	42.73	344.8	48.70
成武县	59.52	47.5	72.29	42.41	155.4	30.47
巨野县	92.39	47.9	110.24	39.22	349.3	37.59
郓城县	112.09	47.9	128.14	43.03	436.5	47.00
鄄城县	74.80	50.0	93.53	47.87	245.2	32.33
东明县	76.10	56.2	87.97	44.81	422.0	33.00

续表六

市县	第二产业增加值（亿元）	第三产业增加值（亿元）	第三产业增加值占 GDP 比重（%）	一般公共预算收入（亿元）	人均一般公共预算收入（元）	一般公共预算支出（亿元）
莒南县	128.54	117.84	39.73	17.47	2 077.20	49.08
蒙阴县	39.65	99.29	56.61	10.66	2 196.80	36.01
临沭县	65.70	112.02	54.69	16.36	2 791.69	42.20
宁津县	106.80	110.20	45.88	8.44	1 783.17	28.36
庆云县	59.30	93.90	56.74	7.97	2 505.46	22.38
临邑县	120.97	123.70	45.03	15.40	3 252.92	33.56
齐河县	165.60	136.80	39.59	32.90	5 708.09	44.45
平原县	76.97	116.75	48.97	10.83	2 584.18	28.58
夏津县	86.82	86.30	43.42	9.15	1 997.33	31.01
武城县	83.87	78.39	43.52	9.42	2 663.12	27.71
阳谷县	93.12	130.14	46.03	15.23	2 175.46	43.59
莘县	36.11	117.84	52.60	11.82	1 270.46	54.17
东阿县	72.62	54.54	37.06	13.15	3 800.00	28.68
冠县	54.23	106.62	49.70	11.77	1 636.19	44.13
高唐县	53.05	72.98	48.25	12.47	2 739.50	28.87
惠民县	57.57	93.05	47.15	15.94	2 796.61	39.80
阳信县	84.07	108.21	48.44	13.91	3 300.10	30.60
无棣县	85.40	111.69	33.35	18.06	4 177.55	34.33
博兴县	152.54	195.88	52.46	31.61	6 220.73	45.12
曹县	186.09	229.35	49.45	20.77	1 500.42	77.59
单县	115.44	180.61	52.39	18.35	1 787.53	59.56
成武县	35.87	89.04	57.31	11.70	1 965.86	41.12
巨野县	138.68	173.07	49.54	28.60	3 095.50	55.05
郓城县	207.00	182.50	41.81	33.00	2 944.18	65.20
鄄城县	76.85	136.01	55.47	12.25	1 637.76	48.13
东明县	252.93	136.11	32.25	21.90	2 877.96	54.26

续表六

市县	年末金融机构各项存款余额（亿元）	社会消费品零售总额（亿元）	人均社会消费品零售额（元）	出口总额（万元）	市政设施固定资产投资（万元）	市政设施固定资产投资本年实际到位资金（万元）
莒南县	564.93	80.47	9 567.97	765 045	9 690	11 690.00
蒙阴县	297.67	68.20	14 054.55	182 297	34 709	34 709.00
临沭县	358.66	76.50	13 054.07	657 181	47 401	47 401.00
宁津县	344.58	88.70	18 740.20	170 858	48 622	3 000.00
庆云县	188.10	64.68	20 332.91	44 168	15 133	15 133.00
临邑县	320.72	89.14	18 828.91	325 973	8 040	7 000.00
齐河县	377.73	112.90	19 587.94	149 518	50 304	50 388.00
平原县	283.36	79.59	18 991.24	108 504	13 320	19 720.00
夏津县	250.97	76.30	16 655.32	66 719	35 073	35 392.00
武城县	247.46	62.99	17 807.82	92 266	61 187	61 187.00
阳谷县	452.83	99.90	14 269.74	375 197	21 315	21 324.00
莘县	448.47	45.09	4 846.46	60 648	12 743	62 370.00
东阿县	265.00	28.30	8 177.94	92 772	14 990	15 384.00
冠县	376.03	36.20	5 032.29	321 803	18 780	27 905.00
高唐县	305.93	47.30	10 391.20	147 367	2 409	248.00
惠民县	280.59	81.50	14 298.87	196 997	38 912	48 532.00
阳信县	208.57	70.50	16 725.90	100 593	52 201	43 353.00
无棣县	275.84	69.49	16 074.08	145 560	1 962	17 693.77
博兴县	511.80	101.35	19 945.29	1 072 307	54 415	54 415.00
曹县	569.14	281.53	20 337.62	823 620	42 770	10 870.00
单县	473.30	175.52	17 097.98	173 015	40 326	40 326.00
成武县	316.12	72.36	12 158.10	77 111	35 187	20 360.48
巨野县	531.44	204.10	22 090.36	287 646	44 832	44 926.00
郓城县	640.28	152.50	13 605.70	71 442	78 805	78 805.00
鄄城县	393.87	141.51	18 919.16	149 546	74 145	59 629.00
东明县	383.55	142.29	18 698.68	30 960	61 316	71 317.00

续表六

市县	市政设施固定资产投资占GDP比重（%）	道路面积（万 m^2）	人均城市道路面积（m^2）	用水人口（万人）	供水普及率（%）	供水综合生产能力（万 m^3/d）
莒南县	0.33	656.1	23.20	28.28	100.00	11.8
蒙阴县	1.98	236.6	14.80	15.99	100.00	6.2
临沭县	2.31	296.6	12.44	23.85	100.00	10.5
宁津县	2.02	242.6	14.47	16.69	99.58	11.0
庆云县	0.91	277.5	18.75	14.80	100.00	3.1
临邑县	0.29	711.2	25.24	26.20	92.97	10.1
齐河县	1.46	869.6	30.63	28.01	98.66	8.0
平原县	0.56	427.8	26.30	15.75	96.80	7.0
夏津县	1.76	623.0	29.67	20.00	95.24	5.1
武城县	3.40	352.9	26.46	13.12	98.35	7.0
阳谷县	0.75	287.5	21.24	13.54	100.00	8.0
莘县	0.57	448.7	25.15	17.84	100.00	3.3
东阿县	1.02	242.4	20.00	12.12	100.00	3.0
冠县	0.88	564.6	30.52	18.50	100.00	2.5
高唐县	0.16	493.0	24.20	20.37	100.00	22.0
惠民县	1.97	230.7	11.91	19.38	100.00	3.0
阳信县	2.34	427.0	47.29	9.03	100.00	8.0
无棣县	0.06	466.3	39.55	11.79	100.00	7.5
博兴县	1.46	374.5	21.90	17.10	100.00	5.8
曹县	0.92	553.8	16.53	33.02	98.57	9.6
单县	1.17	669.1	26.76	24.50	98.00	11.0
成武县	2.26	345.3	27.80	11.20	90.18	3.4
巨野县	1.28	496.3	18.37	26.99	99.89	5.3
郓城县	1.81	800.1	20.21	37.55	94.82	13.1
鄄城县	3.02	383.9	17.78	21.01	97.31	7.0
东明县	1.45	433.8	23.00	18.52	98.20	9.5

续表六

市县	供水管道长度（km）	建成区供水管道密度（km/km²）	供水总量（万 m³）	人均日生活用水量（L）	排水管道长度（km）	建成区排水管道密度（km/km²）
莒南县	442.2	10.78	3 137.6	129.78	523.4	7.86
蒙阴县	138.7	5.06	1 369.4	157.69	194.8	8.39
临沭县	222.0	7.16	2 211.0	127.16	423.6	12.24
宁津县	198.9	9.90	689.5	67.49	266.8	13.28
庆云县	130.0	4.06	513.0	67.34	233.1	7.28
临邑县	216.2	6.55	1 481.8	60.49	209.1	6.33
齐河县	226.8	4.56	1 490.0	113.17	380.6	6.48
平原县	470.1	13.57	1 803.9	116.55	321.7	9.29
夏津县	197.2	7.24	860.2	82.82	168.8	6.24
武城县	261.5	11.37	820.2	107.15	247.4	10.76
阳谷县	299.0	10.86	2 128.0	217.52	231.4	8.66
莘县	197.3	7.10	1 027.6	75.68	228.0	9.91
东阿县	132.8	6.04	653.2	101.51	206.7	9.40
冠县	251.6	5.68	859.3	81.25	338.0	10.01
高唐县	225.1	5.34	1 412.9	93.97	356.4	8.67
惠民县	118.2	3.63	727.4	91.62	274.9	8.44
阳信县	127.0	6.67	763.8	115.24	231.1	12.14
无棣县	197.5	6.81	947.0	125.69	284.0	9.79
博兴县	95.4	2.71	753.4	101.90	255.9	5.24
曹县	301.3	7.44	2 304.1	124.72	447.3	10.32
单县	336.6	10.86	2 750.0	173.23	538.8	17.67
成武县	72.6	4.94	555.0	71.22	220.6	15.02
巨野县	168.7	4.24	1 041.0	73.09	367.0	9.47
郓城县	435.0	8.12	1 497.0	66.25	565.6	11.31
鄄城县	155.0	3.64	1 776.2	100.80	463.5	10.30
东明县	188.9	6.53	2 360.1	125.01	269.1	7.97

续表六

市县	用气人口（万人）	燃气普及率（%）	建成区面积（km^2）	普通中学在校学生数（人）	普通中学专任教师数（人）	小学在校学生数（人）
莒南县	22.95	98.37	39.78	40 268	3 878	61 600
蒙阴县	11.32	99.12	23.22	24 337	2 260	43 792
临沭县	19.68	99.12	25.48	35 797	2 589	48 873
宁津县	15.50	95.47	20.10	26 839	1 860	35 706
庆云县	14.80	100.00	32.02	23 319	1 841	35 496
临邑县	25.21	99.54	33.02	27 346	3 245	33 815
齐河县	25.62	99.05	49.70	25 978	2 063	36 478
平原县	13.84	96.74	34.65	20 860	1 699	27 585
夏津县	17.53	97.76	27.07	33 128	2 641	39 062
武城县	7.33	97.30	23.00	21 593	1 823	29 106
阳谷县	11.81	100.00	26.70	39 998	3 378	60 502
莘县	13.56	92.32	23.00	69 245	4 411	118 820
东阿县	11.23	97.03	22.00	20 045	1 809	26 047
冠县	15.24	100.00	27.50	49 656	3 273	85 694
高唐县	18.00	94.89	38.00	27 106	2 185	40 937
惠民县	19.38	100.00	32.55	24 942	2 500	35 457
阳信县	9.03	100.00	19.04	24 345	2 185	32 589
无棣县	11.44	100.00	29.01	21 793	2 003	41 992
博兴县	14.83	100.00	35.20	22 932	2 332	26 106
曹县	18.70	94.57	40.50	85 992	5 987	164 864
单县	19.20	84.00	30.50	68 861	5 219	108 294
成武县	8.95	97.58	14.69	50 354	3 479	67 003
巨野县	26.95	99.74	32.10	71 082	4 463	116 601
郓城县	33.90	93.84	50.00	80 459	5 655	121 151
鄄城县	12.81	94.81	33.54	52 899	3 203	88 703
东明县	16.70	98.09	28.90	57 502	4 153	86 696

续表六

市县	小学专任教师数（人）	城镇居民人均可支配收入（元）	城乡居民储蓄存款余额（万元）	城乡居民人均储蓄存款余额（元）	农村居民人均可支配收入（元）	污水排放量（万 m^3）
莒南县	4 118	36 305	4 189 491	49 813.52	15 277	2 888
蒙阴县	2 731	37 566	2 329 093	47 997.60	14 945	1 193
临沭县	2 790	40 429	2 455 517	41 901.30	15 223	1 879
宁津县	1 889	29 246	2 775 973	58 649.71	16 748	586
庆云县	1 870	29 045	1 339 703	42 115.12	16 265	490
临邑县	2 208	29 730	2 411 126	50 929.85	17 226	1 316
齐河县	2 498	30 110	2 614 240	45 356.58	17 459	1 241
平原县	2 291	29 782	2 280 051	54 405.07	17 059	1 735
夏津县	1 990	28 708	2 087 189	45 560.68	16 226	855
武城县	1 781	29 514	2 045 932	57 840.28	16 891	738
阳谷县	4 145	28 590	3 429 788	48 991.16	15 600	1 865
莘县	5 781	27 707	3 870 700	41 603.88	16 035	972
东阿县	2 161	25 210	2 020 001	58 372.59	15 624	614
冠县	4 765	29 346	2 990 708	41 574.91	15 451	820
高唐县	2 062	29 705	2 422 659	53 222.68	15 882	1 342
惠民县	2 276	37 644	2 205 960	38 702.75	17 681	618
阳信县	1 803	37 253	1 435 365	34 053.58	17 083	649
无棣县	2 349	37 332	1 812 251	41 920.08	19 050	805
博兴县	2 008	39 210	3 185 765	62 694.63	19 361	640
曹县	8 908	29 232	4 735 741	34 210.81	14 971	1 958
单县	5 686	28 030	3 948 518	38 463.77	15 080	2 750
成武县	4 320	27 974	2 741 360	46 060.97	15 177	510
巨野县	5 332	30 209	4 415 337	47 789.01	15 316	909
郓城县	6 551	29 874	5 634 200	50 267.03	15 449	1 452
鄄城县	4 429	26 693	3 392 247	45 352.59	14 592	1 493
东明县	4 435	28 472	2 996 980	39 384.41	14 940	2 355

续表六

市县	污水处理厂处理量（万 m^3）	污水处理厂集中处理率（%）	生活垃圾清运量（万 t）	生活垃圾无害化处理量（万 t）	生活垃圾无害化处理率（%）	建成区绿化覆盖面积（ha）
莒南县	2 829	97.98	12.29	12.29	100	1 522.0
蒙阴县	1 158	97.10	6.37	6.37	100	944.4
临沭县	1 830	97.42	9.01	9.01	100	1 127.8
宁津县	574	98.02	6.42	6.42	100	799.0
庆云县	482	98.38	2.65	2.65	100	1 168.0
临邑县	1 290	98.03	5.54	5.54	100	1 227.5
齐河县	1 217	98.01	5.59	5.59	100	2 066.7
平原县	1 709	98.50	3.07	3.07	100	1 276.6
夏津县	842	98.44	10.36	10.36	100	1 050.0
武城县	724	98.07	3.01	3.01	100	875.0
阳谷县	1 827	97.96	5.55	5.55	100	1 014.5
莘县	952	98.00	6.33	6.33	100	939.5
东阿县	602	98.10	4.75	4.75	100	898.4
冠县	793	96.77	7.06	7.06	100	1 040.0
高唐县	1 302	97.02	5.86	5.86	100	1 589.0
惠民县	609	98.52	6.32	6.32	100	1 300.7
阳信县	637	98.05	2.92	2.92	100	746.5
无棣县	789	98.00	4.89	4.89	100	1 062.2
博兴县	631	98.50	5.75	5.75	100	1 449.8
曹县	1 909	97.50	8.36	8.36	100	1 634.8
单县	2 700	98.18	8.93	8.93	100	1 296.6
成武县	490	96.08	5.40	5.40	100	549.8
巨野县	885	97.36	11.33	11.33	100	1 282.8
郓城县	1 410	97.13	19.45	19.45	100	1 975.0
鄄城县	1 442	96.58	8.24	8.24	100	1 304.0
东明县	2 295	97.44	11.39	11.39	100	1 117.0

续表六

市县	建成区绿化覆盖率（%）	公园绿地面积（ha）	人均公园绿地面积（m^2）	城市建设用地面积（km^2）	本年征用土地面积（km^2）
莒南县	38.26	548.6	19.40	38.46	2.20
蒙阴县	40.67	282.6	17.68	23.16	0.51
临沭县	44.26	304.5	12.77	25.37	0.57
宁津县	39.75	230.2	13.73	20.03	0.83
庆云县	36.48	225.0	15.20	23.91	—
临邑县	37.17	342.5	12.15	22.28	—
齐河县	41.58	327.2	11.53	43.09	0.58
平原县	36.84	244.0	15.00	22.18	1.56
夏津县	38.79	231.0	11.00	24.44	0.53
武城县	38.04	183.4	13.74	22.31	2.24
阳谷县	38.00	249.4	18.42	26.46	0.69
莘县	40.85	267.4	14.99	23.00	1.10
东阿县	40.84	167.3	13.80	17.34	0.57
冠县	37.82	264.6	14.30	27.50	0.40
高唐县	41.82	238.7	11.72	36.58	—
惠民县	39.96	278.7	14.38	24.64	—
阳信县	39.21	133.0	14.73	31.81	—
无棣县	36.61	188.4	15.98	29.01	0.58
博兴县	41.19	239.0	13.98	35.20	—
曹县	40.37	543.6	16.23	39.82	2.18
单县	42.51	330.4	13.22	28.04	—
成武县	37.43	242.0	19.48	13.64	1.65
巨野县	39.96	403.3	14.93	31.49	—
郓城县	39.50	620.6	15.67	40.11	2.02
鄄城县	38.88	321.0	14.87	32.68	—
东明县	38.65	423.9	22.48	27.83	1.19

附 录

附录一　国家和省新型城镇化推进政策索引

一、国家和中央层面（2021年1—12月）

文件名称	发文字号	发文机构	发布时间
关于进一步加大对中小企业纾困帮扶力度的通知	国办发〔2021〕45号	国务院办公厅	2021年11月10日
关于鼓励和支持社会资本参与生态保护修复的意见	国办发〔2021〕40号	国务院办公厅	2021年10月25日
关于印发2030年前碳达峰行动方案的通知	国发〔2021〕23号	国务院	2021年10月24日
转发国家发展改革委关于推动生活性服务业补短板上水平提高人民生活品质若干意见的通知	国办函〔2021〕103号	国务院办公厅	2021年10月13日
关于印发“十四五”全民医疗保障规划的通知	国办发〔2021〕36号	国务院办公厅	2021年9月23日
关于推进资源型地区高质量发展“十四五”实施方案的批复	国函〔2021〕93号	国务院	2021年9月14日
关于印发“十四五”就业促进规划的通知	国发〔2021〕14号	国务院	2021年8月23日
关于加快农村寄递物流体系建设的意见	国办发〔2021〕29号	国务院办公厅	2021年7月29日
关于优化生育政策促进人口长期均衡发展的决定		中共中央、国务院	2021年7月20日
关于加强基层治理体系和治理能力现代化建设的意见		中共中央、国务院	2021年7月11日
关于加快发展保障性租赁住房的意见	国办发〔2021〕22号	国务院办公厅	2021年6月24日
关于印发深化医药卫生体制改革2021年重点工作任务的通知	国办发〔2021〕20号	国务院办公厅	2021年5月24日

文件名称	发文字号	发文机构	发布时间
转发国家乡村振兴局、中央农办、财政部关于加强扶贫项目资产后续管理指导意见的通知	国办函〔2021〕51号	国务院办公厅	2021年5月22日
中华人民共和国民办教育促进法实施条例	国令第741号	国务院	2021年4月17日
关于建立健全职工基本医疗保险门诊共济保障机制的指导意见	国办发〔2021〕14号	国务院办公厅	2021年4月13日
关于服务“六稳”“六保”进一步做好“放管服”改革有关工作的意见	国办发〔2021〕10号	国务院办公厅	2021年4月7日
关于印发《国家基本公共服务标准（2021年版）》的通知	发改社会〔2021〕443号	国家发展改革委、中央宣传部、教育部、民政部、司法部、财政部、人力资源社会保障部、住房和城乡建设部、文化和旅游部、国家卫生健康委等	2021年3月30日
关于实现巩固拓展脱贫攻坚成果同乡村振兴有效衔接的意见		中共中央、国务院	2021年3月22日
关于加快推进乡村人才振兴的意见		中共中央办公厅、国务院办公厅	2021年2月23日
关于全面推进乡村振兴加快农业农村现代化的意见		中共中央、国务院	2021年2月21日
关于加快建立健全绿色低碳循环发展经济体系的指导意见	国发〔2021〕4号	国务院	2021年2月2日
关于进一步做好困难群众基本生活保障有关工作的通知	国办发明电〔2021〕2号	国务院办公厅	2021年1月18日
医疗保障基金使用监督管理条例	国令第735号	国务院	2021年1月15日

二、山东省级层面（2021年1—12月）

文件名称	发文字号	发文机构	发布时间
关于加快农村寄递物流体系建设的实施方案的通知	鲁政办字〔2021〕132号	省政府办公厅	2021年11月24日
关于印发山东省深入推进新型城镇化三年行动方案（2021—2023年）的通知	鲁政办字〔2021〕125号	省政府办公厅	2021年11月12日
关于加快发展保障性租赁住房的实施意见	鲁政办发〔2021〕17号	省政府办公厅	2021年11月5日
关于加快建设现代流通体系服务构建新发展格局的实施意见	鲁政字〔2021〕188号	省政府办公厅	2021年11月4日
关于进一步提升基层政务服务能力的实施方案的通知	鲁政办字〔2021〕119号	省政府办公厅	2021年11月2日
关于新时代支持沂蒙革命老区振兴发展的实施方案的通知	鲁政发〔2021〕17号	省政府	2021年10月25日
关于进一步规范企业职工基本养老保险有关政策的通知	鲁人社规〔2021〕4号	省人力资源和社会保障厅	2021年9月18日
关于印发山东省农村综合改革发展资金管理办法的通知	鲁财农〔2021〕45号	省财政厅	2021年9月13日
关于印发落实“六稳”“六保”促进高质量发展政策清单（第四批）的通知	鲁政发〔2021〕13号	省政府	2021年9月1日
关于公布部分新增医疗服务项目价格和医保支付政策的通知	鲁医保发〔2021〕39号	省医疗保障局	2021年8月13日
关于印发山东省“十四五”养老服务体系规划的通知	鲁政办字〔2021〕86号	省政府办公厅	2021年8月4日
关于进一步强化就业优先政策做好稳就业保就业工作的通知	鲁政字〔2021〕136号	省政府	2021年7月31日
印发《关于贯彻落实〈山东省“十四五”数字强省建设规划〉的实施方案》的通知	鲁政办字〔2021〕75号	省政府办公厅	2021年7月19日
关于印发山东省“十四五”数字强省建设规划的通知	鲁政字〔2021〕128号	省政府	2021年7月17日
关于印发山东省“十四五”综合交通运输发展规划的通知	鲁政字〔2021〕127号	省政府	2021年7月16日

文件名称	发文字号	发文机构	发布时间
关于服务“六稳”“六保”进一步深化“放管服”改革的实施意见	鲁政办发〔2021〕11号	省政府办公厅	2021年7月9日
关于印发《山东省财政衔接推进乡村振兴补助资金管理办法》的通知	鲁财农〔2021〕25号	省财政厅、省乡村振兴局、省发展和改革委员会、省民族宗教事务委员会、省农业农村厅	2021年6月10日
关于印发全省“四好农村路”提质增效专项行动方案的通知	鲁政办字〔2021〕51号	省政府办公厅	2021年6月4日
关于印发落实“六稳”“六保”促进高质量发展政策清单（第三批）的通知	鲁政发〔2021〕8号	省政府	2021年5月27日
关于印发山东省国民经济和社会发展第十四个五年规划和2035年远景目标纲要的通知	鲁政发〔2021〕5号	省政府	2021年4月7日
关于印发落实“六稳”“六保”促进高质量发展政策清单（第二批）的通知	鲁政发〔2021〕4号	省政府	2021年3月28日
关于印发《山东省省级养老服务专项资金补助项目实施方案》的通知	鲁民〔2021〕21号	省民政厅、省财政厅	2021年3月12日
关于支持供销合作社深化土地托管服务增强为农服务能力的指导意见	鲁政办字〔2021〕7号	省政府办公厅	2021年2月2日
关于命名第一批省级特色小镇和取消部分特色小镇创建资格的通知	鲁政字〔2021〕20号	省政府	2021年1月30日
关于印发深化“放管服”改革优化营商环境2021年重点任务分工方案的通知	鲁政办发〔2021〕1号	省政府办公厅	2021年1月27日
关于全面推进乡村振兴 加快农业现代化的实施意见		省委、省政府	2021年1月26日

附录二　山东省深入推进新型城镇化三年行动方案（2021—2023年）

（山东省人民政府办公厅　2021年11月12日）

为深入贯彻习近平新时代中国特色社会主义思想，加快推进以人为核心的新型城镇化，显著提升城镇发展智慧化、绿色化、均衡化、双向化水平，根据《山东省国民经济和社会发展第十四个五年规划和2035年远景目标纲要》和新型城镇化规划，制定本方案。

一、深刻把握新型城镇化丰富内涵

城镇化是现代化的必由之路。推动实现更高水平、更高质量、更有温度的城镇化，必须深刻理解新阶段、新要求、新使命赋予城镇化建设的新内涵。聚焦始终坚持人民至上，更好满足人民日益增长的美好生活需要，促进人的全面发展和社会全面进步；聚焦完整、准确、全面贯彻新发展理念，把高质量发展作为鲜明导向，实现更高质量、更有效率、更加公平、更可持续、更为安全的发展；聚焦服务和融入新发展格局，推动形成强大国内统一市场，培育参与国际竞争合作的新增长极；聚焦现代化建设全局，统筹新型工业化、信息化、城镇化、农业现代化深度融合、相互促进、同步发展，扎实迈向共同富裕；聚焦城乡发展规律，充分尊重人民意愿，遵循自然历史进程，遵从资源生态环境约束，积极探索具有山东特色的城镇化发展新路径。新型城镇化建设要围绕上述“五个聚焦”，突出把握“智慧化、绿色化、均衡化、双向化”要求。

突出创新驱动，推进智慧城镇化。坚持数字赋能高质量发展，将数字化、网络化、智能化贯穿城镇化全过程，积极构建创新生态链，加强新型基础设施建设，拓展数字应用场景，完善城乡数字治理，构建全国领先、特色鲜明的山东半岛智慧城市群。

突出生态优先，推进绿色城镇化。坚持绿水青山就是金山银山理念，贯彻落实主体功能区战略，推进山水林田湖草系统治理，实现生态环境共保共治，打造安全高效的生产空间、舒适宜居的生活空间、山清水秀的生态空间。

突出以人为本，推进均衡城镇化。坚持基本公共服务均等化，用心用力用情保障改善民生，努力实现劳有所得、幼有所育、学有所教、病有所医、老有所养、住有所居、弱有所扶，大幅增强人民获得感、幸福感、安全感。

突出城乡互促，推进双向城镇化。坚持城乡一盘棋理念，健全农业转移人口市民化机制，确保进得来、留得住、离得开，促进城乡要素自由流动、平等交换和公共资源合理配置，实现工农互促、城乡互补、协调发展、共同繁荣。

二、科学确定新型城镇化目标任务

以习近平新时代中国特色社会主义思想为指导，全面贯彻党的十九大和十九届二中、三中、四中、五中、六中全会精神，紧紧围绕“走在前列、全面开创”总目标，坚持“六个一”的发展思路和“六个更加注重”的策略方法，以推动城镇化高质量发展为主题，以转变城市发展方式为主线，以农业转移人口市民化为重点，以智慧化、绿色化、均衡化、双向化为引领，将未来 3 年作为全省新型城镇化高质量发展的集中突破期，持续推动路径、模式和体制机制创新，在新型城镇化进程中走在前列，更好发挥山东半岛城市群龙头作用，让山东省成为人人向往的宜居宜商宜业宜游之地。全省常住人口城镇化率年均提高 1 个百分点左右，到 2023 年全省常住人口城镇化率达到 66% 以上。

智慧城镇化全面赋能。初步建成数据开放共享、群众全面感知、活力充分迸发的智慧生态，融合基础设施更加健全，数字惠民服务体系更加完善，各市和 90% 的县（市、区）建成三星级以上新型智慧城市。

绿色城镇化加快突破。碳达峰、碳中和要求全面纳入城乡发展布局，生产生活方式加快绿色转型，50% 以上的县（市、区）实现建成区市政雨污合流清零，多污染物协同控制和区域协同治理更加高效，人居环境明显改善。

均衡城镇化扎实推进。居民收入占国民收入的比重逐步提高，居民人均可支配收入增速高于地区生产总值增速，农民可支配收入增幅高于城镇，城乡居民收入比降至 2.25，教育、医疗、养老、育幼等基本公共服务更加优质普惠，大中小城市和小城镇协调发展格局更趋成熟，城乡治理现代化水平稳步提高。

双向城镇化步伐提速。城镇化与逆城镇化协同推进，全省城镇落户“零门槛”，人口自由流动、合理分布，要素双向流动、高效畅通，财政、金融、土地保障能力进一步增强，城乡融合发展体制机制更加健全完善。

三、深入实施城镇建设智慧化行动

1. 加快新型基础设施建设。实施 5G 和固定网络“双千兆”工程，加快发展第五代超高速光纤网络，实现千兆入户、万兆入园，打造一批“全光网”城市。发展智慧交通，在路网感知、车路协同、信息化管服等方面取得突破，全面提升交通运行智能协同水平，路口智能信号配时覆盖率提高到 40%。发展智慧能源，在工业园区、公共机构、城市商业区、居民小区等建设“源网荷储一体化”能源系统。发展智能化公用设施，建设智慧杆柱、智能化综合管廊，开展济南、青岛、济宁、烟台全国新型城市基础设施建设试点。

2. 提高城市数字治理能力。各市加快建设“城市大脑”，2023 年底前与省一体化大数据平台和综合指挥平台互联互通。整合升级全省应急通信网络，构建天地一体化应急通信网。高标准建设数字“平安山东”，全面提升公安指挥处置、侦查打击、管控防控、交管监管能力。推动电子证照系统与“爱山东”深度集成，各市全部建成“无证明城市”。

3. 扩大数字服务场景应用。实施教育信息化 2.0 行动计划，构建全省一体的“互联网 + 教育”体系。加快建设智慧医院，普及应用电子健康卡，发展移动端预约诊疗、移动支付、诊间结算、检验检查结果查询等服务，持续建设国家健康医疗大数据中心（北方）。实施“好客山东 · 云游齐鲁”智慧文旅工程，提升打造“山东公共文化云”平台。

4. 提升城市产业创新集聚功能。深耕细作“十强”产业，落实主要产业图谱，强化主攻方向，分产业链制定龙头企业、配套企业、核心技术清单。积极争取国家重大科技基础设施和大科学装置布局。围绕量子信息、5G、物联网、工业互联网、人工智能、机器人等领域，壮大新型研发机构群。2021 年底前制定未来产业发展实施方案，打造济南、青岛未来产业集聚区。引导开发区聚焦主业做大做强，工业总产值过 1 000 亿元的开发区达到 15 家左右。

四、深入实施城镇建设绿色化行动

5. 高质量推进城市更新。研究制定全省城市更新实施意见，推动城镇开发边界内的老旧厂区、老旧街区改造更新。摸清全省 2005 年以前建成的老旧小区底数，分年度制定全省改造计划，“一区一策”编制改造设计方案，统筹预算内投资和政府专项债券资金，3 年改造老旧小区 150 万户。

6. 提高城镇污水收集处理能力。将雨污分流改造纳入各级重点民生工程，建立雨污合流管网改造清零省级财政资金激励奖补制度。以县（市、区）为单位，整建制实施老城区雨污分流工程，新建城区全部实行雨污分流，确保城区污水全面收集、雨水高效利用排放。推进城市污水处理厂服务范围向周边农村延伸，35% 以上的城市污水处理厂完成提标改造。

7. 建立全链条垃圾分类处理系统。施行全省生活垃圾强制分类，建设城市生活垃圾分类投放、收集、运输、处理体系，在城市城区、具备条件的县城规划建设分拣处理中心，推进生活垃圾分类网点和废旧物资回收网点“两网融合”。适度超前建设生活垃圾焚烧处理设施，到2023年新增焚烧处理能力3 000t/d，焚烧处理率达到90%以上。各市至少建成1处医疗废物集中处置设施，实现应收尽收。

8. 发展绿色交通网络。推进城市主干道快速化改造，新增城市道路3 600km，城市轨道交通运营里程达到400km以上。优先发展城市公共交通等低能耗交通方式，除应急救援车辆外，新增城市公共汽（电）车全部采用新能源汽车，到2023年，全省新能源城市公共汽（电）车占比达到60%。新建公共领域充换电站2 000座、充电桩6万个、加氢站50座。多渠道挖掘利用道路停车位、共享车位、机关和企事业单位错时停车位，在医院、社区、景区等重点区域布局建设停车场，新增公共停车位10万个。

9. 建设韧性城市。健全城市运行安全评估机制，开展城市自然灾害、事故灾难等隐患排查治理。完善极端天气等突发事件预警信息发布系统，实施桥隧、地铁、地下停车场、低洼社区等重点场所安全能力提升工程，对城市易涝积水区段实施智能监控、精准预警、快速排险。

10. 推广绿色节能建筑。制定推动城乡建设绿色发展的若干措施。城镇新建民用建筑全面执行绿色建筑标准，新增绿色建筑2.5亿m^2。实施国家核能供热商用示范工程，建设核能零碳供暖城市。推进清洁取暖改造及集中供热替代，加快太阳能、地热能、生物质能、空气能等清洁能源建筑应用。

11. 推进城市生态修复。加强城市自然风貌保护，统筹推进国土绿化和生态廊道建设，开展受损山体、废弃工矿用地修复，实施城市河湖、湿地生态修复工程。构建多层次城市公园体系，2021年底前建成城市公园30

个、城市绿道 500km。

五、深入实施城乡发展均衡化行动

12. 提升核心城市和节点城市功能。创新济青联动发展机制，加快济淄、济泰、青潍、烟威等同城化，沿济青通道打造具有全国影响力的科技创新、高端制造、现代服务轴带，形成以济南、青岛市为中心，分别覆盖 2 000 万人口的“1 小时交通圈”。高标准建设济南新旧动能转换起步区，加快贯通“四桥四隧”等跨黄通道，布局重大市政和公共服务设施。高水平发展青岛西海岸新区、上合示范区等国家战略平台，推进胶州湾第二海底隧道等重点工程建设。2021 年底前印发实施省级新区发展规划。

13. 加快以县城为重要载体的城镇化建设。出台县城补短板强弱项导则和城镇化地区基础设施向农村延伸导则，围绕公共服务、环境卫生、市政公用、产业培育等设施提质增效，每年实施 200 个以上重点项目。整县制推广屋顶分布式光伏开发试点。深化 10 个国家县城新型城镇化建设示范。支持在县城周边和重点镇等人口集聚地区建设小微企业创业创新基地、科技孵化园区、标准厂房等，降低企业开办运营成本。

14. 增强就业创业服务能力。实施“创业齐鲁 · 乐业山东”3 年行动，吸引高校毕业生留鲁来鲁就业 50 万人以上。推进农村劳动力定向定岗培训、跨区域精准对接，吸引 5 万返乡入乡人员创业创新，带动 50 万名农民就地就近就业。常态化举办“就选山东”就业服务活动。强化创业担保贷款担保基金作用，每年扶持 2 万名以上大学生创业。拓展小微企业名录（山东）功能，加强对新产业新业态包容审慎监管。

15. 促进城乡教育优质普惠。优化城乡义务教育学校布局，新建、改扩建普通中小学校 600 所、新增学位 60 万个，基本实现教师编制、学位供给与学龄人口均衡配置。2021 年底前出台落实义务教育阶段“双减”政策的实施意见。实施第四期学前教育行动计划，普惠率稳定在 85% 以上。持续扩增普惠性学前教育资源，每年新建、改扩建200所以上幼儿园。

16. 优化医疗卫生资源配置。实施新一轮区域医疗能力“攀登计划”，建设综合、专科类别国家区域医疗中心。实施基层医疗卫生服务能力提升3年行动，发展县域医共体和城市医联体，每千人口拥有执业（助理）医师数达到3.6人。健全常态化疫情防控和应急处置转换机制，补齐二级以上综合医院发热门诊、感染性疾病科建设和实验室病原识别能力短板。在省内“一卡通行”开通运行的基础上，加快推动医保卡跨省通行。

17. 扩大养老育幼服务供给。健全养老服务网络，街道综合养老服务中心实现全覆盖，社区养老服务设施配建达标率达到100%，每个县（市、区）至少建成1处以失能特困老年人专业照护为主的敬老院，全省养老机构护理型床位占比达到55%左右。发展普惠托育服务体系，每千人口拥有3岁以下婴幼儿托位数达到3.1个。

18. 加快发展保障性租赁住房。统筹实物保障和租赁补贴方式，合理扩大小户型、低租金的保障性租赁住房供给，新就业无房职工阶段性住房租赁补贴最低标准不低于300元/月，累计发放时限不超36个月。将符合条件的人才住房建设项目纳入省级重点项目，探索发展面向高层次人才的共有产权住房。支持济南、青岛市深化住房租赁市场建设试点。

19. 增强社会保障综合能力。完善工资支付相关政策措施，保障职工特别是农民工工资支付。实施全民参保计划，鼓励未与用人单位签订劳动合同的新业态从业人员及其他灵活就业人员，在就业地或户籍地参加职工基本养老保险和基本医疗保险。逐步提高居民医保政府补助标准。落实城乡低保和特困人员救助标准动态调整机制，2021年将9类困难群众救助标准再提高10%。

20. 建设人文魅力城市。开展城市品牌建设行动，创建全国文明典范城市。编制完成历史文化名城、街区保护规划，历史建筑全部测绘建档。推动“城文化景观”岛老城区申报世界文化遗产。提升博物馆、文化馆、图书馆、美术馆、科技馆等公共文化设施建设水平、覆盖面和利用效率。

六、深入实施城乡要素流动双向化行动

21. 促进城乡人口自由流动。推进户口、居民身份证办理“无纸化”“免填单”，实现全省“通迁、通办”。以大学生、进城务工人员、退役军人、农业科技人才等为重点，鼓励返乡入乡人员创新创业。全面建立城市医生、教师、科技文化人员等定期服务乡村机制。

22. 强化城乡建设土地、资金支撑。编制全省国土空间规划，依据城镇化和经济社会发展需要，合理布局城镇建设用地和基础设施建设用地，单列租赁住房用地供应计划。落实城镇建设用地增加规模与吸纳农业转移人口数量挂钩机制，有序推进城乡建设用地增减挂钩。统筹开展农村第二轮土地承包到期延包试点、新一轮农村宅基地制度改革试点。完善县级基本财力转移支付资金与常住人口挂钩机制，增加吸纳外来人口较多地区的转移支付。开展基础设施领域不动产投资信托基金（REITs）试点。

23. 激活城乡消费市场潜力。强化商业“圈、街、店、节、网”功能，配套完善消费设施，积极创建济南、青岛国际消费中心城市。开展国家完善废旧家电回收处理体系推动家电更新消费试点，新增废旧家电规范拆解能力500万台以上。加快冷链设施建设，打造济南、青岛等国家骨干冷链物流基地。完善县、乡、村电子商务体系和快递物流配送体系，建设农村客货邮融合发展样板县。

24. 引导小城镇特色发展。开展小城镇试点建设，培育3个镇区人口过10万人、地方财政收入过10亿元的新生小城市和20个大城市卫星镇。落实建设用地亩均投资200万元、税收10万元以上等标准，建立全省特色小镇清单，实施全生命周期管理。充分尊重农民意愿，合理引导村（居）人口向县城、小城镇周边集聚。

25. 开展城乡融合发展改革试点。高质量推进国家城乡融合发展试验区济青局部片区建设，推动城乡产业协同发展、城乡基础设施一体化、生态产品价值实现等 11 项改革任务落地。

七、工作保障

进一步完善省城镇化暨城乡融合发展工作领导小组（以下简称“省领导小组”）工作机制，加强谋划布局和工作统筹。省领导小组办公室建立重点任务台账，定期调度推进。设立省级新型城镇化重点项目库，重点项目牵头部门提出用地、资金需求，提请省自然资源、财政部门提出安排建议，报省领导小组（办公室）审议。完善与新型城镇化高质量发展相适应的统计制度体系。各市要进一步完善工作机制、创新工作路径，推进情况每年报送省领导小组办公室。

附录三　城镇化监测评价主要指标解释

一、人口就业指标

年末总人口：指一定时点（每年12月31日24时），一定地区范围内有生命的个人的总和。

城镇人口：指城区人口和镇区人口的总和。

城区人口：指城区范围内的总人口。城区是指在市辖区和不设区的市区、市政府驻地的实际建设连接到的居民委员会和其他区域。

镇区人口：指镇区范围内的总人口。镇区是指在城区以外的县人民政府驻地和其他镇，政府驻地的实际建设连接到的居民委员会和其他区域。与政府驻地的实际建设不连接，且常住人口在3 000人以上的独立的工矿区、开发区、科研单位、大专院校等特殊区域及农场、林场的场部驻地视为镇区。

人口城镇化率：指城镇人口占地区年末总人口的比重，也称城镇化水平。

全省和设区市人口城镇化率通过全省1%人口和劳动力抽样调查取得，县级市、县、镇的人口城镇化率通过县及县以下城镇人口专项调查取得。

户籍城镇人口：指户口登记在城镇区域的人口。

人口密度：指城区内的人口疏密程度。计算公式：

$$人口密度=城区人口\div城区面积$$

就业人员：指在16周岁以上，从事一定社会劳动并取得劳动报酬或经营收入的人员。

二、经济发展指标

地区生产总值（GDP）：指一个国家（或地区）所有常住单位在一定时

间内生活动的最终成果。有三种表现形态，即价值形态、收入形态和产品形态。从价值形态看，它是所有常住单位在一定时期内生产的全部货物和服务价值超过同期中间投入的全部非固定资产货物和服务价值的差额，即所有常住单位的增加值之和；从收入形态看，它是所有常住单位在一定时期内创造并分配给常住单位和非常住单位的初次收入分配之和；从产品形态看，它是所有住单位在一定时期内最终使用的货物和服务价值与货物和服务净出口价值之和。在实际核算中，GDP 有三种计算方法，即生产法、收入法和支出法。三种方法分别从不同的方面反映 GDP 及其构成。

人均 GDP：指 GDP 与地区范围内年平均常住人口的比值。计算公式：

人均 GDP=GDP÷ 年平均常住人口

年平均常住人口 =（上年年末常住人口 + 当年年末常住人口）/ 2

三次产业：三次产业的划分是世界上较为常用的产业结构分类，但各国的划分不尽一致。根据《国民经济行业分类》（GB/T 4754—2017）和《三次产业划分规定》，我国的三次产业划分如下。

第一产业：指农、林、牧、渔业（不含农、林、牧、渔专业及辅助性活动）。

第二产业：指采矿业（不含开采专业及辅助性活动），制造业（不含金属制品、机械和设备修理业），电力、热力、燃气及水生产和供应业，建筑业。

第三产业：即服务业，是指除第一产业、第二产业以外的其他行业。

一般公共预算收入：包括固定资产投资方向调节税、房产税、城镇土地使用税、土地增值税、车船税、屠宰税、耕地占用税、契税等；属于中央和地方共享的收入主要有：增值税、企业所得税、城市维护建设税、个人所得税、印花税等。

人均一般公共预算收入：指一般公共预算收入与地区范围内年平均常

住人口的比值。计算公式：

人均一般公共预算收入＝一般公共预算收入 ÷ 年平均常住人口

年平均常住人口＝（上年年末常住人口＋当年年末常住人口）/ 2

实际使用外资额：指按合同规定的外方和港、澳、台方以现金、实物、工业产权及专有技术的计价实缴资本投资额。

进出口总额：指一定时期内，实际进出我国国境的货物总金额。包括对外贸易实际进出口货物，来料加工装配进出口货物，国家间、联合国及国际组织无偿援助的物资和赠送品，华侨、港澳台同胞、外籍华人的捐赠品，租赁期满归承租人所有的租赁货物，进料加工进出口货物，边境地方贸易及边境地区小额贸易进出口货物（边民互市贸易除外），中外合资经营企业、中外合作经营企业、外商独资经营企业进出口货物和公用物品，到、离岸价格在规定限额以上的进出口货样和广告品（无商业价值、无使用价值和免费提供出口的除外），从保税仓库提取在中国境内销售的进口货物，以及其他进出口货物。我国规定出口货物按离岸价格统计，进口货物按到岸价格统计。

外贸依存度：指海关进出口总额与 GDP 的比值（本报告使用的 2020 年美元与人民币汇率中间价）。计算公式：

外贸依存度＝进出口总额 × 汇率中间价 ÷GDP×100%

三、城市建设指标

市政设施固定资产投资：指建造和购置市政公用设施的经济活动，即市政公用设施固定资产再生产活动，包括固定资产更新、改建、新建等活动。

市政设施固定资产投资本年实际到位资金：指当年用于城市供水、燃气、集中供热、轨道交通等市政设施建设固定资产投资项目单位在报告期收到的，用于固定资产建造和购置的各种资金，主要包括国家预算内资金、国内贷款、债券、利用外资、自筹资金等。

城市道路面积：指道路面积和与道路相通的广场、桥梁、隧道的面积（统计时，将人行道面积单独统计）。

人行道面积按道路两侧面积相加计算。包括步行街和广场，不含人车混行的道路。

人均城市道路面积：指报告期末城区内平均每人拥有的道路面积。计算公式：

人均城市道路面积＝城区道路面积÷城区人口

运营车数：指城市用于公共交通运营业务的全部车辆数。新购、新制和调入的运营车辆，自投入之日起开始计算；调出、报废和调作他用的运营车辆，自上级主管机关批准之日起不再计入。

万人拥有公交车辆：指报告期末城区内每万人平均拥有的公共交通车辆标台数。

用水人口：指由城市供水设施供给居民家庭用水的人口，包括农业用水人口、非农业用水人口等。用水人口数可以按当地总人口减去供水设施没有供应到的区域人口。

供水普及率：指报告期末城区内用水人口与总人口的比率。计算公式：

供水普及率＝城区用水人口÷（城区人口＋城区暂住人口）×100%

用气人口：指报告期末使用燃气的家庭用户的总人口数。如不能直接掌握本企业（单位）供气范围的用气人口数，以本地城市居民平均每户人口数乘以燃气家庭用户数求得。

燃气普及率：指报告期末城区内使用燃气的人口与总人口的比率。

排水管道长度：指所有排水总管、干管、支管、检查井及连接井进出口等长度之和。计算时按单管计算，即在同一条街道上如有两条或两条以上并排的排水管道时，应按每条管道的长度相加计算。

排水管道密度：指城市一定区域内的排水管道分布的疏密程度。计算公式：

$$排水管道密度 = 区域内排水管道长度 \div 区域面积$$

行政区面积：指该行政区划内的全部土地面积（包括水域面积）。

建成区面积：指城市行政区内实际已成片开发建设、市政公用设施和公共设施基本具备的区域。对核心城市，它包括集中连片的部分以及分散的若干个已经成片建设起来、市政公用设施和公共设施基本具备的地区；对一城多镇来说，它包括由几个连片开发建设起来的、市政公用设施和公共设施基本具备的地区组成。因此建成区范围，一般是指建成区外轮廓线所能包括的地区，也就是这个城市实际建设用地所达到的范围。

四、社会发展指标

互联网宽带接入用户数：指报告期末在电信企业登记注册，通过 xDSL、FTTX+LAN、WLAN 等交换方式接入中国互联网的用户，主要包括 xDSL 用户、LAN 用户、LAN 终端用户及无线接入用户。

卫生技术人员：包括执业（助理）医师、注册护士、药剂人员、检验和影像人员等卫生专业人员，不包括从事管理工作的卫生技术人员。

医生：指经卫生部门审查合格、从事医疗工作的专业人员，分为中医医生和西医医生。包括卫生技术人员中的中医师、西医师、中西医结合高级医师、中医士、西医士和其他中医。

各类主要文化机构：主要包括文化馆、文化站、艺术表演团体、艺术表演场所、公共图书馆、群众艺术馆、博物馆。

R&D 经费支出：R&D 是指科学研究和试验发展。R&D 活动是指为增加人类知识的总量，以及运用这些知识去创造新的应用而进行的系统的、创造性的工作。R&D 经费支出指报告年度内科技活动机构用于研究与试验发展活动经费的内部支出。

R&D 经费支出占 GDP 比重：指 R&D 经费支出与 GDP 的比值。

科技活动人员：指调查单位在报告年度直接从事科技活动，以及专门从事科技活动管理和为科技活动提供直接服务的人员。累计从事科技活动的实际工作时间占全年制工作时间10%以下（不包含10%）的人员，不统计。直接从事科技活动的人员包括：在独立核算的科学研究与技术开发机构、高等学校、各类企业及其他事业单位内设的研究室、实验室、技术开发中心及中试车间（基地）等机构中从事科技活动的研究人员、工程技术人员、技术工人及其他人员；虽不在上述机构工作，但编入科技活动项目（课题）组的人员；科技信息与文献机构中的专业技术人员；从事论文设计的研究生等。专门从事科技活动管理和为科技活动提供直接服务的人员包括：独立核算的科学研究与技术开发机构、科技信息与文献机构、高等学校、各类企业及其他事业单位主管科技工作的负责人，专门从事科技活动的计划、行政、人事、财务、物资供应、设备维护、图书资料管理等工作的各类人员，但不包括保卫、医疗保健人员、司机、食堂人员、茶炉工、水暖工、清洁工等为科技活动提供间接服务的人员。

城乡居民收入比：指报告期城镇居民人均可支配收入与农村居民可支配收入的比值。

五、居民生活指标

城镇居民人均可支配收入：指调查户可用于最终消费支出和其他非义务性支出以及储蓄的总和，即居民家庭可以用来自由支配的收入，它是家庭总收入扣除交纳所得税和社会保障支出以及调查户的记账补贴后的收入。计算公式：

可支配收入＝家庭总收入－缴纳所得税－缴纳的社会保障支出－记账补贴

住房建筑面积：指从房屋外墙线算起的各层平面面积的总和，即房屋建筑物外墙勒脚以上的外围水平截面面积，包括可供使用的有效面积和墙、柱等结构占用的面积。现住房计算总建筑面积时，以房屋产权证或租赁证为准。

农村居民人均可支配收入：指农村住户当年从各个来源得到的总收入相应的扣除所发生的费用后的收入总和。纯收入主要用于再生产投入和当年生活消费支出，也可用于储蓄和各种非义务性支出。

城乡居民储蓄存款余额：是指报告期末城乡居民存入银行及农村信用社的储蓄余额，包括城镇居民储蓄存款和农民个体储蓄两部分，不包括居民的手存现金和工矿企业、部队、机关、团体等单位存款。

城镇登记失业率：指城镇登记失业人数同城镇从业人数与城镇登记失业人数之和的比。

六、生态环境指标

空气质量综合指数：也可称环境空气质量综合指数，是描述城市环境空气质量综合状况的无量纲指数，综合考虑了《环境空气质量指数（AQI）技术规定（试行）》（HJ 633—2012）中规定的 SO_2、NO_2、PM_{10}、$PM_{2.5}$、CO、O_3 六种污染物污染程度，空气质量综合指数值越大表明综合污染程度越重。

污水处理厂集中处理率：指通过污水处理厂处理的污水量与污水排放总量的比率。

生活垃圾无害化处理率：指报告期生活垃圾无害化处理量与生活垃圾产生量的比率。在统计时，由于生活垃圾产生量不易取得，可用清运量代替。

绿化覆盖面积：指城市中的乔木、灌木、草坪等所有植被的垂直投影面积。包括公共绿地、居住区绿地、单位附属绿地、防护绿地、生产绿地、道路绿地、风景林地的绿化种植覆盖面积、屋顶绿化覆盖面积以及零散树木的覆盖面积。乔木树冠下重叠的灌木和草本植物不能重复计算。

建成区绿化覆盖率：指报告期末建成区内绿化覆盖面积与建成区面积的比率。

公园绿地：城市中向公众开放的、以游憩为主要功能、有一定的游憩设施和服务设施，同时兼有健全生态、美化景观、防灾减灾等综合作用的绿化用地。

人均公园绿地面积：指报告期末建成区范围内平均每人拥有的公园绿地面积。